导游业务与专业能力培养研究

黄华荣 著

吉林摄影出版社
·长春·

图书在版编目（CIP）数据

导游业务与专业能力培养研究 / 黄华荣著. -- 长春：吉林摄影出版社，2024.11. -- ISBN 978-7-5498-6415-7

Ⅰ.F590.633

中国国家版本馆CIP数据核字第20241LF351号

导游业务与专业能力培养研究
DAOYOU YEWU YU ZHUANYE NENGLI PEIYANG YANJIU

著　　者	黄华荣
出 版 人	车　强
责任编辑	王　茵
封面设计	文　亮
开　　本	787毫米×1092毫米　1/16
字　　数	250千字
印　　张	12
版　　次	2024年11月第1版
印　　次	2024年11月第1次印刷
出　　版	吉林摄影出版社
发　　行	吉林摄影出版社
地　　址	长春市净月高新技术开发区福祉大路5788号 邮编：130118
网　　址	www.jlsycbs.net
电　　话	总编办：0431-81629821 发行科：0431-81629829
印　　刷	河北昌联印刷有限公司
书　　号	ISBN 978-7-5498-6415-7　　　　**定　价**：76.00元

版权所有　　侵权必究

前　言

　　导游业务与专业能力培养研究在当前旅游业迅猛发展的背景下显得尤为重要。导游作为旅游业的重要组成部分，不仅需要具备扎实的业务知识和技能，还需要不断提升专业能力，以适应多变的市场需求和游客的期望。导游业务的基础知识涵盖了历史文化、地理风貌、旅游景点、风俗民情等方面。这些知识不仅是导游日常工作的必备内容，更是展示导游专业水平的重要体现。通过系统的培训和不断的学习，导游可以更好地掌握这些知识，从而在实际工作中为游客提供翔实、准确的解说和服务，提升游客的旅游体验。

　　导游业务技能的培养包括语言表达能力、应变能力、组织协调能力等在内的业务技能，对于导游在带团过程中处理各种突发事件和应对不同游客需求具有关键作用。通过模拟培训、情景演练和实地操作，导游可以不断提升自己的业务技能，从容应对实际工作中的各种挑战。导游的专业能力不仅限于业务知识和技能，还包括职业道德、服务意识和个人综合素质的提升。职业道德是导游行业的基石，导游应具备诚信、责任感和职业操守，才能赢得游客的信任和认可。同时，良好的服务意识要求导游能够以游客为中心，提供个性化的服务，满足不同游客的多样化需求。个人综合素质的提升则体现在导游的文化修养、心理素质和创新能力等方面，通过不断学习和自我提升，导游可以在工作中展现更高的专业水准和更强的竞争力。

　　本书旨在系统地探讨导游业务与专业能力培养领域的关键问题，为导游行业从业者、培训机构以及相关学术研究者提供全面而深入的参考资料。通过对导游业务的概述、服务技巧、业务管理、文化素养、安全与应急处理、法律与伦理等方面的讨论，本书旨在帮助读者深入了解导游行业的要求和挑战，提高导游从业者的专业水平与素养。本书适用于导游从业者、旅游管理专业的学生以及对导游行业感兴趣的读者。通过系统的理论探讨和实践案例分析，本书旨在为读者提供实用而有深度的知识，帮助他们在导游行业中取得成功。

目　录

第一章　导游业务概述 ... 1
第一节　导游的定义与作用 ... 1
第二节　导游的历史发展 ... 2
第三节　导游的职责与责任 ... 6
第四节　导游行业的现状与趋势 ... 11

第二章　导游服务技巧 ... 16
第一节　导游的沟通技巧 ... 16
第二节　导游的解说技巧 ... 19
第三节　导游的危机处理技巧 ... 22
第四节　导游的客户服务技巧 ... 25

第三章　导游业务管理 ... 31
第一节　导游行程规划与安排 ... 31
第二节　导游团队管理与协调 ... 35
第三节　导游服务质量控制 ... 40
第四节　导游业务的市场营销与推广 ... 44

第四章　导游的文化素养 ... 48
第一节　导游的文化修养 ... 48
第二节　导游的地理知识与历史知识 ... 50
第三节　导游的文化解读能力 ... 52
第四节　导游的文化交流技巧 ... 55

第五章　导游的安全与应急处理 ... 60

第一节　导游安全知识与应急处理能力 ... 60

第二节　导游在紧急情况下的应变能力 ... 64

第三节　导游团队的安全管理 ... 70

第四节　导游职业风险与防范措施 ... 72

第六章　导游的法律与伦理 ... 75

第一节　导游行业的法律法规 ... 75

第二节　导游职业伦理与道德规范 ... 81

第三节　导游的义务 ... 86

第四节　导游服务中的法律风险防范 ... 89

第七章　导游专业素养培养 ... 95

第一节　导游专业自我认知与规划 ... 95

第二节　导游专业素养的内涵与要求 ... 100

第三节　导游专业发展的路径与机会 ... 108

第四节　导游专业认证与培训体系 ... 114

第八章　导游知识技能培养 ... 118

第一节　导游的历史与文化知识培养 ... 118

第二节　导游的语言与沟通技能培养 ... 120

第三节　导游的专业解说技巧培养 ... 124

第四节　导游的地理与环境知识培养 ... 127

第九章　导游行为规范与职业道德 ... 132

第一节　导游行为规范的重要性 ... 132

第二节　导游职业道德的内涵与要求 ... 133

第三节　导游职业操守与自律 ... 139

第四节　导游服务中的职业道德冲突与解决 ... 140

第十章　导游领导与团队合作能力培养 …… 146
第一节　导游的领导能力培养 …… 146
第二节　导游团队合作与协调能力培养 …… 147
第三节　导游团队决策与执行能力培养 …… 152
第四节　导游团队沟通与冲突解决能力培养 …… 156

第十一章　导游创新与发展能力培养 …… 161
第一节　导游创新意识与能力培养 …… 161
第二节　导游行业发展趋势与机遇 …… 164
第三节　导游服务产品创新与营销 …… 167
第四节　导游职业生涯规划与发展策略 …… 174

参考文献 …… 180

第一章　导游业务概述

第一节　导游的定义与作用

一、导游的定义

导游是一种职业，他们的主要职责是引导游客游览景点并提供相关的讲解服务。导游不仅要熟悉各个景点的历史、文化和自然知识，还要具备良好的沟通技巧和服务意识。通过导游的讲解，游客可以更好地了解和体验景点的魅力和内涵。

二、导游的作用

导游在旅游活动中扮演着至关重要的角色。他们不仅是景点的介绍者，更是文化的传播者和旅行者的贴心助手。在现代旅游业蓬勃发展的背景下，导游的作用显得尤为重要和多样化。

导游是旅行者与目的地之间的桥梁。通过导游的讲解，游客可以更深入地了解当地的历史、文化和风俗习惯。他们运用丰富的知识和生动的讲述，使得原本可能枯燥的历史变得有趣，使游客产生强烈的共鸣和兴趣。例如，在参观故宫时，导游不仅会介绍各个宫殿的建筑风格，还会讲述其中发生的历史故事，让游客仿佛置身于历史长河中，感受到帝王将相的风采。

导游的作用不仅限于讲解景点，他们也是游客在陌生环境中的指路人。对于不熟悉当地语言和文化的游客来说，导游的存在极大地缓解了他们的紧张和不安。导游会提前安排好旅游行程，确保旅行顺利进行，同时也会及时处理突发情况，如行程调整、紧急医疗等。正是由于导游的细致安排和周到服务，游客才能无忧无虑地享受旅行的乐趣。

同时，导游还是文化交流的使者。不同国家和地区的文化差异巨大，导游通过介绍和解释，帮助游客理解和尊重当地的文化习俗，避免文化冲突。例如，在一些宗教场所，游客可能因不了解礼仪而犯禁，这时导游的提醒和指导尤为重要。他们不仅维护了旅游秩序，也促进了文化间的相互理解和尊重。

导游的职业素养直接影响着游客的旅行体验。一个优秀的导游不仅需要具备扎实的专业知识，还要有良好的沟通能力和应变能力。他们要能够随机应变，根据游客的需求和现场情况随时调整讲解内容和方式，使每一位游客都能感受到独特的体验和乐趣。这样的专业素养不仅体现在景点讲解上，还包括服务态度、应急处理等多个方面。

导游在维护旅游资源方面也发挥着重要作用。在旅游活动中，导游不仅是旅游信息的传递者，还是旅游资源的保护者。他们通过宣导环保理念，引导游客文明旅游，减少对自然和文化遗产的破坏。例如，在一些生态敏感区，导游会严格控制游客的活动范围，提醒游客不要随意丢弃垃圾，不破坏动植物，确保景区的可持续发展。

导游在推动旅游业发展中也起到了积极的作用。随着旅游业的不断发展，导游作为直接面对游客的服务者，其服务质量和专业水平直接影响着游客对目的地的整体印象。通过导游的热情服务和专业讲解，游客的满意度提升了，进而促进了旅游业的发展。许多地方正是因为有了一批高素质的导游，才吸引了更多的游客前来观光，推动了当地经济的发展。

导游也是紧急情况下的守护者。在旅行中，游客可能会遇到各种意外情况，如突发疾病、财物遗失等。此时，导游的应急处理能力显得尤为重要。他们能够迅速采取措施，帮助游客解决问题，确保旅行的安全和顺利进行。例如，在游客突发疾病时，导游会第一时间联系医疗机构，并提供必要的帮助和安慰，展现了他们的责任感和专业精神。

导游的工作还具有一定的教育意义。在旅行过程中，导游通过生动的讲解和互动，潜移默化地传播知识，培养游客的学习兴趣和求知欲。例如，导游在介绍某一历史遗迹时，不仅会讲述相关的历史故事，还会结合考古发现和学术研究，启发游客思考历史的演变和文化的传承。这种寓教于乐的方式，使得旅行不仅是一次放松身心的体验，更是一次增长见识、开阔眼界的旅程。

导游的职业发展也面临着许多挑战和机遇。随着科技的进步，智能导览系统和虚拟现实技术的应用，传统导游的角色正在发生变化。但同时，这也为导游提供了新的发展方向。导游可以利用科技手段，提升服务质量和工作效率，为游客提供更加个性化和多样化的服务。例如，导游可以通过社交媒体和旅游应用，与游客保持互动，分享旅行心得和资讯，形成良好的客户关系。

第二节　导游的历史发展

一、古代阶段

在古代，导游的概念和形式虽然与现代有很大不同，但其本质上的职责却有着一定的相似性。古代的导游多为地方志书的编撰者、寺庙的僧侣或地方上的知识分子，他们通过书写和口述的方式，向来访者介绍当地的风土人情、历史典故和名胜古迹。

古代中国的导游多为文人雅士，他们在旅行中常常扮演着类似现代导游的角色。这些文人雅士对当地的历史文化有着深入的了解，并且精通诗词歌赋。他们通过撰写游记和诗文，将各地的风景名胜和历史传说记录下来，传播给更广泛的人群。例如，唐代的李白、杜甫等诗人在游历名山大川时，留下了许多描写自然风光和人文景观的诗篇，这些作品不仅展示了他们的个人才华，也起到了介绍和推广旅游景点的作用。

在西方古代，类似的角色也存在。古希腊和古罗马时期，一些学者和旅行者会撰写关于他们游历经历的书籍。这些书籍不仅是他们个人的旅行记录，还包含了大量关于各地的地理、历史、文化等方面的信息。例如，古希腊地理学家斯特拉波（Strabo）在他的《地理志》中，详细描述了他所游历的地方，提供了丰富的地理和人文资料，为后世旅行者提供了重要的参考。

古代寺庙中的僧侣也常常扮演导游的角色。尤其是在中国和日本等地，寺庙不仅是宗教活动的场所，也是重要的文化和旅游景点。僧侣们熟悉寺庙的历史、建筑和宗教仪式，他们会向来访者讲解寺庙的背景故事和宗教意义，帮助来访者更好地理解和体验寺庙文化。例如，唐代的玄奘法师不仅是一位著名的佛教僧侣，他在前往印度取经的过程中，也扮演着文化传播者的角色，将沿途的见闻和知识带回中国，对中印文化交流产生了深远的影响。

地方志书的编撰者在古代也起到了类似导游的作用。地方志书是记录地方历史、地理、文化、风俗等方面内容的书籍，由地方官员或学者编写。这些地方志书详细介绍了当地的名胜古迹、历史人物和风土人情，为后来者提供了重要的参考资料。例如，中国的《水经注》是一部记载中国水道地理的著作，其中详细描述了各地河流的流向、沿岸的名胜古迹和历史传说，对了解古代中国的地理和文化有着重要意义。

在古代的商业旅行中，商人也在一定程度上扮演了导游的角色。古代丝绸之路上的商人不仅进行商品交易，还通过他们的旅行，将不同地区的文化和信息带到各个地方。这些商人在交易过程中，向其他商人和当地人介绍他们的所见所闻，传播各地的风土人情和文化知识，促进了不同文化之间的交流和融合。

古代的旅行者和探险家也是重要的导游角色。他们通过亲身经历，将所见所闻记录下来，传播给更广泛的受众。例如，马可·波罗在他的《马可·波罗游记》中，详细记述了他在中国和亚洲其他地方的见闻，这些记录不仅为欧洲人了解东方世界提供了宝贵的信息，也激发了后来者的探险和旅行热情。

在古代，导游的形式虽然多样，但他们都有一个共同的特点，通过自己的知识和经历，将某一地方的历史、文化、地理等信息传递给他人。无论是文人雅士、僧侣、商人，还是旅行者和探险家，他们都在自己的领域中起到了传播和介绍地方文化的作用。这种角色在古代社会中具有重要的意义，不仅丰富了人们的知识，也促进了不同文化之间的交流和理解。

古代的导游虽然没有现代导游那样专业化和系统化，但他们通过各种方式，为后来者提供了丰富的文化和历史资料。随着社会的发展和旅行的普及，这些古代的导游角色逐渐演变为现代导游，承担起了更加专业和全面的职责。

二、中世纪阶段

在中世纪，导游的角色已经初具雏形，尽管他们的职责和现代导游有很大不同。那个时期，旅行并不像今天这样普遍，大部分旅行是为了朝圣、贸易或战争，而非娱乐。导游的作用也主要集中在这些方面。

中世纪的导游主要服务于朝圣者。由于宗教信仰的原因，许多信徒需要前往圣地朝圣，比如耶路撒冷、罗马或圣地亚哥·德·孔波斯特拉等地。朝圣路途遥远且充满危险，信徒们常常需要依靠熟悉道路和地方风俗的人来引导和保护。这些早期的导游往往是当地的居民或曾多次完成朝圣之旅的老朝圣者，他们不仅了解路线，还能提供食宿和安全方面的建议。

贸易在中世纪时也起到了重要的推动作用，商人们需要穿越遥远的距离进行商品交换。这时，导游作为商旅的向导，帮助他们在陌生的土地上找到正确的路径和安全的商道。由于中世纪的道路状况和治安都不尽如人意，导游需要具备丰富的地理知识和一定的武力，以保护商人和货物的安全。这些导游不仅是路上的引导者，还是中介和保护者，确保商旅活动的顺利进行。

在中世纪的军事活动中，导游也扮演着不可或缺的角色。战争频繁，军队常常需要在陌生的地形上进行作战。熟悉当地环境的导游能够提供宝贵的地理信息，帮助军队选择最佳的行军路线和战略要地。例如，在十字军东征期间，当地的导游就经常被雇佣为向导，带领军队穿越复杂的地形，避开敌军的埋伏，并找到可靠的补给点。他们的知识和经验对战争的胜负起到了重要作用。

中世纪的导游还在文化和宗教传播中发挥了重要作用。随着旅行者的来往，文化和宗教的交流也在不断增加。导游在这个过程中扮演了文化交流的桥梁，他们不仅向旅行者介绍当地的风俗和习惯，还传播了新的思想和文化。通过与导游的交流，旅行者能够更好地理解和接受不同地区的文化，从而促进了中世纪社会的多元化和融合。

除了实际的引导工作，中世纪的导游还需要具备一些特殊的技能。例如，他们需要掌握多种语言，以便与来自不同地方的旅行者沟通交流。中世纪是一个多语言、多文化的时代，尤其是在贸易和朝圣的道路上，导游经常需要充当翻译，帮助旅行者解决语言障碍。这不仅要求他们有良好的语言能力，还需要对不同文化有深入的了解，以便在文化冲突中起到调解作用。

在中世纪的城市和乡村，导游还扮演了教育者的角色。由于识字率低，很多人无法通过书籍获取知识，旅行成为了解世界的重要途径。导游通过讲述当地的历史、传说和知识，为旅行者提供了宝贵的信息和见解。他们的讲述不仅增加了旅行的趣味性，还在一定程度上提高了旅行者的知识水平和文化素养。

值得注意的是，中世纪的导游并没有现代导游的正式职业身份。他们往往是临时受雇，或者是兼职从事导游工作。随着时间的推移，这些导游逐渐形成了某种程度的职业化，但他们的社会地位仍然较低，报酬也不高。他们的工作对于旅行者的安全和旅行的成功却是至关重要的。

中世纪后期，随着城市的发展和交通的改善，导游的作用变得更加多样化。商贸城市的崛起和城镇间道路的修建，使旅行变得相对安全和便捷，这也为导游行业的发展提供了契机。一些城市开始出现专业的向导服务，专门为前来贸易、朝圣或其他目的的旅行者提供服务。这些专业导游在一定程度上提高了服务质量，并为后来导游职业的发展奠定了基础。

三、现代阶段

现如今，导游行业正经历着一个现代化的变革。随着科技的迅猛发展，导游工作已不再局限于传统的面对面讲解，而是融入了各种数字化工具和平台。现代导游不仅需要具备丰富的知识，还要熟练掌握信息技术，以便更好地服务游客。这种转变不仅提升了游客的体验，也为导游工作带来了新的挑战和机遇。

科技的进步使得导游能够更加灵活地进行工作。过去，导游的主要任务是带领游客参观景点并提供讲解，而现在，导游可以利用虚拟现实（VR）和增强现实（AR）技术，为游客提供身临其境的体验。比如，通过 VR 技术，游客即使身处异地，也能通过导游的讲解"参观"世界各地的名胜古迹。这不仅丰富了旅游体验，还打破了时间和空间的限制，让旅游变得更加便捷和多样化。

数字化平台的普及也改变了导游的工作模式。许多导游开始利用社交媒体和旅游平台，分享旅游资讯和经验，吸引更多的游客。这种自媒体化的趋势使得导游能够直接与游客互动，建立个人品牌和口碑，从而获得更多的客户资源。通过在线直播或视频录制，导游可以将自己的讲解传播给更广泛的受众，甚至在全球范围内获得粉丝。这种全新的传播方式，不仅增加了导游的收入来源，也提升了他们的影响力和知名度。

导游的角色也在不断扩展。除了传统的讲解任务外，现代导游还需要具备一定的管理和协调能力。例如，在团队旅游中，导游不仅要负责景点介绍，还要处理行程安排、住宿、交通等多方面的问题，确保整个旅游过程的顺利进行。导游还需具备较强的应变能力，能够在突发状况下迅速做出反应，保障游客的安全和利益。这些多样化的职责要求导游不仅要有专业的知识和技能，还要具备较强的综合素质和服务意识。

游客的需求也在不断变化，为此对导游提出了更高的要求。现代游客更加注重个性化和定制化的旅游体验，希望导游能够提供深度、独特的旅游服务。为满足这些需求，导游需要不断学习，提升自己，掌握更多的知识和技能。例如，导游可以通过学习历史、文化、艺术等领域的知识，来丰富自己的讲解内容，满足游客的多样化需求。导游还可以学习外语，提升跨文化交流能力，以便更好地服务国际游客。这种持续学习和自我提升的过程，不仅提升了导游的专业水平，也增强了他们的竞争力和市场适应能力。

再加上，导游行业也在积极推动规范化和标准化建设。为提升服务质量，许多国家和地区都制定了导游从业标准和考核制度，对导游的资格认证、服务质量等方面进行严格管理。这不仅有助于规范导游市场，保障游客的权益，也促使导游不断提升自己的服务水平，提供更加优质的旅游服务。同时，行业协会和相关组织也在积极开展培训和交流活动，帮助导游提升专业素养和服务能力，推动整个行业的健康发展。

导游的工作环境和条件也在不断改善。随着旅游业的快速发展，导游的收入和福利待遇逐渐提高，工作条件也日趋改善。例如，许多旅游公司为导游提供了更好的工作设备和工具，如高质量的讲解设备、便携式无线导游系统等，以提升导游的工作效率和服务质量。导游在工作过程中还可以享受更多的培训和进修机会，进一步提升自己的职业能力和发展空间。这些积极的变化，不仅提高了导游的职业满意度，也吸引了更多优秀人才加入导游行业中来。

未来导游行业的发展前景十分广阔。随着全球旅游市场的不断扩大，导游的需求量将持续增加。而现代化技术的不断进步，也将为导游行业带来更多的发展机遇和创新空间。通过不断适应市场需求，提升服务水平，导游行业将继续在全球旅游产业中扮演重要角色，为游客提供更优质的服务和体验。在这个过程中，导游不仅是旅游信息的传递者，更是文化交流的桥梁和纽带，导游在此行业中发挥着不可替代的重要作用。

第三节　导游的职责与责任

一、导游的职责

（一）旅游行程安排和协调

在旅游行业中，导游不仅仅是向游客介绍景点和提供讲解的服务，还扮演着旅游行程安排和协调关系的重要角色。导游需要根据游客的需求和兴趣，设计并安排合适的旅游路线和行程安排，确保游客能够充分体验到目的地的文化和风景。

导游在旅游行程安排中首先需要考虑的是游客的需求和兴趣。他们会与游客进行沟通，了解他们的喜好、意愿和特殊需求，然后根据这些信息来确定旅游路线和景点安排。有些游客可能对历史文化感兴趣，导游会安排参观历史古迹和博物馆；而有些游客可能更喜欢自然风光，导游则会选择安排户外探险活动或自然保护区的游览。

导游还需要考虑到目的地的实际情况和旅游资源的分布。他们会对目的地的地理位置、交通情况、旅游设施等进行了解和分析，以便合理安排行程和景点的游览顺序。例如，如果某个景点距离较远或交通不便，导游可能会提前安排好交通工具，并合理安排时间，以确保游客能够顺利抵达并充分游览。

导游还需要考虑到旅游行程的时间安排。他们会根据游客的行程安排、景点的开放时间和参观时间，来合理安排每天的行程。有时候可能需要提前预订门票或安排导游讲解服务，以避免在景点门口排队等候，从而节省时间，让游客能够更好地享受旅游过程。

在旅游行程安排中，导游还需要考虑到游客的体力和健康状况。他们会根据游客的年龄、健康状况和个人习惯，合理安排行程和活动。例如，对于年长者或健康状况不佳的游客，导游可能会选择安排较为轻松和舒适的活动，避免过度劳累造成身体不适。

导游在旅游行程安排中还需要考虑到季节和天气因素。他们会根据目的地的气候特点和季节变化，合理安排旅游时间和活动内容，以确保游客能够在最佳的季节和天气条件下游览景点。有时候可能需要调整行程或更换活动，以适应突发的天气变化或躲避自然灾害，保障游客的安全和行程的顺利进行。

在旅游行程安排中，导游还需要与各方进行有效的沟通和协调。他们需要与旅行社、景区管理部门、交通运输公司等多个单位进行沟通和协调，以确保行程安排的顺利进行。有时候需要解决一些突发事件或问题，例如交通堵塞、景点关闭等，导游需要及时调整行程，并向游客做出解释和安排。

导游在旅游行程安排中扮演着重要的角色，他们不仅需要具备丰富的目的地知识和行程安排经验，还需要具备良好的沟通能力和应变能力。通过合理安排行程和细致周到的服务，导游能够为游客提供更好的旅游体验，让他们在旅途中留下美好的回忆。

（二）景点讲解和文化介绍

当游客踏足一个陌生的景点时，导游的讲解和文化介绍成了他们了解该地的重要途径。导游不仅仅是简单地向游客介绍景点的历史和背景，更是通过生动的讲述和深入的解说，帮助游客深入了解当地的文化和传统。

在导游的讲解中，景点的历史和背景常常是第一个引人注目的内容。导游会通过详细的介绍，将游客带入古老的历史长河中。无论是一座古老的城堡、一座宏伟的教堂，还是一个具有悠久历史的遗址，导游都会将其与历史事件和文化传统联系起来，使得游客能够更加直观地感受到历史的厚重和悠久。

除了景点的历史，导游还会向游客介绍当地的文化和传统。他们会讲述当地的民俗风情、传统习俗、节庆活动等,帮助游客了解当地人民的生活方式和价值观念。通过这些文化介绍,游客能够更好地融入当地的生活,增进对当地文化的理解和尊重。

导游的讲解不仅限于文字和图片,还常常包括一些生动的示范和体验。例如,当导游介绍某种传统手工艺品或民俗活动时,他们可能会现场展示制作过程,或者邀请游客参与其中。这种亲身体验能够使游客更加深入地了解当地的文化,增加旅行的乐趣和体验感。

在导游的讲解中,他们会以丰富多彩的方式呈现景点的信息和文化内涵。有的导游可能会通过幽默风趣的语言讲述历史故事,吸引游客的注意力;有的导游可能会通过音频导览、视频资料等多媒体手段,将景点的历史和文化展现得淋漓尽致。无论是哪种方式,导游都会尽力使讲解内容生动有趣,让游客在愉快的氛围中获取知识。

除了对景点和文化的介绍,导游还常常向游客提供一些建议和提示,帮助他们更好地享受旅行。这些建议可能涉及景点的最佳观赏时间、游览路线、当地特色美食等方面。导游会根据游客的兴趣和需求,提供个性化的建议,使得游客的旅行更加丰富多彩。

在导游的讲解中,他们也会提到一些当地的名人和历史事件,以丰富景点的背景知识。这些名人和事件可能是与景点直接相关的,也可能是与当地文化和历史有着密切联系的。通过介绍这些名人和事件,导游能够让游客更加全面地了解景点的背景和文化内涵。

导游的讲解不仅仅是为了让游客了解景点和文化,更是为了引导他们深入思考和探索。通过导游的引导,游客不仅能够了解当地的历史和文化,还能够思考这些文化背后的意义和价值。导游常常会提出一些问题和话题,与游客进行互动和讨论,激发他们的思考和想象力。

二、导游的责任

(一)法律和道德责任

在导游行业,法律责任和道德责任是至关重要的,导游必须严格遵守相关法律法规,并承担起引导游客、传播文化、保障游客权益的道德责任。这些责任不仅涉及导游个人的职业操守,也关系到整个旅游业的形象和发展。

作为导游,严格遵守法律法规是责无旁贷的。导游必须了解并遵守当地和国家相关的旅游法律法规,包括导游从业资格要求、旅游行业管理规定、景区管理规定等。例如,在一些国家,导游必须通过专业考试获得资格证书才能从事导游工作,同时还需要遵守导游行业的行为准则和规范。导游还必须保证游客的人身安全和财产安全,不得从事违法犯罪活动,否则将承担相应的法律责任。

导游还要承担起传播文化、宣传形象的重要责任。导游是游客了解目的地文化、历史、风土人情的重要窗口,他们的讲解和引导直接影响着游客对目的地的认知和印象。导游不仅要具备丰富的知识,还要以客观、真实、准确的态度向游客介绍景点、历史和文化,不得歪曲事实或误导游客；同时，导游还应该尊重和保护当地的文化遗产和风俗习惯，不得任意破坏或侮辱当地文化，否则将损害旅游形象，影响旅游业的可持续发展。

导游还要保障游客的合法权益，承担起消费者权益保护的责任。在旅游过程中，导游应该提供诚信、周到、细致的服务，帮助游客解决各种问题和困难，确保他们的旅行顺利进行。如果游客在旅游过程中遇到纠纷或投诉，导游应积极协助解决，保障游客的合法权益不受侵害。导游还应该诚实守信，不得利用职务之便从游客处获取不正当利益，否则将失去游客的信任，严重影响个人和企业的声誉。

导游还应该具备良好的沟通能力和服务意识，积极与游客交流，了解他们的需求和意见，及时调整行程安排，提供个性化、定制化的旅游服务。导游应该尊重游客的选择和意见，不得强行推销商品或服务，也不得对游客进行歧视或侮辱，否则将损害游客的感情，影响旅游体验，甚至引发消费者投诉和维权事件。

导游还应该积极参与行业自律和监督管理，保持良好的职业道德和职业操守。导游可以通过加入行业协会或组织，参与相关培训和交流活动，了解行业最新动态和规范要求，不断提升自己的专业水平和服务质量。同时，导游还应该相互学习、相互监督，遵守行业准则和规范，共同维护行业形象和发展，促进旅游业的健康发展。

（二）专业责任

1. 专业知识

导游作为旅游行业的从业者，其专业知识责任是非常重要的。他们不仅需要了解目的地的历史、文化和地理环境，还需要具备相关的法律法规和安全知识，以确保游客的安全和行程的顺利进行。

导游的专业知识责任体现在对目的地历史文化的深入了解。他们需要对每个景点的历史背景、文化传承和重要事件有着全面的了解，并能够向游客生动地介绍和解说。例如，对于一个古建筑，导游需要了解其建造年代、建筑风格、设计师等相关信息，以便向游客介绍其背后的历史和文化内涵。

他们需要了解当地人民的生活习惯、民俗传统、饮食文化等方面的知识，并能够向游客介绍和解释。这样不仅可以增加游客的旅游体验，还可以促进不同文化之间的交流和理解。

需要了解当地的地形地貌、气候特点、植被分布等信息，以便为游客提供合适的旅游建议和安全提示。例如，在前往户外探险活动时，导游需要对当地的地形地貌和气候条件有着清晰的认识，以确保游客的安全。

导游的专业知识责任还包括对旅游法律法规的了解。他们需要了解旅游行业的相关法律法规，如旅游保险、导游证件要求、旅游合同等，以确保自己的行为合法合规。导游还需要了解应对突发事件的应急措施和处理方法，以保障游客的安全和权益。

导游在工作中还需要具备一定的语言表达能力和沟通技巧。他们需要清晰、流畅地向游客介绍和解释各种信息，以确保游客能够理解和接受。导游还需要具备良好的服务意识和团队合作精神，与游客和同事之间保持良好的关系，共同为游客提供优质的旅游服务。

2. 技能提升

导游的技能提升责任是一项至关重要的任务，它涉及提高导游的专业素养、服务水平和社会责任感，以更好地满足游客的需求，推动旅游业的发展。

导游应不断提升自身的专业知识和技能。随着旅游业的不断发展和旅行者需求的日益多样化，导游需要不断学习和更新知识，以应对不同情况和需求。他们需要深入了解景点的历史、文化、地理等方面的知识，同时也要了解当地的法律法规和旅游服务标准，以确保提供准确、全面的讲解和服务。

作为与游客直接接触的重要人员，导游需要具备良好的沟通技巧，能够与不同背景和文化的游客进行有效的交流。他们需要清晰地表达自己的观点和信息，同时也要倾听并理解游客的需求和反馈，以便及时调整讲解内容和服务方式。

在旅游行程中，导游需要安排好各个景点的参观顺序和时间，确保游客能够充分利用时间，尽可能多地了解和体验当地的文化和风情。他们需要合理安排行程，避免出现拥挤和赶场的情况，同时也要留出适当的休息和自由活动时间，让游客在旅行中保持愉快的心情。

他们应以客户至上的态度，全心全意为游客服务，尽最大努力满足他们的需求和期望。无论是提供讲解、解答问题，还是协助解决突发情况，导游都应积极主动地投入其中，确保游客的旅行顺利进行，同时也要保障他们的安全和舒适。

在国际旅游中，导游可能会遇到来自不同国家和地区的游客，他们可能有不同的文化背景、语言习惯和行为习惯。导游需要了解不同文化间的差异，避免产生文化冲突和误解，同时也要尊重和包容不同文化的特点，促进文化交流和理解。

导游的技能提升还包括对技术的应用和创新。随着信息技术的不断发展，导游可以利用各种技术手段，提高讲解的效果和体验。例如，他们可以使用多媒体设备和虚拟现实技术，为游客呈现更加生动、直观的景点信息；他们还可以通过社交媒体和移动应用，与游客保持联系，提供更加个性化和便捷的服务。

导游的技能提升也需要政府、旅游机构和培训机构的支持和帮助。这些机构可以组织各种培训和培训活动，为导游提供专业知识和技能培训，同时也可以制定相关政策和标准，规范导游行业的发展和管理。政府和旅游机构还可以提供相应的奖励和激励措施，鼓励导游不断提升自身的专业水平和服务质量。

第四节　导游行业的现状与趋势

一、导游行业的现状

（一）行业规模

在当今全球经济中，导游行业的规模正在迅速扩大。这一行业不仅仅是旅游业的重要组成部分，还对整体经济有着深远的影响。根据最新的统计数据，导游行业在全球范围内的市场规模已经达到数千亿美元，并且这个数字还在不断增长。

目前，导游行业正经历着显著的转型和升级。传统的导游服务模式逐渐向个性化、高科技化的方向发展，以适应不断变化的游客需求。这一转型不仅提升了导游服务的质量，也推动了行业规模的扩大。越来越多的游客开始偏爱定制化的旅游体验，这也为导游行业带来了新的发展机遇。

随着旅游业的持续发展，导游行业的就业机会也在显著增加。特别是在旅游旺季，导游需求的增加为许多人提供了就业机会。通过提供导游服务，不仅可以降低失业率，还能够促进地方经济的发展。导游行业的就业市场呈现出良好的发展态势，为经济增长注入了新的动力。

导游行业的国际化进程也在不断加快。越来越多的导游从业者不仅服务于本地游客，还为来自世界各地的国际游客提供服务。这种国际化趋势不仅扩大了导游行业的市场范围，也促进了不同文化之间的交流与理解。国际游客的增多，使得导游行业有了更多的发展机会和挑战。

在技术层面上，导游行业正在充分利用现代科技来提升服务质量。例如，电子导览设备、虚拟现实技术等高科技手段的应用，使得导游服务更加高效和有趣。这些技术不仅提高了导游的工作效率，也大大提升了游客的旅游体验。技术创新为导游行业的发展提供了新的动力。

随着游客对高品质服务的需求增加，导游从业者需要具备更多的专业知识和技能，以满足不同游客的需求。许多导游通过参加培训和获得专业认证，提升了自己的专业素养。这种专业化趋势不仅提高了导游服务的质量，也提高了游客的满意度。

在不同地区，导游行业的发展情况也有所不同。发达国家和地区的导游行业相对成熟，市场规模较大，服务水平较高。而在一些发展中国家和地区，导游行业还处于起步阶段，具有巨大的发展潜力。通过加强区域间的合作和经验交流，导游行业的发展将更加均衡和多样化。

为了规范导游行业的发展，各国政府和相关机构不断完善监管和管理机制。通过制定法律法规和行业标准，确保导游服务的质量和游客的合法权益。这样的规范化管理有助于提高导游行业的整体水平，推动其健康可持续发展。这也为游客提供了更有保障的旅游体验。

尽管导游行业面临一些挑战，但也有着巨大的发展机遇。近年来，全球旅游市场的波动对导游行业产生了一定的影响，但也促使导游从业者不断提升自身技能，适应市场的变化。面对新的市场需求，导游行业正在积极调整，以应对未来的发展挑战。

（二）技术与数字化应用

近年来，旅游业迅猛发展，导游技术和数字化应用成为推动行业升级的重要因素。智能技术与数字化平台的结合，赋予导游工作全新的内涵和操作模式。

不得不提的是智能导览设备的普及。这些设备不仅能够提供实时的景点介绍，还能根据游客的兴趣和行程进行个性化推荐。智能耳机、手持终端等设备的广泛使用，使得导游能够更专注于与游客互动，提升服务质量。增强现实（AR）技术的应用，使得游客在参观时能够看到历史场景的复原或虚拟人物的讲解，增强了体验的沉浸感。

旅游管理平台的数字化转型也是不可忽视的一部分。这些平台集成了票务预订、行程规划、交通指引等多种功能，为游客提供一站式服务。导游可以通过这些平台更高效地管理游客的信息和需求，及时调整导览方案，避免了传统导游工作中的信息不对称和沟通障碍。

人工智能（AI）的引入进一步优化了导游的工作流程。AI可以分析大量游客的数据，预测游客的行为模式，帮助导游提前做好准备。语音识别和自然语言处理技术的进步，使得AI导游能够与游客进行自然的对话，回答游客的问题，提供个性化的建议。这样一来，导游的角色从单纯的信息传递者，逐渐转变为全方位的服务提供者。

不容忽视的是大数据在导游技术中的应用。通过大数据分析，可以了解游客的偏好、消费习惯和行为轨迹，为旅游企业制定市场策略提供科学依据。导游也可以利用这些数据，提前了解游客的兴趣点和需求，在导览过程中进行有针对性的讲解，提高游客的满意度和体验感。

社交媒体和旅游APP的普及也对导游技术产生了深远的影响。游客可以通过这些平台分享旅游体验，发表评价和建议，导游和旅游企业可以及时获取反馈，改进服务质量。同时，导游也可以通过社交媒体与游客建立更紧密的联系，提供更多的个性化服务。

虚拟现实（VR）技术的应用正在逐步改变传统的导游方式。通过VR设备，游客可以在出发前就进行虚拟的景点参观，提前了解景点的历史和文化背景。导游在实际导览时，可以结合VR内容进行讲解，让游客更直观地感受景点的魅力。这种虚实结合的方式，大大提升了导览的效果。

物联网（IoT）技术的应用也在不断拓展导游的工作范围。通过物联网设备，导游可以实时监控游客的位置和状态，确保游客的安全。在一些大型景区，导游可以利用物联网技术进行人员分流和管理，避免拥堵和安全隐患，提升整体服务效率。

区块链技术在旅游行业中的应用也值得关注。区块链技术可以确保游客信息的安全和透明，防止信息泄露和欺诈行为。导游和旅游企业可以通过区块链技术进行合同管理和票务验证，提高服务的可信度和可靠性。

不仅是技术的应用，导游的培训和教育也在向数字化方向发展。通过在线学习平台，导游可以随时随地接受最新的行业知识和技能培训。虚拟实训系统的引入，使得导游可以在模拟环境中进行实践操作，提升应对突发情况的能力和服务水平。

不可忽视的是文化和科技的结合。导游不仅需要掌握先进的技术，还需要具备深厚的文化知识。通过数字化平台，导游可以更方便地获取和传播文化信息，将技术与文化相融合，为游客提供更丰富的导览体验。

二、导游行业的发展趋势

（一）定制化行程

在当今旅游市场中，导游行业的定制化行程越来越受到游客的青睐。定制化行程是根据游客的兴趣和需求量身打造的个性化旅游方案，与传统的固定行程相比，能够提供更加灵活和独特的旅游体验。这种服务模式的兴起，标志着导游行业正在向更高层次的发展迈进。

定制化行程的核心在于满足游客的个性化需求。每一位游客都有独特的旅游偏好和兴趣，定制化行程可以根据这些特点进行个性化设计。例如，历史爱好者可以选择深入探访历史遗迹的路线，而美食爱好者则可以享受专门设计的美食之旅。这样的安排不仅提升了游客的满意度，也使得导游服务更加具有针对性。

定制化行程也体现了导游服务的高附加值。在传统的旅游服务中，导游通常会带领游客参观一些热门景点，而定制化行程则可以深入挖掘目的地的独特魅力，带领游客体验更多元化的旅游项目。例如，一些地方的隐秘景点、独特的文化活动，或是未被大众熟知的美丽风景，都可以通过定制化行程展现给游客。这种深度体验使得旅游更加丰富多彩。

与传统的旅游行程相比，定制化行程更强调个性化和独特性。每一位游客的需求和喜好都是不同的，定制化行程可以根据这些差异进行量身定制。导游在设计行程时，会深入了解游客的兴趣点和旅游期待，从而制订出最合适的旅行计划。这不仅使得游客的旅游体验更加满意，也提高了导游服务的品质。

定制化行程能够更好地控制旅游节奏。传统的旅游行程通常有固定的时间安排，游客必须按照既定的计划参观各个景点。而定制化行程则允许游客自由选择参观时间和节奏，避免了匆忙赶路的情况。游客可以在自己喜欢的景点停留更长时间，充分享受旅行的乐趣。

这样的灵活安排，更符合现代游客的旅行习惯。

定制化行程也促进了导游与游客之间的互动。在设计和执行定制化行程的过程中，导游需要与游客保持紧密的沟通，了解他们的需求和反馈。这种互动不仅有助于导游更好地服务游客，也增强了游客的参与感和归属感。游客不仅是被动的旅游者，更是积极的行程参与者，整个旅游过程因此变得更加生动有趣。

从经济效益的角度来看，定制化行程为导游行业带来了新的商机。由于定制化行程提供了更高品质和更加个性化的服务，游客愿意为此支付更高的费用。导游从业者可以通过提供定制化行程，提高自身的收入水平，并吸引更多高端客户。这种模式不仅提升了导游行业的盈利能力，也促进了旅游市场的多元化发展。

而在导游职业发展的层面上，定制化行程对导游的专业素质提出了更高的要求。导游需要具备更丰富的知识和更强的沟通能力，才能设计出令人满意的行程。为此，许多导游从业者积极参加各种培训和进修，不断提升自己的专业水平。这种自我提升不仅有助于导游个人的发展，也推动了整个行业的进步。

在导游行业的服务模式中，定制化行程的兴起也改变了游客的旅游方式。游客不再局限于传统的旅游路线，而是有更多的选择空间，可以根据自己的喜好自由规划旅行。这种变化不仅提升了旅游体验的多样性，也反映了旅游消费观念的转变。越来越多的游客愿意为个性化的、高质量的旅游体验付费，这为导游行业的发展提供了新的动力。

（二）虚拟导游和增强现实

虚拟导游和增强现实技术正迅速改变旅游业的面貌。随着科技的进步，传统的旅行体验正逐渐被更为互动和沉浸式的方式所取代。虚拟导游借助人工智能和机器学习，可以为游客提供个性化的导览服务。增强现实技术则通过在现实世界中叠加数字信息，提升游客的感知和互动体验。

现代科技带来的便捷性和丰富性为旅游业注入了新的活力。虚拟导游可以通过手机应用或专用设备提供实时的讲解和导航服务。这种方式不仅解决了语言障碍，还能根据游客的兴趣和需求提供定制化的内容，极大地提升了旅游体验的质量。

虚拟导游能够在不同时段和不同地点提供历史和文化背景信息。比如，当游客参观一座古老的建筑时，虚拟导游可以展示建筑在不同时期的样貌变化，并讲述相关的历史故事。这种信息的即时获取和展示使游客能够更深入地了解参观地点的背景和意义。

增强现实技术则通过将虚拟信息叠加到现实场景中，使旅游体验更加生动有趣。游客可以使用智能手机或AR眼镜，通过扫描特定的地点或物品，看到叠加在实际场景中的三维模型、动画和其他多媒体内容。这种互动性使得游客能够更直观地理解和感受他们所处的环境。

虚拟导游和增强现实技术不仅对游客有益，也为旅游从业者提供了新的商业机会。旅行社和景区管理者可以通过开发专属的虚拟导游应用和AR内容，吸引更多的游客，并提供差异化的服务。这不仅提升了景区的吸引力，还能带来新的收入来源。

在虚拟导游的发展过程中，数据的采集和分析起到了至关重要的作用。通过对游客行为和偏好的分析，虚拟导游可以不断优化自身的服务。例如，根据游客在某一景点停留的时间和互动的频率，虚拟导游可以推荐相关的景点和活动，提升游客的整体体验。

增强现实技术的发展也离不开硬件和软件的支持。高性能的计算设备和精确的定位技术是实现 AR 效果的关键。同时，AR 内容的创作和优化也需要大量的专业知识和技能。这些技术和资源的整合，为增强现实在旅游业中的应用提供了坚实的基础。

随着虚拟导游和增强现实技术的普及，旅游业的服务模式正在发生深刻的变革。游客不再需要依赖传统的纸质导览图和导游人员，而是可以通过智能设备获得全方位的旅游信息。这种变化不仅提升了旅游体验的便捷性和灵活性，也减少了对人力资源的依赖。

未来，虚拟导游和增强现实技术在旅游业中的应用前景广阔。随着人工智能和机器学习技术的不断进步，虚拟导游将变得更加智能和个性化。而增强现实技术的进一步发展，也将带来更加丰富和沉浸的互动体验。这些技术的融合应用，将使旅游业焕发出新的生机和活力。

虚拟导游和增强现实技术的广泛应用也面临着一些挑战。首先是数据隐私和安全问题。游客在使用虚拟导游和 AR 应用时，往往需要提供个人信息和位置信息，这些数据的安全存储和使用是一个重要的问题。旅游企业和技术提供商需要采取有效的措施，保护用户的数据隐私，确保信息的安全。其次是技术成本和普及问题。尽管虚拟导游和增强现实技术在旅游业中具有巨大的潜力，但其高昂的开发和维护成本使得许多中小型旅游企业难以负担。同时，游客需要配备相应的硬件设备，这也在一定程度上限制了这项技术的普及。如何降低成本并推广普及，将是未来亟须解决的问题。

第二章　导游服务技巧

第一节　导游的沟通技巧

一、导游的基本沟通技巧

（一）清晰表达

作为一名导游，清晰表达是至关重要的。导游不仅是旅游景点的介绍者，更是游客的引导者和沟通者。具备良好的口头表达能力能够让游客更好地理解旅游景点的历史、文化和特点，从而丰富他们的旅行体验。

导游应当在表达上做到条理清晰。这意味着导游在讲解时要有逻辑性，先讲什么后讲什么要有明确的顺序。例如，在介绍一个历史遗址时，导游可以先从整体背景入手，然后依次讲解每个主要部分的历史和功能，最后总结一下该遗址的重要性和独特之处。这样的结构可以帮助游客更容易地理解和记住信息。

使用简单明了的语言可以避免让游客感到困惑或失去兴趣。特别是在面对国际游客时，导游应当避免使用过于复杂的句子和专业术语，尽量用通俗易懂的表达方式来讲解。这样不仅可以提高沟通效率，还可以让更多的游客享受到旅行的乐趣。

适当的手势、表情和眼神交流可以增强讲解的生动性和感染力。比如在讲解某个古建筑的宏伟结构时，导游可以用手势描绘建筑的轮廓，或者用身体语言来模拟某个历史事件的场景。这些非语言的表达方式可以使游客更直观地感受到所介绍的内容。

（二）专注倾听

导游在旅游过程中扮演着至关重要的角色，他们不仅需要具备丰富的知识和专业的讲解技巧，还需要具备良好的沟通和倾听能力。导游的专注倾听是确保旅游团队顺利、愉快地完成旅程的重要保障。通过专注倾听，导游能够更好地理解游客的需求和兴趣，及时做出调整，提供更加个性化和贴心的服务，从而使整个旅游过程更加顺利和愉快。

导游在旅游过程中扮演着引导者和解说者的双重角色。他们不仅需要熟悉旅游目的地的历史、文化和风土人情，还需要具备较强的讲解能力和沟通技巧，以便将这些知识生动地传递给游客。仅有丰富的知识和出色的讲解能力是远远不够的，导游还需要具备良好的倾听能力，以便更好地理解游客的需求和兴趣，从而提供更加个性化和贴心的服务。

专注倾听是导游工作中至关重要的一环。在旅游过程中，导游需要面对各种各样的游客，他们有着不同的需求、兴趣和背景。有些游客可能对历史文化感兴趣，希望深入了解当地的历史和文化背景；有些游客可能更注重美食和购物，希望了解当地的特色美食和购物场所；还有一些游客可能更注重休闲和放松，希望找到一个安静舒适的环境。对于这些不同需求的游客，导游需要通过专注倾听，了解他们的需求和兴趣，及时做出调整，提供更加个性化和贴心的服务，从而使整个旅游过程更加顺利和愉快。

专注倾听不仅有助于导游更好地了解游客的需求和兴趣，还有助于建立良好的沟通和信任关系。通过专注倾听，导游能够表现出对游客的尊重和关心，使游客感受到被重视和被关注，从而建立起良好的沟通和信任关系。这种信任关系不仅有助于导游更好地了解游客的需求和兴趣，还有助于游客更好地理解导游的讲解和建议，从而使整个旅游过程更加顺利和愉快。

专注倾听还有助于导游更好地应对突发情况和问题。在旅游过程中，可能会出现各种各样的突发情况和问题，如天气突变、路线变化、人员走失等。通过专注倾听，导游能够及时了解游客的需求和兴趣，及时做出调整，妥善处理各种突发情况和问题，从而使整个旅游过程更加顺利和愉快。

二、导游的高级沟通技巧

（一）用生动有趣的故事来讲解景点的历史和文化

每当提起景点的历史和文化，许多人可能会觉得枯燥乏味。如果通过生动有趣的故事来讲解，这一切就会变得不同。让我们从一段充满传奇色彩的故事开始，走进这些古老的景点，探索它们背后的秘密与精彩。

举个例子，在讲解北京故宫时，不妨从明成祖朱棣的故事说起。传说朱棣为得到皇位，不惜发动了靖难之役，推翻了自己的侄子建文帝。夺位成功后，朱棣决定迁都北京，并在此修建了一座宏伟的宫殿，即如今的故宫。他邀请了无数能工巧匠，耗时十四年，终于建成了这座集奢华与庄严于一体的皇家宫殿。传说，在建设过程中，还发生了许多离奇的事件，比如工匠们如何巧妙地利用自然地形，使得故宫既防洪又避震。

接着，可以讲述故宫中最著名的乾清宫的故事。这座宫殿是皇帝处理政务和居住的地方。一个流传甚广的故事是，康熙皇帝曾在乾清宫里接见过西方传教士汤若望。汤若望带来了先进的西方科学技术，为康熙讲解天文学和机械制造，极大地开阔了康熙的眼界。这不仅使康熙对西方科技产生了浓厚兴趣，也促进了中西文化的交流。这一段故事，不仅展示了乾清宫的历史重要性，也让游客感受到东西方文化交融的魅力。

再来看看西安的兵马俑，这里有一个令人惊叹的故事。相传秦始皇统一六国后，为了维护自己的威严，决定创建一支陪葬军队。他下令工匠们按照真人比例制作陶俑，这支军队由数千个形态各异的兵马俑组成，个个栩栩如生。传说，兵马俑的脸部特征都是根据当时士兵的真实面貌雕刻的，因此每一个兵马俑都是独一无二的。这不仅体现了古代工匠的高超技艺，也展现了秦始皇对权力的极端追求。通过这些细节，游客不仅能了解到兵马俑的历史背景，还能感受到古代帝王的雄心壮志。

转到杭州的西湖，这里有许多脍炙人口的故事，其中《白蛇传》尤为著名。相传白素贞是一条修炼千年的白蛇，她变成人形来到人间，遇见了书生许仙，二人坠入爱河。他们的幸福生活却遭到了法海的破坏。法海认为人妖不能相恋，便设计将白素贞镇压在雷峰塔下。这一故事不仅描绘了凄美的爱情传说，也将西湖周围的名胜古迹巧妙地串联起来。当导游讲述这个故事时，游客仿佛置身于古代的江南水乡，感受到那份古朴与浪漫。

（二）情感化的讲述方式

导游在讲解时，除了要具备清晰的表达能力，还可以通过情感化的讲述方式来增强游客的体验感受。情感化的讲述不仅可以使讲解更加生动感人，还可以让游客更深入地了解和感受到景点的历史、文化和魅力。

导游可以通过讲述个人故事和经历来增加讲解的情感色彩。例如，可以讲述自己第一次来到这个景点时的感受和体验，或者讲述一个与景点相关的真实故事，让游客感受到历史的厚重和文化的底蕴。通过个人化的讲述，导游可以拉近与游客的距离，使他们更容易产生共鸣和情感连接。

导游可以通过声音和语调的变化来营造氛围。在讲述悲伤或激动人心的故事时，可以适当降低声音，增加节奏感，让听众更加专注和投入。在讲解欢快或有趣的内容时，可以提高声音的亮度和活泼度，让听众感受到快乐和愉悦。通过声音的变化，导游可以将情感直接传递给听众，让他们更深刻地体验到景点的魅力。

导游还可以利用音乐、歌曲和音效等元素来增强讲解的情感效果。例如，在讲述一个与民间传说有关的景点时，可以播放与故事情节相符合的音乐，营造出梦幻般的氛围。在讲解一个英雄人物的事迹时，可以播放激励人心的背景音乐，增强听众的情感共鸣。通过音乐和音效的运用，导游可以使讲解更加生动有趣，让听众沉浸其中，感受到景点的独特魅力。

导游还可以通过讲解时的姿势和表情来传递情感。例如，在讲述一个悲伤的故事时，可以适当低头、闭眼，表现出内心的沉痛和悲伤；在讲述一个喜庆的故事时，可以挺胸抬头，展现出自信和喜悦。通过身体语言和面部表情的调整，导游可以更直观地表达所讲述内容的情感，使听众更容易被打动和感动。

导游还可以通过讲解中的互动和参与来增加情感化的效果。例如，在讲解一个历史事件时，可以邀请游客模拟当时的场景或角色，让他们身临其境地感受历史的真实性；在讲解一个文化传统时，可以邀请游客参与到传统活动中，让他们亲身体验文化的魅力。通过互动和参与，导游可以让游客更深入地了解和体验景点的文化内涵，从而增强他们的情感认同和体验感受。

第二节 导游的解说技巧

一、生动有趣的讲述方式

在导游行业中，讲述的技巧至关重要。一个成功的导游不仅仅是传递信息，更重要的是以生动有趣的方式吸引游客的注意力。要做到这一点，首先需要具备丰富的知识。只有在对景点历史、文化、自然景观等有深刻了解的基础上，导游才能有底气从容应对各种问题。这些知识不仅包括书本上的内容，还应包含一些鲜为人知的故事和趣闻，以便在讲解过程中引人入胜。

讲解技巧的第二个关键点在于讲述的生动性。一个枯燥的故事，如果配上了适当的肢体语言和表情，就能变得有趣。导游在讲解时，可以通过适当的肢体动作和面部表情来加强语言的表现力。例如，讲述一个古代战役时，可以模仿战士们英勇奋战的姿态；描述一个浪漫的爱情故事时，可以用柔和的语调和眼神传达情感。这些细微的表达会让游客感受到故事的现场感和感染力。

在导游讲解中，幽默感同样不可或缺。适时的幽默能够缓解旅途中的疲劳，提升游客的愉悦感。导游可以通过一些轻松的笑话或趣味小故事来活跃气氛。例如，在讲解一个严肃的历史事件后，加入一个关于当时人们日常生活中的小插曲，会使游客感到轻松自在。幽默的把握需要注意分寸，不能过于夸张或偏离主题，否则会适得其反。

导游还需要根据游客的特点来调整讲解内容和方式。面对不同年龄段、不同文化背景的游客，讲解的侧重点应有所不同。对于儿童，讲解时可以多加入互动和游戏环节；对于老年人，则需要注意语速和音量，保证每个人都能听清楚。面对来自不同国家的游客，导游需要了解他们的文化习惯，避免出现文化冲突或误解。这种因人而异的讲解方式能够更好地满足游客的需求，提升他们的体验感。

情感的投入也是导游讲解的重要一环。一个充满感情的故事总是比平铺直叙的陈述更打动人心。在讲述一个感人的历史故事或地方传说时，导游可以用真挚的语气和细腻的情感来打动游客。例如，描述一位古代英雄的壮举时，可以用激昂的语调和感人的细节来让游客感受到那份震撼；讲述一个美丽的爱情传说时，可以用柔情的语言和浪漫的描述让游客感受到那份甜美。

导游的讲解还需要善于运用悬念来吸引游客的注意力。在讲解一些重要景点或历史事件时，可以通过设问或留下悬念的方式来引起游客的兴趣。例如，在介绍一座古建筑时，可以先讲述其神秘的传说，然后逐步揭开谜底。这种方式能够有效地抓住游客的好奇心，使他们更加专注于导游的讲解。

互动性也是导游讲解的一大亮点。通过与游客的互动，不仅可以拉近彼此的距离，还能让游客更深刻地记住讲解内容。导游可以在讲解过程中提出一些有趣的问题，邀请游客回答；或是设置一些小任务，如让游客在景点中找到某个特殊的标志物。这种互动不仅增加了讲解的趣味性，还能提高游客的参与感和记忆度。

声音的变化也是导游讲解的一种技巧。通过不同的音调、音量和节奏，可以让讲解更加生动。例如，讲述一个紧张的故事时，可以用低沉的声音和快节奏的语速；讲述一个轻松的故事时，则可以用明快的声音和舒缓的语调。声音的变化不仅能传达不同的情感，还能吸引游客的注意力，使他们更专注于讲解内容。

二、使用图片、视频等视觉辅助工具

视觉辅助工具在导游解说中的使用，能够极大地增强游客的体验和理解力。借助图片、视频等手段，导游可以生动形象地展示景点的历史背景、文化底蕴以及独特之处。例如，导游在介绍长城时，不仅可以用语言描述其壮丽，还可以通过展示历史照片、航拍视频等，使游客更直观地感受到长城的宏伟和历史变迁。

在导游解说中，图片和视频作为辅助工具，可以起到信息补充和情感共鸣的作用。旅游景点往往有着丰富的历史和文化背景，但仅靠口头描述，有时难以全面传达其深刻内涵。导游通过播放历史纪录片、展示艺术作品的高清图片，能使游客更全面地了解景点的历史和文化。同时，这些视觉元素还能唤起游客的情感共鸣，使其在参观过程中产生更深的情感体验。

利用视觉辅助工具还能够增强游客的记忆和理解。心理学研究表明，视觉信息通常比文字信息更易于记忆和理解。导游在解说过程中适时地使用图片和视频，可以帮助游客更好地记住相关信息。例如，在讲解一座古老建筑的结构和建造工艺时，导游可以通过展示建筑的 3D 模型和施工过程的视频，使游客更直观地理解建筑的独特之处和工匠的智慧。

视觉辅助工具还可以帮助导游更好地与游客互动。在现代旅游中，互动性成了提升游客体验的重要因素之一。通过图片和视频，导游可以设计一些互动环节，比如让游客猜测某张老照片中的人物身份，或者通过视频片段引导游客讨论某个历史事件的背景和影响。这种互动不仅能增加游客的参与感，还能活跃参观气氛，使解说过程更加生动有趣。

对于那些语言障碍较大的游客，视觉辅助工具更是弥足珍贵。在国际旅游中，导游经常会遇到不同语言的游客，而图片和视频则能跨越语言的障碍，成为共同的交流媒介。导游可以通过展示标注有多种语言的图片、播放配有字幕的视频，使不同语言的游客都能理解并欣赏景点的美与意义。这种跨语言的视觉沟通方式，不仅提升了游客的体验，还增强了文化交流的效果。

视觉辅助工具在提升导游解说质量方面也发挥着重要作用。通过提前准备好相关的图片、视频，导游可以更加从容地进行解说，避免因一时无法找到合适的表达方式而影响解说效果。导游可以将这些视觉材料按照解说顺序排列好，形成一个完整的解说方案，使解说过程更加连贯和有条理。这不仅有助于提升导游的专业形象，还能使游客感受到导游的用心和专业。

当然，使用视觉辅助工具并不意味着完全依赖这些工具，导游依然需要保持灵活应变的能力。在解说过程中，导游应根据游客的反应和兴趣，灵活调整使用图片和视频的时机和内容。例如，如果发现游客对某个话题特别感兴趣，导游可以适时增加相关的图片或视频，进一步深入讲解；反之，如果游客对某个话题反应平淡，导游则可以减少相关的视觉辅助材料，避免占用过多时间。

导游应确保在参观开始前，检查好所有的设备和材料，确保图片和视频能正常播放，并且有备用方案应对可能的技术故障。例如，导游可以准备一些打印好的图片，以备不时之需；在条件允许的情况下，还可以带上便携式投影仪，以保证在任何环境下都能顺利使用视觉辅助工具。

不同的游客对视觉材料的兴趣和接受程度可能有所不同，导游在选择和使用这些工具时，应尽量多了解游客的背景和兴趣。例如，对于喜欢历史的游客，导游可以多准备一些历史照片和文献视频；对于喜欢艺术的游客，则可以重点展示艺术作品的高清图片和创作过程的视频。通过这种有针对性地选择和使用，导游可以更好地满足游客的需求，提升其参观体验。

第三节 导游的危机处理技巧

一、预防和准备

（一）风险评估

在现代旅游业中，风险评估已经成为导游工作中不可或缺的一部分。每一次旅行都有可能遇到各种风险，从自然灾害到游客个人问题，导游需要具备危机处理技巧，以确保游客的安全和旅行的顺利进行。这种技能不仅关乎游客的安全，还直接影响旅行社的声誉和未来业务。导游应熟悉各种可能的风险，并制定应对措施。

导游需要识别和评估潜在的风险。每个旅游目的地都有其独特的风险，例如地震、洪水、山体滑坡等自然灾害，以及社会动荡、治安问题等人为风险。导游应该在出发前详细了解目的地的情况，包括天气预报、政治环境和当地治安状况。通过这种方式，导游可以提前制定应急预案，避免风险发生时慌乱，以便减少损失。

（二）紧急联系人和信息

在处理紧急联系人和紧急信息时，导游需要具备丰富的经验和专业的危机处理技巧。导游应在出发前收集并记录所有游客的紧急联系信息。这包括游客的姓名、紧急联系人姓名及联系方式、与紧急联系人的关系等详细信息。确保这些信息的准确性和完整性，有助于在突发事件中迅速联系到相关人员，为游客提供及时的帮助。

另一个重要方面是导游必须在面对突发事件时保持冷静并迅速评估现场情况。冷静的态度有助于导游理性分析问题，并做出明智的决策。导游应第一时间了解事件的性质、涉及的人员及其伤害程度，以及可能的解决方案。根据情况的紧急程度，导游需要迅速决定下一步的行动计划。

进一步说，导游需要具备出色的沟通能力。清晰而有效的沟通是确保信息准确传递的关键。导游在与游客、紧急联系人及相关机构交流时，应使用简明扼要的语言，确保信息的准确和有效传达。尤其是在紧急情况下，清晰的沟通能够大大提高应急响应的效率。

二、急救和医疗处理

（一）基本急救技能

作为一名导游，掌握基本急救技能至关重要。这不仅是为了自己的安全，更是为了保障游客的安全。在遇到突发疾病或意外事故时，能够迅速并正确地进行急救处理，可以有效减少伤害，甚至挽救生命。急救技能应成为导游培训中的重要一环。

了解心肺复苏术（CPR）是每位导游必须具备的基本技能。当游客心脏骤停或呼吸停止时，及时进行心肺复苏可以在专业医疗人员到达前维持生命。CPR 包括胸外按压和人工呼吸两部分，导游应接受专业培训，掌握正确的操作方法和节奏，以提高急救效果。

导游还需掌握处理出血和创伤的技能。游览过程中，游客可能因跌倒或碰撞而受伤，出现流血或骨折等情况。导游应学会如何止血、包扎和固定受伤部位，以防止伤情恶化。特别是在偏远地区旅游时，等待医疗救援的时间较长，导游的急救处理能力尤为重要。

处理烧伤和烫伤也是导游需要掌握的技能之一。游客在参加户外活动如野炊、篝火晚会等时，可能会意外烫伤或烧伤。导游应了解如何迅速冷却烧伤部位，减轻疼痛，并防止感染。这些知识可以通过急救培训课程获得，导游在平时应多加练习，以熟练掌握救治方法。

某些游客可能对花粉、食物或昆虫叮咬过敏，出现过敏反应甚至过敏性休克。导游需要知道如何使用肾上腺素自动注射器（EpiPen），并及时呼叫医疗帮助。在旅行前了解游客的过敏史，并随身携带必要的药品，也是一种预防措施。

导游应具备处理中暑和脱水的能力。尤其是在炎热的夏季或热带地区旅游时，长时间的户外活动可能导致游客中暑或脱水。导游应学会识别中暑的早期症状，如头晕、恶心、皮肤潮红等，并采取措施帮助游客降温、补水。提前提醒游客做好防暑措施，如穿轻便衣物、多喝水等，也是预防中暑的重要手段。

游客在旅途中尝试当地美食时，有时可能会因食物不洁或不适应当地饮食而发生食物中毒。导游应具备识别食物中毒症状的能力，如腹泻、呕吐、腹痛等，并知道如何处理这些症状，及时送医以防止病情恶化。

当然，处理溺水也是导游应掌握的技能之一。特别是在组织水上活动或带领游客游泳时，溺水事故可能随时发生。导游应接受专门的水上急救培训，学会如何将溺水者救上岸，并进行人工呼吸和心肺复苏，以挽救溺水者的生命。

在长时间旅行过程中，游客可能因各种原因出现情绪波动或心理问题，如焦虑、恐慌或抑郁。导游需要具备基本的心理急救技能，能够安抚游客情绪，给予必要的心理支持，并在必要时联系专业心理医生。

再进一步，导游还应了解如何处理突发性心脏病。许多游客特别是老年游客，可能有潜在的心脏病史。在高强度的旅游活动或兴奋状态下，可能诱发心脏病。导游应掌握心脏病的急救措施，如让病人平躺、保持安静，立即呼叫救护车，并使用急救药品如硝酸甘油。

旅行过程中，遇到暴雨、暴风雪等恶劣天气时，可能会导致道路封闭、交通事故等突发情况。导游应具备应急避险的知识，能够合理安排游客的行动路线，确保所有人的安全。

（二）医疗援助

在医疗援助过程中，导游需要具备高度的危机处理技巧。面对游客突发疾病或受伤时，导游应保持冷静，迅速评估情况。无论是心脏病发作、严重过敏反应，还是意外骨折，导游都应立刻采取必要的急救措施。这些措施可能包括心肺复苏术（CPR）、止血、固定伤肢等。在此过程中，导游应尽可能安抚受伤者，减少其焦虑情绪。

　　导游还需熟知当地的医疗资源和紧急联络方式。提前与当地医院或诊所建立联系，确保一旦发生紧急情况，能够迅速将伤者送往医疗机构。导游需要掌握当地急救电话和紧急联系人的信息，并在必要时立即拨打求助。导游应随身携带一个急救包，里面包含基本的医疗用品，如绷带、消毒剂、止痛药等，以便在突发情况下进行初步处理。

　　导游还需具备一定的医学常识和急救技能。通过参加急救培训课程，获得相关证书，导游能够在突发事件中更加自信地进行救助。这些技能包括心肺复苏术、异物卡喉急救法、创伤处理等。在日常工作中，导游应不断更新和提升自己的急救知识，以应对可能出现的各种紧急情况。

　　在处理突发医疗事件时，导游的沟通能力也至关重要。导游需要与受伤者进行有效沟通，了解其病史和过敏史，确保在施救过程中不使用会引发过敏反应的药物或处理方法。同时，导游还需与其他游客保持沟通，告知他们当前的情况，并请他们协助处理或保持冷静，避免引起恐慌。导游还应及时与受伤者的家属或朋友取得联系，通报情况并提供必要的支持。

　　导游在危机处理中的决策能力同样重要。面对突发医疗事件，导游需要迅速做出判断，选择最佳的处理方案。这要求导游具备快速反应能力和清晰的思维。在复杂情况下，导游需要根据实际情况灵活应对，确保救援措施的有效性。例如，若游客在偏远地区受伤，导游需考虑是否将受伤者立即转移至医疗机构，或者在现场进行初步处理后再转移。

　　导游还应了解游客的保险情况。在出发前，导游应提醒游客购买旅行保险，并了解保险的覆盖范围和理赔程序。在突发事件发生后，导游应协助游客与保险公司联系，确保其能够获得必要的医疗费用保障。这不仅减轻了游客的经济负担，也有助于游客获得更好的医疗服务。

　　同时，导游在危机处理中需展现出高度的责任心和同理心。导游应始终关注游客的安全和健康，在突发事件中尽最大努力给游客提供帮助。在危机处理过程中，导游应表现出对游客的关心和支持，尽力减轻其痛苦和不安。这种人文关怀不仅有助于提升游客的满意度，也能增强导游与游客之间的信任。

　　不止于此，导游还需具备团队合作精神。在突发事件中，导游往往需要与其他导游、医疗人员和当地救援队伍密切合作，确保救援工作的顺利进行。这要求导游具备良好的协调和组织能力，能够有效地安排和分配任务，确保各环节的紧密衔接。导游还需在团队中发挥积极作用，带动团队成员共同应对危机。

　　突发事件不仅对受伤者造成身体上的伤害，也可能对其心理产生负面影响。导游应在事后及时与受伤者沟通，提供必要的心理支持，帮助其缓解压力和焦虑。导游还应关注其他游客的心理状态，确保突发事件不会对整个团队的情绪和旅行体验产生过多的影响。

第四节　导游的客户服务技巧

一、与客户建立良好的沟通

（一）提问与反馈

作为一名导游，提问与反馈是关键的沟通工具。例如，"这次旅行有什么特别期待的景点吗？"这样的问题可以让游客更自由地表达他们的想法和愿望，从而帮助导游更好地安排行程，满足大家的期望。

每次讲解完一个景点后，可以询问他们的感受和意见，比如，"大家觉得这个景点怎么样？"或是"有没有什么地方需要更多解释？"通过这些问题，导游可以及时调整讲解内容和方式，确保每个人都能获得满意的体验。

导游还可以利用反馈来改善整体服务质量。例如，行程结束时，可以请游客填写一份简短的反馈表，询问他们对整个旅程的评价以及有哪些改进建议。这不仅有助于导游了解自身的不足，也能为以后的工作积累宝贵的经验。

在导览过程中，导游可以通过观察游客的非语言行为来获取反馈。例如，游客是否频频查看手表或手机，是否表现出疲惫或不耐烦的情绪，这些都是重要的信号。针对这些情况，导游可以适时调整行程节奏，增加一些休息时间或互动环节，以提高游客的满意度。

还有一种有效的方式是利用科技手段进行反馈收集。比如，导游可以创建一个微信群或其他社交媒体群组，让游客可以随时提出问题和建议。这种方式不仅方便快捷，还能让导游及时掌握游客的动态，提供更精准的服务。

导游还可以通过互动游戏或问答环节来活跃气氛，并从中获取反馈。例如，在讲解完一个景点后，导游可以组织一个小型的知识问答竞赛，让游客在轻松愉快的氛围中巩固所学内容，同时也能检测自己讲解的效果和游客的理解程度。

同时，导游需要具备良好的倾听能力。游客提出的每一个问题和建议，导游都应该认真聆听并给予回应。这样不仅能让游客感受到被重视和尊重，也能从中发现一些潜在的问题和改进的空间，从而不断提升服务质量。

导游还应该善于总结和反思每次行程中的得失。比如，可以在每次行程结束后做一个自我评估，记录下游客的反馈和自己的感受，找出哪些地方做得好，哪些地方需要改进。通过这种不断的自我提升，导游的专业水平和服务质量才能不断提高。

导游之间可以定期召开会议，分享各自的经验和游客反馈的意见，从而互相学习，共同进步。这种团队协作的方式不仅能提高整体服务水平，还能增强团队凝聚力。

（二）具备文化敏感性

导游在现代旅游业中扮演着至关重要的角色，而文化敏感性是他们必须具备的一项重要技能。导游需要了解并尊重游客的文化背景和习俗。这意味着他们必须对不同文化的礼仪、语言、信仰和价值观有深刻的理解。例如，接待来自伊斯兰国家的游客时，导游需要知道哪些食物是清真食品，哪些话题可能是禁忌，从而避免产生误解和冲突。

导游还需要具备跨文化沟通能力。每个国家和地区都有自己独特的表达方式和沟通习惯，导游必须能够在多种文化环境中自如地交流。这不仅仅是语言能力的考验，更是对导游在不同文化背景下理解和传递信息能力的挑战。通过有效的沟通，导游可以更好地了解游客的需求和期待，从而提供更加个性化和周到的服务。

导游还应当具备同理心，这是文化敏感性的核心要素之一。换句话说，导游需要能够站在游客的角度，理解他们的感受和想法。这种能力可以帮助导游在面对文化差异时，采取更加包容和理解的态度。例如，当游客在异国他乡遇到文化冲击时，导游应能够察觉并及时给予安慰和支持，从而增强游客的安全感和满意度。

导游在与游客互动时，需要注意使用合适的语言和行为。每种文化都有自己的禁忌和礼仪，导游应当避免使用可能引起误解或冒犯的言辞和动作。例如，在一些亚洲国家，指人或物时使用手指可能被视为不礼貌，导游应当使用全手掌指示方向或物品。通过细致入微的文化敏感性，导游可以避免因文化差异导致的不愉快事件的发生。

导游还应具备跨文化冲突解决能力。当游客来自不同文化背景时，难免会因为文化差异产生误解和冲突。导游需要能够冷静分析冲突原因，并采用恰当的沟通技巧进行调解。例如，当游客之间因不同的餐饮习惯发生争执时，导游可以通过介绍各自文化的餐饮特色，帮助他们相互理解和包容，从而化解冲突。

导游还应鼓励游客尊重当地文化和习俗。在旅游活动中，游客有时可能因不了解当地文化而无意中冒犯了当地居民。导游可以通过事先的文化教育，提醒游客注意言行举止，从而避免文化冲突。

导游需要不断提升自身的文化敏感性。这不仅是为了更好地服务游客，更是为了自身的职业发展。随着全球化的深入，旅游业的竞争越发激烈，只有具备高文化敏感性的导游，才能在激烈的市场竞争中脱颖而出。通过不断学习和提升，导游可以在职业生涯中获得更多机会和成就。

导游的文化敏感性不仅体现在对外来游客的接待中，还体现在对本国文化的传播上。导游通过向游客展示本国的文化精髓，可以增进不同国家和地区之间的文化交流和理解。这不仅有助于提升本国的国际形象，还能促进全球文化的多样性和包容性发展。

二、处理客户问题与投诉

（一）保持冷静与专业

应对客户问题和投诉是每位导游的重要职责之一，这不仅考验个人的专业能力，还考验冷静处理问题的心态。无论问题的复杂程度如何，导游需要以一种平和且坚定的态度来面对客户的任何质疑和不满。冷静与专业是处理客户投诉的两个关键因素。

遇到客户投诉时，导游需要保持冷静，迅速稳定自己的情绪。客户投诉往往带有情绪色彩，尤其是在客户感到被忽视或愿望未被满足时，他们的表达可能会带有一定的愤怒或失望的情绪。这时，导游需要先听客户说完，耐心地听取客户的全部陈述，避免在客户诉说过程中打断对方。通过认真倾听，导游不仅能全面了解客户的问题，还能让客户感到被重视，这是解决问题的第一步。

接下来，导游要展现出高度的专业素养。这包括对相关业务知识的熟练掌握以及对问题处理流程的清晰了解。导游应及时向客户解释清楚出现问题的原因，并提供具体的解决方案。在这个过程中，清晰且专业的沟通非常重要。导游应该使用通俗易懂的语言，让客户明白问题所在及解决步骤，而不是使用过于技术化的术语，导致客户产生新的困惑。

然后，在处理投诉时，导游要表现出足够的同理心和耐心。同理心使得客户感到导游理解他们的困境和感受，这在一定程度上能缓解客户的情绪。同时，耐心是解决问题的基础，导游不能急于给出答案或轻率地承诺，而应详细了解问题的每一个细节，确保找到根本原因，并提供切实可行的解决方案。每一次与客户的交流，都应体现出导游的诚意和责任感。

导游在处理投诉时要注重沟通技巧。面对愤怒或失望的客户，导游要尽量避免使用带有负面或责备性的语言，而是应采取积极且建设性的对话方式。比如，用"我们将尽力解决这个问题"代替"这是你的责任"。这种表达方式可以有效减少客户的抵触情绪，使沟通更加顺畅。同时，导游还应注意语气和态度的友善与专业，避免出现任何可能引发客户更大不满的言辞或行为。

为了确保问题能够得到有效解决，导游还需要积极跟进问题处理的进展情况。客户投诉后的跟进工作是建立客户信任的重要环节。导游应定期向客户汇报问题处理的最新进展，即便是在没有新进展的情况下，也应向客户说明当前的工作状态和下一步的计划。这种透明的沟通方式可以让客户感受到导游的重视和努力，从而增加客户的信任感和满意度。

应对客户投诉时，导游还需要具备良好的问题解决能力。这意味着导游不仅需要找到问题的症结，还要能够制定出有效的解决方案并及时执行。在复杂问题面前，导游可能需要协调多个部门或资源，这要求导游具备良好的组织和协调能力。同时，导游应确保在解决问题的过程中，不影响其他正常业务的进行，做到有条不紊地处理客户投诉。

为了从根本上减少客户投诉，导游还应注重事前预防和事后总结。事前预防包括对业务流程的不断优化和对员工的培训，以减少因操作不当或服务不到位引发的客户不满。事后总结则是对每一次客户投诉的处理进行回顾，分析出现问题的原因，总结处理经验，并改进工作流程，以防止类似问题再次发生。这种持续改进的工作方式，不仅能提高整体服务质量，还能增强客户对公司的信任和忠诚度。

导游在处理客户投诉时应始终保持积极的心态。客户的投诉不仅是对现有问题的反映，也是提升服务质量的契机。通过客户投诉，导游可以了解到业务流程中的不足之处，进而采取措施加以改进。正视并积极应对客户投诉，能够帮助公司不断提升服务水平，树立良好的品牌形象。导游应将客户投诉视为宝贵的反馈资源，积极采纳客户的建议，不断优化服务流程和质量。

在面对客户投诉时，导游还需要具备一定的情商。高情商帮助导游在紧张的沟通环境中保持冷静，准确理解客户的需求和感受，并以适当的方式回应客户。情商高的导游往往能够通过细腻的沟通方式赢得客户的信任和理解，从而更有效地解决问题。情商还体现在导游能够在压力下保持乐观和积极的态度，以灵活的方式应对各种突发情况，确保问题能够得到及时有效的解决。

（二）及时解决问题

1. 提供明确的解决方案

处理客户问题与投诉是确保客户满意度和品牌声誉的关键任务。认识到每一位客户的投诉背后都有独特的情况和情感体验至关重要。无论问题的大小，客户都希望得到迅速且有效的解决。建立一套明确的解决方案，不仅能有效处理客户的抱怨，还能提升公司的服务质量和客户忠诚度。

接到客户投诉时，应立即表示关切。客户投诉往往是因为他们感到被忽视或不被重视。通过及时的回应，传达出公司对客户问题的重视态度，能够在一定程度上缓解客户的负面情绪。这一过程中的关键在于聆听。仔细听取客户的投诉，避免打断他们，让客户感到他们的声音被听到和理解。

接下来，清晰地总结客户的问题，确保双方对问题的理解一致。重复客户所说的问题可以帮助验证你的理解是否正确，同时也让客户知道你确实在认真听。这不仅有助于减少误解，还能建立初步的信任基础。让客户确认你对问题的理解无误，是解决问题的第一步。

然后，向客户解释你将如何处理他们的问题。透明和详细的行动计划可以让客户看到你对解决问题的承诺。比如，可以告知客户处理问题的具体步骤和预计的时间框架。这有助于客户感到他们的问题被认真对待，并能预期下一步会发生什么，从而减少焦虑。

在实施解决方案的过程中，保持与客户的沟通是至关重要的。让客户随时了解处理进展，可以增强他们的信任感。定期更新客户问题的处理进度，即使是没有重大更新，也要告知客户你仍在关注他们的问题。这样做可以让客户感到被尊重和重视，并且增加他们对公司的信任。

如果问题需要更长时间才能解决，向客户解释原因并提供暂时性的解决方案。暂时性的解决方案能够缓解客户的紧急需求，同时也显示出公司在积极处理问题。重要的是，要确保客户感到他们的紧急情况被理解和重视。对于一些复杂的问题，提供阶段性的进展报告，让客户看到你在积极努力。

当问题解决后，主动跟进客户的反馈。询问客户对解决方案是否满意，并且是否还有其他问题需要解决。这不仅能确保问题得到彻底解决，还能进一步提升客户的满意度。通过跟进，显示出公司对客户体验的持续关注，并为未来的互动打下良好基础。

培训员工有效处理投诉的技巧至关重要。员工是客户与公司的直接接触点，他们的表现直接影响客户的体验。通过系统的培训，提高员工的沟通技巧、情绪管理能力和解决问题的能力，可以显著提升公司整体的客户服务水平。员工应学会如何在压力下保持冷静，如何同理心地与客户交流，以及如何快速有效地处理各种突发情况。

建立一个系统的反馈机制，有助于公司不断改进服务质量。收集和分析客户投诉的数据，找出常见问题和潜在的改进领域。定期进行客户满意度调查，可以帮助公司了解客户的真实感受，并及时采取措施进行改进。这种主动出击的方式，可以有效预防问题的再次发生，并不断优化客户体验。

在处理客户投诉时，保持真诚和诚信是成功的关键。客户能感受到公司是否真诚地在解决他们的问题。如果公司表现出诚意，客户往往更愿意给予理解和宽容。反之，如果客户感觉到被敷衍或欺骗，他们的愤怒情绪可能会升级，导致更严重的后果。处理客户问题时，坦诚地面对问题，并且诚实地给出合理的解释和解决方案。

2. 后续跟进

在问题解决后，导游应主动跟进客户的反馈，确保他们对处理结果满意。这一步骤不仅可以验证解决方案的有效性，还能进一步提升客户满意度。导游可以通过电话回访或问卷调查的方式，了解客户对问题处理的评价和建议。根据客户的反馈，导游可以及时调整和优化服务，提高客户体验。

为了提高处理客户问题与投诉的效率，导游需要不断提升自身的专业技能和应对能力。通过参加相关培训和学习先进经验，导游可以掌握更多的处理技巧和方法。同时，导游应与同行和上级保持良好的沟通和合作，共同探讨和解决工作中遇到的问题，提升整体服务水平。

导游还应建立和完善客户问题与投诉的管理机制。通过记录和分析客户问题与投诉的数据，导游可以更好地了解客户需求和市场动态。基于这些数据，导游可以有针对性地改进服务内容和方式，提高客户满意度和忠诚度。同时，导游应定期对问题和投诉进行总结和汇报，为公司决策提供科学依据。

在处理客户问题与投诉的过程中，导游应始终保持积极和乐观的态度。虽然面对客户的不满和批评是工作中的挑战，但导游应看到其中的积极意义。这些问题和投诉不仅是服务中的不足，也是改进工作的机会。通过不断改进和提升，导游可以为客户提供更加优质的服务，树立良好的职业形象。

导游应重视客户关系的维护。即使问题已经解决，导游也应保持与客户的联系，了解他们后续的需求和体验。通过定期的沟通和互动，导游可以增强客户的信任感和依赖度，建立长期稳定的客户关系。这不仅有助于促进个人的职业发展，也有助于公司的业务增长。

第三章 导游业务管理

第一节 导游行程规划与安排

一、导游的行程规划

（一）路线设计与景点选择

创建一条完美的导游路线需要考虑多个因素，包括游客的兴趣、交通便利性、景点之间的距离以及整体的旅行体验。为此，选择的景点应该具有历史文化价值、自然景观魅力和娱乐设施等多种元素，以满足不同游客的需求。

先从城市的历史文化入手。在行程的第一天，可以安排游客参观城市的博物馆和历史遗址。这不仅能帮助游客了解城市的过去，还能让他们感受到当地的文化氛围。例如，北京的故宫和长城是绝佳的选择，既能展示中国古代的建筑艺术，又能让游客领略到中华文明的深厚底蕴。

紧接着，探访自然景观也是行程中不可或缺的一部分。选择一两个风景秀丽的自然景点，如国家公园、山脉或湖泊，让游客亲近大自然，放松身心。黄山和九寨沟等地，以其壮丽的自然风光和独特的地质构造，常常成为国内外游客的心仪之地。这些景点不仅美丽，还提供了徒步、摄影等多种户外活动，增强了旅行的趣味性。

在安排好历史文化和自然景观后，不妨加入一些现代娱乐设施。现代化的购物中心、主题公园或当地特色的餐饮街道，可以让游客在游览之余享受购物和美食的乐趣。例如，上海的南京路步行街和迪士尼乐园，不仅让游客体验到现代都市的繁华，还能满足家庭游客的娱乐需求。

合理的交通安排对于一次成功的旅行至关重要。选择交通便利的路线，可以大大减少游客在旅途中的疲劳感。利用高铁、地铁和公交等公共交通工具，不仅环保节能，还能让游客更加便捷地到达每一个景点。对于远离城市的自然景点，可以安排专车接送，以确保行程的顺畅。

每个城市都有其独特的节庆活动和传统习俗，这些也可以作为旅行路线的一部分。根据游客的出行时间，提前安排好参与当地节庆活动的行程，如元宵节的灯会、中秋节的赏月等，这些活动不仅有助于游客更深入地了解当地文化，还能为他们的旅行增添一份独特的记忆。

要让旅行更加丰富多彩，可以在行程中安排一些互动体验项目。参观手工艺品作坊、参与烹饪课程或体验传统舞蹈等活动，能够让游客不仅是观光者，更成为当地文化的参与者和体验者。这些互动项目不仅增强了旅行的趣味性，还能让游客获得更多的旅行回忆。

考虑到不同游客的需求，定制化的旅行路线显得尤为重要。为家庭游客设计的路线，可以更多地安排亲子互动项目，如动物园、儿童博物馆等。而对于年轻人或单独旅行者，则可以增加一些探险活动，如攀岩、漂流等，满足他们的探险精神和好奇心。

夜晚的活动同样不可忽视。夜市、酒吧和音乐会等，是丰富夜间生活的好去处。在都市的夜晚，游客可以漫步在灯火辉煌的街道上，品尝各种美食，或者在酒吧中感受城市的夜生活。这样的安排不仅丰富了旅行内容，还能让游客在一天的游览后，放松身心，享受休闲时光。

在行程的最后一天，可以安排一些轻松的活动，如城市公园散步或温泉疗养，以帮助游客在旅程结束前彻底放松。这样的安排，不仅能让游客缓解旅途的疲劳，还能带着更加愉快的心情结束旅行。

在设计导游路线时，还需要考虑到安全问题。确保每个景点的安全性，提前告知游客注意事项，并为他们提供必要的安全装备和指导。这样不仅保障了游客的安全，还能让他们更加安心地享受旅行。

（二）考虑季节与天气因素

作为一名导游，季节与天气因素对行程安排的重要性不言而喻。不同的季节会带来截然不同的景色和体验，每种天气也会对旅行者的舒适度和活动安排产生深远的影响。导游在制定行程时必须细致考虑这些因素，以确保游客能够在最佳的条件下享受旅程。

春季是一年中的一个特别时期，万物复苏，气候宜人，是旅游的黄金季节。导游在春季安排旅游活动时，可以选择一些赏花景点，比如日本的樱花季节或者荷兰的郁金香花展。这些地方在春季花开时节，美不胜收，吸引了无数游客。春季的天气变化多端，有时会出现连续降雨的情况，导游需要提前了解天气预报，准备好雨具，并制定一些室内备选活动，以应对突如其来的天气变化。

夏季则是旅游的旺季，阳光明媚，适合进行各种户外活动。海滩、湖泊和水上乐园成为夏季游客的热门选择。导游在夏季带领游客游览时，需要考虑到高温对游客的影响，尤其是在中午时分，太阳直射，温度较高。导游应该提醒游客带好防晒霜、帽子和足够的饮用水，尽量安排一些上午或下午的活动，避免在正午时分进行高强度的户外运动。导游还需要时刻关注天气预报，防范可能出现的雷雨天气，以确保游客的安全。

进入秋季，天气逐渐转凉，秋高气爽，正是登高远眺、欣赏红叶的好时节。秋季旅游的热门景点包括加拿大的枫叶大道、日本的京都和中国的香山红叶。导游在安排秋季行程时，可以选择这些景点，让游客感受秋天独特的美丽。秋季早晚温差较大，导游需要提醒游客携带适当的衣物，以防感冒。秋季也是台风多发季节，尤其是在沿海地区，导游需要特别注意天气预报，避免安排台风路径上的旅游行程。

冬季旅游则有其独特的魅力，冰雪覆盖的景色和冬季运动吸引了大量游客。滑雪、泡温泉和观看极光是冬季旅游的亮点。导游在冬季安排旅游活动时，需要特别关注低温和降雪对交通和活动的影响。滑雪场地的安全设施和游客的防寒装备必须充分保障，导游还应提醒游客注意防滑，防止意外受伤。同时，冬季的天气条件复杂多变，可能会出现暴风雪等极端天气，导游应提前了解天气预报，合理调整行程安排，确保游客的安全和舒适。

除季节性因素外，天气变化同样会对旅游活动产生重大影响。晴天和阴天会带来截然不同的旅游体验。导游在带领游客游览时，可以根据天气情况灵活调整行程。晴天适合进行户外活动，比如徒步旅行、游船和露营等；而阴天则更适合安排博物馆参观、购物和美食体验等室内活动。导游需要具备灵活应变的能力，随时根据天气变化调整行程，以确保游客能够在各种天气条件下享受旅程。

雨天是导游面临的一个挑战。连续的降雨可能会导致一些户外活动无法进行，比如登山、漂流和野餐等。导游需要提前准备好雨天备选方案，比如参观博物馆、艺术馆或历史古迹等室内景点。同时，导游应提醒游客携带雨具，并在行程中尽量避开容易积水和滑倒的区域，确保游客的安全。雨天还可能影响交通状况，导游需要提前了解交通信息，合理安排出行时间，避免因天气原因导致的延误。

雪天带来的美景令人陶醉，但也伴随着一些风险。积雪和结冰可能会导致道路湿滑，增加交通事故的风险。导游在冬季雪天带领游客游览时，需要特别注意交通安全，选择安全可靠的交通工具，并提醒游客注意脚下安全，防止滑倒。同时，导游应提前了解景点的开放情况，有些景点可能会因为大雪而暂时关闭。导游需要根据实际情况调整行程，确保游客能够在安全的条件下欣赏雪景。

风也是一个不可忽视的天气因素。强风可能会对游客的出行造成不便，尤其是在海滨和高山地区，风力较强，导游需要提醒游客注意保暖，防止被吹感冒。同时，强风可能会影响一些高空和水上项目的安全，比如热气球、滑翔伞和帆船等。导游在安排这些活动时，应提前了解天气预报，选择风力较小的时段进行，确保游客的安全。强风还可能会引发沙尘暴和风暴潮等极端天气，导游需要特别关注这些情况，及时调整行程安排，避免游客受到不必要的困扰。

雾天虽然浪漫，但也会给旅游带来一些不便。大雾会导致能见度降低，影响交通安全，尤其是在山区和高速公路上，导游需要提醒司机减速慢行，确保行车安全。雾天会影响游客的观景体验，一些高处的景点在大雾中可能无法欣赏到美景。导游可以选择在雾天安排一些低海拔的景点或室内活动，避开能见度较低的区域，保证游客能够享受到旅程的乐趣。

晴朗的天气虽然理想，但也会带来一些问题。长时间的阳光暴晒可能会对游客的皮肤造成伤害，导游需要提醒游客涂抹防晒霜，佩戴太阳镜和帽子，尽量避免在强光下长时间停留。同时，晴天也会导致气温升高，导游需要确保游客有足够的饮用水，并安排一些遮阴休息的时间，以防中暑。晴天的强光反射可能会对摄影造成影响，导游应提前告知游客最佳的拍摄时间和角度，确保他们能够拍摄到理想的照片。

雷雨天气是导游需要特别注意的情况。雷电具有较大的危险性，导游在雷雨天气下应避免安排户外活动，尤其是高处和空旷的地方，比如山顶、草原和沙滩等。导游需要及时了解天气预警信息，提前制定好应急预案，确保游客在雷雨天气中的安全。雷雨天气还可能导致航班和列车的延误，导游应提前了解交通情况，合理安排出行时间，并告知游客可能的变动，避免因天气原因造成的不便。

风暴天气更是旅游中的一大挑战，尤其是在沿海地区，台风和飓风的威胁不可小觑。导游在安排这些地区的行程时，需要特别关注风暴预警，避免在风暴来临时进行旅行。导游应提前告知游客可能出现的风险，并准备好应急物资，比如食物、水和药品等，以备不时之需。同时，风暴可能导致电力和通信中断，导游需要提前了解应急避难地点，并与当地相关部门保持联系，确保游客的安全。

在面对不同季节和天气因素时，导游需要具备灵活应变的能力和细致周到的服务意识。每个季节都有其独特的美丽和挑战，导游在制定行程时，应充分考虑这些因素，选择最佳的旅游时间和路线。同时，天气的变化无常，导游需要随时关注天气预报，提前制定好应急预案，以确保游客在任何情况下都能享受到安全、舒适的旅行体验。通过细致的安排和周到的服务，导游可以为游客创造难忘的旅游回忆，让他们在不同的季节和天气中，感受到大自然的美丽和魅力。

二、导游的行程安排与执行

（一）组织与协调

组织和协调是导游工作的重要组成部分。作为导游，首先需要对目的地的详细情况了如指掌，包括地理位置、历史背景、文化习俗、旅游景点、交通状况等。这些信息不仅能帮助导游在带团过程中更好地为游客提供讲解，还能在行程安排时更有针对性，避免麻烦。了解天气情况也很重要，因为这直接影响到行程的顺利进行。根据天气预报，提前调整行程计划，确保游客的安全和体验。

紧接着，导游需要制订详细的行程计划。这不仅仅是简单地安排每天的游览顺序，而是要考虑到游客的兴趣和需求。例如，有些游客喜欢自然风光，有些则更偏好人文景观。导游需要在制定行程时兼顾这些差异，做到因地制宜，满足不同游客的期望。同时，还需要合理安排游览时间，避免行程过于紧凑或松散，以保证游客有足够的时间用来体验每个景点的魅力。

接下来，预订交通和住宿是导游必须要做的工作之一。无论是大巴车、火车还是飞机，导游都需要提前联系好，确保行程的顺利衔接。在住宿方面，导游不仅要考虑酒店的价格和位置，还要确保其服务质量和安全性。只有这样，才能让游客在游览之余，有一个舒适的休息环境，确保他们的精力充沛，享受整个旅行过程。

导游还需要与各类服务供应商保持良好的沟通与合作。无论是餐厅、景点管理部门还是购物场所，导游都需要提前联系并确认细节。例如，提前预订餐位，了解景点的开放时间和特别活动安排，甚至是购物店的优惠信息等。这些细节不仅能提高旅行的顺畅度，还能提高游客的满意度，使他们感受到贴心的服务。

在行程执行过程中，导游的协调能力尤为重要。面对突发情况，如交通堵塞、天气变化或游客突发疾病，导游需要迅速反应并做出相应调整。例如，如果遇到交通堵塞，导游需要立即联系司机或交通管理部门，寻找替代路线，确保行程不受太大影响。如果天气突然变坏，导游需要迅速调整户外活动的安排，转而安排室内活动，确保游客的安全。

除了突发情况的处理，导游还需要在日常行程中协调好各个环节。例如，在每个景点游览结束后，导游需要及时清点人数，确保没有游客掉队。同时，导游还需要提醒游客注意集合时间和地点，避免因为个别游客的迟到影响整个团队的行程。对于有特殊需求的游客，导游也需要特别关注，例如老年游客、儿童或行动不便者，确保他们能够顺利参与每个环节。

（二）提供详细解说

导游在整个行程中的作用至关重要，他不仅是游客的向导，更是整个旅程的灵魂人物。在行程安排和执行的过程中，导游需要对每一个细节进行详细解说，确保游客能够充分体验到每一个景点的独特魅力。

第二节　导游团队管理与协调

一、导游团队管理

（一）团队组建与招聘

构建一个高效的导游团队，首先需要明确团队的职责和任务。一个优秀的导游团队不仅要负责带领游客参观景点，解释历史文化背景，还需要解决旅途中的各种突发状况，确保游客的安全和满意。团队的组建需要从多个方面进行考量，确保每个成员都能胜任其职责。

需要制订详细的招聘计划。招聘过程中，明确的岗位职责和要求是至关重要的。导游应具备丰富的知识、良好的沟通能力和解决问题的能力。对于外语能力强的导游也应给予优先考虑，因为他们能更好地服务于来自不同国家和地区的游客。

为了吸引优秀的人才，招聘渠道的选择也十分关键。可以通过各大招聘网站、旅游专业院校的校园招聘以及行业内的推荐等多种途径寻找合适的候选人。通过多渠道的招聘，可以扩大候选人的来源，提高招聘的成功率。

在筛选简历阶段，需重点关注候选人的教育背景和工作经验。旅游管理、历史、文化等相关专业的毕业生，通常具备较好的理论基础。而有丰富带团经验的导游，则更能应对实际工作中的各种挑战。候选人的外语能力、突发事件处理能力等，也是筛选时的重要考量因素。

接下来的面试环节，是了解候选人综合素质的关键。在面试过程中，不仅要通过问答了解候选人的专业知识和工作经验，还可以设置情景模拟，考察他们在面对突发事件时的应对能力。例如，模拟游客突发疾病或迷路等场景，观察候选人的反应速度和解决方案。

为了更好地评估候选人的实际带团能力，可以在面试后安排试岗或实地考察。通过让候选人参与实际的带团任务，可以更直观地了解他们的工作能力和适应能力。这一环节不仅能帮助招聘方做出更准确的判断，也能让候选人更好地了解工作内容和环境。

组建一个高效的团队，内部培训也是必不可少的环节。即使是有经验的导游，也需要通过定期培训，更新自己的知识和技能。培训内容可以包括历史文化知识、景点介绍技巧、紧急情况处理方法等。还可以通过邀请专家讲座、参观学习等形式，丰富培训内容，提高导游的综合素质。

团队内部的合作与沟通同样重要。一个成功的导游团队，成员之间需要相互配合，信息共享。在带团过程中，遇到问题及时沟通，共同解决。同时，通过定期的团队会议，总结工作中的经验教训，改进工作方法，提高团队的整体工作效率。

对于导游团队的激励机制，也需要进行合理的设计。通过制定明确的绩效考核标准，对工作表现优秀的导游给予奖励，能够有效激发团队成员的工作热情。同时，建立晋升机制，为表现突出的导游提供职业发展的机会，能够增强他们的归属感和工作积极性。

为了提升导游的服务质量，还可以引入游客反馈机制。通过收集和分析游客的反馈意见，可以了解导游工作的优点和不足之处，并及时进行改进。这样不仅能提高游客的满意度，还能促进导游团队的不断进步和发展。

团队文化的建设也是不可忽视的部分。一个和谐、积极向上的团队文化，能够增强团队的凝聚力。通过组织团队活动，如集体旅游、拓展训练等，增强成员之间的了解和信任，营造良好的工作氛围。同时，通过文化建设，让团队成员感受到归属感和荣誉感，提高他们的工作满意度和积极性。

在导游团队的管理中，领导者的作用至关重要。一个好的领导者，不仅要具备较强的管理能力和决策能力，还需要有良好的沟通能力和团队意识。通过领导者的引导和激励，能够充分发挥每个团队成员的潜力，提升团队的整体工作效率和服务质量。

为了保证团队的长远发展，还需要注重人才的培养和储备。通过建立人才培养计划，为新入职的导游提供系统的培训和指导，帮助他们快速适应工作。同时，通过建立人才库，储备一批优秀的导游人才，以备不时之需，确保团队的稳定和可持续发展。

团队的多样性也是提升服务质量的重要因素。一个多元化的团队，能够更好地服务于来自不同背景的游客。通过招聘不同性别、年龄、文化背景的导游，能够为游客提供更加多样化和个性化的服务，提升游客的旅行体验。

团队的创新能力也是不可忽视的。旅游行业的发展日新月异，导游团队需要不断创新，才能跟上时代的步伐。通过引入新技术、新方法，如虚拟现实导览、智能导游系统等，提高服务的科技含量和现代化水平，为游客提供更好的服务体验。

（二）培训与技能提升

导游团队的培训和技能提升对于提升旅游服务质量和客户满意度至关重要。作为导游，不仅需要具备丰富的地理知识和历史文化背景，还需要具备良好的沟通技巧、团队协作能力和应急处理能力。导游团队的培训和技能提升是保证旅游质量的关键一环。

导游团队的培训是确保导游具备必要知识和技能的重要途径。培训内容可以包括地理知识、历史文化、旅游目的地的特色和风土人情等方面。通过系统的培训，导游可以更好地理解和传达旅游目的地的信息，为游客提供更专业、更全面的导游服务。同时，培训还可以帮助导游提升自身的素质和能力，比如沟通技巧、领队能力和团队管理能力等，使其能够在各种复杂情况下应对自如，确保旅游活动的顺利进行。

定期组织导游团队的技能提升活动是提高导游服务质量的有效手段。这些活动可以包括专业知识的讲座、实地考察和模拟导游实践等。通过与专家学者的交流和现场实践，导游可以不断学习和积累经验，提升自己的专业水平和服务质量。同时，技能提升活动还可以促进导游之间的交流和合作，激发团队凝聚力和创造力，为提升整个导游团队的服务水平奠定良好的基础。

导游团队的培训和技能提升需要结合实际情况，因地制宜地制订培训计划。不同地区的旅游目的地和客户群体有着不同的特点和需求，导游团队的培训内容和方式应该根据具体情况进行调整和完善。比如，对于海岛旅游目的地，导游团队的培训可以重点关注海洋生态知识和水上安全技能；对于文化遗产旅游目的地，导游团队的培训可以注重历史文化解读和文物保护意识等方面。只有因地制宜地进行培训，才能更好地提升导游团队的整体素质和服务水平。

培训计划不仅要注重培训内容的质量和深度，还要注重培训效果的评估和反馈。通过定期的考核和评价，可以及时发现导游存在的问题和不足之处，有针对性地进行改进和提升。同时，培训计划还应该注重培训成果的可持续性，导游团队应该建立健全的学习机制和知识分享平台，不断更新知识和技能，保持竞争力和创新力，适应旅游市场的变化和发展。

导游团队是一个集体，团队成员之间应该相互学习和共同进步，形成良好的学习氛围和团队精神。培训计划可以设置团队合作和竞赛等活动，激发导游团队成员的学习热情和参与积极性，促进团队的凝聚力。同时，导游团队的领导者应该发挥好榜样作用，引导团队成员树立正确的学习态度和价值观，推动整个团队的培训和技能提升工作向更高水平迈进。

导游团队的培训和技能提升是一个持续不断的过程，需要导游团队的领导者和管理者时刻关注和重视。只有不断改进培训机制、创新培训方法，才能不断提升导游团队的整体素质和服务水平，为旅游行业的发展做出更大的贡献。导游团队的培训和技能提升应该成为导游管理工作的重要内容，得到领导层和团队成员的共同努力和支持，为旅游服务业的长远发展注入新的活力和动力。

二、导游团队协调

（一）沟通与协作

导游团队的沟通与协作是确保旅行顺利进行的关键因素之一。在一个导游团队中，成员来自不同的背景，拥有各种各样的技能和个性。建立有效的沟通机制和良好的团队协作至关重要。导游团队需要建立开放和透明的沟通氛围。在这样的氛围中，每个成员都能够自由地表达意见和想法，而不必担心被指责或批评。这种开放的沟通环境可以促进团队成员之间的交流与合作，提高团队的凝聚力和执行力。团队领导者应该起到示范作用，积极倡导并实践开放沟通，鼓励成员之间建立良好的互信关系。

导游团队需要建立高效的沟通渠道和工具。现代科技为团队沟通提供了许多便利的方式，例如电子邮件、即时通信工具、视频会议等。团队成员可以利用这些工具随时随地进行沟通，分享信息和解决问题。特别是对于分布在不同地区的团队成员，这些工具更是必不可少。通过建立高效的沟通渠道，导游团队可以及时传递重要信息，协调工作安排，提高工作效率。

建立良好的团队协作机制也是导游团队沟通的重要内容之一。团队成员之间需要相互配合，共同完成旅行计划和任务。为了实现良好的团队协作，团队领导者需要制定清晰的工作分工和责任分配，明确每个成员的职责和目标。在工作过程中，团队成员需要密切配合，相互支持，共同解决遇到的问题。团队领导者可以通过定期的团队会议和工作评估，及时调整工作计划，促进团队协作的持续改进。

建立团队凝聚力也是导游团队沟通与协作的重要方面。一个具有高度凝聚力的团队能够更好地应对各种挑战和压力，共同克服困难，实现旅行目标。为了增强团队凝聚力，团队领导者可以组织各种团队建设活动，例如团队拓展训练、集体旅行等。通过这些活动，团队成员可以增进彼此之间的了解和信任，增强团队的凝聚力和团队意识。

在日常工作中，导游团队还需要注重有效的冲突管理和问题解决能力。由于团队成员来自不同的文化背景和个性特点，彼此之间可能会产生意见分歧和冲突。团队领导者需要具备良好的冲突管理技能，及时发现和解决潜在的冲突问题，避免其对团队的影响。在处理冲突过程中，团队领导者需要倾听各方意见，客观公正地处理，寻求双方的妥协和解决方案。通过有效的冲突管理，导游团队可以更好地保持团队的稳定和和谐。

另一个提升导游团队沟通与协作的重要方式是不断加强团队成员的培训与发展。团队成员应该具备丰富的专业知识和技能，以应对复杂多变的旅游市场需求。团队领导者可以组织各种形式的培训和学习活动，提升团队成员的专业水平和服务意识。培训内容可以包括目的地知识、语言沟通技巧、应急处理能力等方面。通过不断学习和提升，团队成员可以更好地适应市场需求，提高工作效率和服务质量。

建立团队合作意识也是导游团队沟通与协作的重要环节。在团队合作中，每个成员都应该将集体利益放在首位，主动为团队目标和任务贡献自己的力量。团队领导者可以通过激励机制和奖惩制度，引导团队成员树立团队意识，激发工作热情。同时，团队领导者也应该给予团队成员充分的信任和支持，鼓励他们敢于创新，勇于担当，共同推动团队的发展和进步。

（二）问题解决与支持

在旅行过程中，导游团队可能会遇到各种突发情况，比如交通延误、天气变化、景点关闭等。面对这些问题，导游团队需要迅速做出反应，采取有效的措施，确保旅行的顺利进行。例如，在交通延误的情况下，导游团队可以与交通部门联系，寻找替代的交通工具或者调整行程安排，以最大限度地减少对游客的影响。

导游团队还需要提供全方位的支持。在旅行中，游客可能会遇到各种问题，比如语言不通、文化差异、身体不适等。导游团队需要主动关注游客的需求，提供及时的帮助和支持。例如，对于语言不通的游客，导游团队可以担任翻译的角色，帮助他们与当地人沟通；对于身体不适的游客，导游团队可以提供急救服务或者就医指导，确保他们得到及时的治疗和照顾。

导游团队还需要在日常工作中提供各种形式的支持。比如，他们可以为游客提供关于当地风土人情、购物指南、美食推荐等方面的信息，帮助游客更好地了解目的地，享受旅行的乐趣。导游团队还可以为游客提供一些额外的服务，比如帮助拍照、提供纪念品购买建议等，让他们的旅行体验更加完美。

导游团队的支持不仅体现在服务细节上，还体现在心理上。在长途旅行中，游客可能会感到疲惫、孤独或者焦虑，导游团队需要给予他们精神上的支持和鼓励。例如，导游团队可以通过鼓励、安慰或者幽默来缓解游客的紧张情绪，让他们在旅行中感受到温暖和安心。

导游团队还需要积极解决游客的投诉和意见反馈。在旅行结束后，导游团队可以与游客进行沟通，了解他们的感受和建议，并及时做出调整和改进。例如，如果有游客对行程安排或者服务质量提出不满意的意见，导游团队可以认真听取并及时处理，以保持游客的满意度和信任度。

导游团队的团队合作和协调也是解决问题和提供支持的关键。在面对复杂的问题和紧急情况时，导游团队需要紧密合作，共同协商解决方案，并分工合作，确保问题得到及时解决。团队成员之间的默契和信任是解决问题的关键，只有团结一致，才能克服困难，为游客提供更好的支持和服务。

第三节　导游服务质量控制

一、服务质量评估

（一）客户满意度调查

评估客户满意度是导游工作中至关重要的一环。通过对客户的满意度进行调查，可以了解客户对导游服务的认可程度，发现问题和改进空间，提高服务质量，增强客户体验，进而促进旅游行业的可持续发展。进行客户满意度调查是导游工作中不可或缺的重要环节。

为了确保客户满意度调查的有效性和客观性，需要制定科学合理的调查方案。要确定调查的时间点和方式。调查可以在游客结束旅行后进行，以确保他们对整个旅程有充分的了解和体验。调查可以采用问卷调查、电话访谈、面对面访谈等多种形式，以便客户能够以自己更为方便的方式表达意见和建议。

在设计调查问卷时，要确保问题清晰明了，涵盖导游服务的各个方面。可以包括导游的知识水平、沟通能力、服务态度、行程安排等内容。同时，可以设置开放式问题，让客户自由发表意见，更全面地了解他们的想法和感受。还可以设置评分项，以便客户对导游服务进行评价和打分。

在进行调查时，要确保客户的参与度和积极性。可以通过提供一定的奖励或优惠，鼓励客户参与调查。同时，在调查过程中要保证客户的隐私和信息安全，确保调查结果的真实性和可信度。

收集到客户的反馈意见后，要及时进行整理和分析。可以将反馈意见按照不同的主题或问题进行分类，找出客户普遍关注的问题和存在的不足之处。同时，要对导游团队的优点和成功经验进行归纳和总结，为今后的工作提供参考和借鉴。

针对客户的反馈意见，要及时采取有效的改进措施。可以与导游团队进行沟通，共同商讨解决方案，针对问题进行改进和优化。同时，要及时向客户反馈调查结果和改进措施，让客户感受到他们的意见得到了重视和采纳，提高他们的满意度和信任度。

除了及时改进，还要持续监测和评估客户满意度的变化趋势。可以定期进行客户满意度调查，跟踪客户的反馈意见和服务满意度的变化，及时发现问题和改进空间，保持服务质量的持续提升。通过持续的改进和优化，可以不断提高客户的满意度和忠诚度，促进导游团队的稳步发展。

还可以通过客户满意度调查，建立起长期稳定的客户关系。可以根据客户的反馈意见，为他们提供个性化的服务和定制化的旅行方案，满足他们的特殊需求和期待。同时，可以定期向客户发送感谢信或问候邮件，加强与客户的沟通和联系，建立良好的信任和合作关系。

客户满意度调查不仅是对导游服务质量的一次检验，也是促进导游团队持续改进和提升的重要途径。通过科学合理的调查方案、积极有效的改进措施和持续监测评估，可以不断提高客户的满意度和忠诚度，促进导游团队的健康发展和长期稳定。在导游工作中，客户满意度调查应被视为一项重要任务，得到充分重视和有效实施。

（二）导游表现评估

评估导游服务表现是确保旅游服务质量的重要环节，也是提升客户满意度的有效手段。通过对导游服务表现的全面评估，可以及时发现问题，改进服务，提升导游服务水平，为游客提供更优质的旅游体验。

对导游服务表现进行评估，是保证旅游服务质量的重要举措。评估内容包括导游的专业知识水平、服务态度、沟通能力、应变能力等方面。通过对这些方面的评估，可以客观地了解导游的整体表现水平，发现导游存在的问题和不足之处，及时采取措施加以改进和提升。只有不断评估导游服务表现，才能保证旅游服务质量的稳步提升，满足客户日益增长的需求和期待。

客户是最直接的受益者，他们对导游服务的满意度和不满意度是最直接的反映。导游服务评估应该充分听取客户的意见和建议，建立健全的客户反馈机制，及时收集、整理和分析客户的反馈信息，发现问题和改进空间，加以改进和提升。通过客户反馈，可以更客观地评估导游服务表现，找准问题症结，进一步改进和提升服务质量。

导游服务不仅仅是导游个人的表现，还受到行程安排、景点质量、交通状况等多种因素的影响。在评估导游服务表现时，需要综合考虑各种因素的影响，客观评价导游的表现水平。比如，在评估导游的服务态度时，除了考虑导游个人的表现外，还需要考虑行程安排是否合理、景点质量是否达标等因素，从而得出更为客观全面的评估结果。

评估体系应该包括评估指标、评估方法、评估标准等方面内容，确保评估结果客观准确、具有说服力。评估指标可以包括导游的专业知识水平、服务态度、团队协作能力等方面，通过多种评估方法，如客户满意度调查、导游自评、同行评价等，收集评估数据，根据评估标准进行评估分析，得出评估结论。只有建立科学合理的评估体系，才能有效评估导游服务表现，为改进和提升导游服务水平提供可靠依据。

评估结果应该及时反馈给相关部门和个人，引导他们及时改进和提升服务水平。同时，评估工作还应该与培训和激励相结合，通过评估结果激励优秀导游，鼓励他们继续发扬优良传统，树立典范；同时，对于存在问题的导游，应该及时提供培训和指导，帮助他们改进不足，提升服务水平。只有注重实效性和可持续性，才能不断完善导游服务评估机制，提升导游服务水平，提高客户满意度。

二、服务质量改进

（一）针对问题制订改进计划

针对导游服务中存在的问题，制订改进计划是至关重要的。我们需要对当前的服务情况进行全面的分析和评估。这包括收集客户反馈、评估服务流程、审查员工表现等方面。通过这一步骤，我们可以全面了解导游服务中存在的问题，明确改进的方向和重点。

针对不同的问题，我们需要制定具体的改进措施和计划。例如，如果客户反馈中存在对导游讲解不清晰的问题，我们可以通过加强导游的培训和提升其专业知识水平来解决。培训内容可以包括目的地知识、历史文化、语言沟通技巧等方面，以提高导游的讲解能力和服务质量。

如果存在导游服务态度不佳的问题，我们可以通过建立激励机制和奖惩制度来引导导游提升服务态度。例如，通过表彰优秀员工、发放奖励等方式，激励导游积极主动地为客户提供优质的服务；同时，对于服务态度不佳的导游，可以采取适当的处罚措施，如扣减奖金或调整工作岗位，以促使其改善服务态度。

如果存在服务流程不畅的问题，我们可以通过优化流程和提升工作效率来解决。例如，可以采用信息化技术，建立起高效的预订系统和客户反馈机制，以便及时处理客户的需求和反馈；同时，对于常见问题和疑难案例，可以制定标准化的处理流程和应对方案，以提高服务响应速度和解决问题的效率。

针对导游团队的协作和沟通问题，我们可以通过加强团队建设和培训，提升团队协作能力和团队凝聚力。例如，可以组织团队建设活动、举办团队培训课程等，加强团队成员之间的沟通和合作，增强团队的凝聚力和执行力。

同时，我们还需要注重对客户反馈的及时跟进和回应。客户的满意度是衡量服务质量的重要指标，我们应该及时收集客户反馈，认真分析问题，积极采取措施加以改进。通过建立健全的客户反馈机制，我们可以更好地了解客户的需求和期望，及时调整服务策略，提升客户满意度。

我们需要建立起持续改进的机制和文化。服务质量的提升是一个持续不断的过程，我们应该始终保持敏锐的市场洞察力，不断调整和优化服务策略，以适应市场的变化和客户需求的变化。通过建立持续改进的机制和文化，我们可以不断提升服务水平，赢得客户的信赖和支持，实现长期的可持续发展。

（二）建立反馈机制

在旅游服务行业，及时有效地获取游客的反馈是提升服务质量的关键一环。导游团队需要建立一套完善的反馈机制，以便及时了解游客的需求和意见，从而及时调整和改进服务方法，提升游客的满意度和体验。

导游团队可以在旅行前就建立反馈机制。在出发前，导游可以向游客介绍反馈机制的存在和重要性，鼓励他们在旅行过程中随时提出意见和建议。这样一来，游客就会意识到他们的反馈是被重视和欢迎的，更有可能积极参与到反馈过程中来。

导游团队可以通过多种途径收集游客的反馈信息。比如，可以在旅行过程中设置反馈箱，供游客填写意见和建议；也可以在行程结束后，通过问卷调查或者在线调查等方式收集反馈信息。导游还可以通过面对面的交流和沟通，主动询问游客的感受和建议，以便更加全面地了解他们的需求和期望。

导游团队在收集反馈信息后，需要及时对反馈信息进行整理和分析。可以将反馈信息按照不同的类别进行分类，比如景点安排、交通服务、餐饮品质等，以便更好地了解问题的具体性质和原因。通过对反馈信息的分析，导游团队可以发现问题的症结所在，并有针对性地制定改进方案。

在制定改进方案时，导游团队需要充分考虑游客的需求和意见。可以召开团队会议或者专门的改进讨论会，邀请导游团队的成员共同参与，就如何改进服务方法进行深入探讨和交流。通过集思广益，可以得到更多的创意和建议，为改进工作提供更多的思路和方向。

一旦制定了改进方案，导游团队需要及时落实并持续跟进。可以设立责任人或者小组，负责监督和推动改进方案的执行进度。同时，导游团队还需要建立起一套有效的监督和评估机制，以确保改进方案的实施效果和成效。只有在持续不断的改进和完善中，才能不断提升服务质量，满足游客的需求和期望。

导游团队还可以通过奖励机制激励团队成员提出改进建议和参与改进工作。可以设立奖励制度，对提出优秀改进建议或者在改进工作中表现突出的团队成员进行表彰和奖励，以激励更多的团队成员积极参与到改进工作中来。这样不仅能够激发团队成员的工作积极性和创造力，还能够为服务质量的提升注入更多的动力和活力。

导游团队还需要定期评估和调整反馈机制。可以定期召开会议或者开展调研，就反馈机制的实施效果和改进情况进行评估和总结。通过不断地评估和调整，可以不断完善反馈机制，提高其有效性和可持续性，从而更好地满足游客的需求和期望。

第四节　导游业务的市场营销与推广

一、导游市场营销调研与定位

（一）目标客户群体

寻找新的客户群体对于导游行业至关重要。在当今竞争激烈的旅游市场上，拓展目标客户群体能够带来更多的商机和增加收益。通过了解不同群体的需求和兴趣，制定针对性的营销策略，可以吸引更广泛的客户群体，为导游业务的发展带来新的机遇。

瞄准文化爱好者是扩展导游目标客户群体的一个重要途径。许多旅行者对于不同地区的历史、文化和传统充满好奇心，他们渴望通过深度的文化体验来了解目的地的独特魅力。为文化爱好者提供专业、深度的文化解说和体验式旅游活动将成为吸引他们的关键。通过设计与历史、艺术、建筑等相关的旅游路线和活动，能够吸引更多这一群体的关注和参与。

另一个潜在的客户群体是自然探索者。对于许多旅行者而言，探索自然风光和体验户外活动是他们旅行的主要动机之一。针对自然探索者的导游服务可以包括徒步旅行、生态观察、野外露营等活动。提供专业的户外领队和生态解说员，为客户提供安全、丰富的自然体验，将会吸引更多热爱大自然的旅行者选择导游服务。

家庭旅行也是一个潜在的导游客户群体。随着人们生活水平的提高和家庭旅行的普及，越来越多的家庭选择通过旅行来增进亲子关系和创造美好回忆。为家庭提供儿童友好型的旅游活动和亲子互动体验将成为吸引这一客户群体的关键。例如，设计针对不同年龄段儿童的趣味活动、家庭游戏以及亲子手工制作课程，能够让家庭旅行更加愉快和有意义。

针对商务旅行者的导游服务也是一个有潜力的市场。随着全球商务活动的增加，越来越多的商务人士需要在出差期间了解目的地的文化和历史，同时寻找放松身心的机会。为商务旅行者提供个性化定制的导游服务，包括灵活的行程安排、高效的文化解说和商务休闲活动等，将会吸引更多商务人士选择导游服务。

针对特殊群体的导游服务也是一个不容忽视的市场。例如，老年旅行者、残障人士、青少年等特殊群体都有其独特的旅行需求和偏好。为这些特殊群体提供定制化的导游服务，考虑到其身体状况和兴趣爱好，能够赢得他们的信任和好评，同时拓展导游服务的市场份额。

在导游行业，不断寻找新的客户群体并提供有针对性的服务，是保持竞争优势和持续发展的关键。通过了解不同群体的需求和兴趣，并针对性地设计导游路线和活动，可以吸引更广泛的客户群体，拓展导游业务的市场份额，为企业带来更多的商机和增加收益。

（二）竞争对手分析

在旅游行业中，导游的竞争对手分析至关重要。我们可以考虑到其他导游个体或团体。这些人可能是具有丰富经验和深厚知识的专业人士，他们可能在地理位置、历史文化、语言能力等方面具有优势。还有大型旅行社和旅游公司，它们可能拥有更广泛的资源和更专业的团队，能够提供更全面的服务和更多元化的行程选择。而在线旅游平台和应用程序也是竞争对手的一部分，它们提供了自助式旅行规划和预订服务，对那些更倾向于自主安排行程的旅客具有吸引力。

另外一个需要考虑的竞争对手是当地景点或旅游目的地本身。这些地方可能有自己的导游团队或导游服务，他们对当地历史、文化和风土人情了如指掌，并且能够提供更深入的游览体验。而且，一些景点可能会开发出自己的宣传活动和旅游套餐，直接吸引游客前来参观，从而与其他导游竞争。

个人导游还需要考虑到传统媒体和社交媒体上的竞争。传统媒体，如旅游杂志、电视节目和报纸广告，仍然具有一定影响力，尤其是对于一些年长且更倾向于传统旅游方式的旅客。而社交媒体，如 Facebook、Instagram 和 YouTube 等，已成了许多人寻找旅游信息和灵感的主要渠道，导游需要在这些平台上展示自己的专业素养和吸引力，与其他旅游相关内容竞争。

全球旅游市场的不断扩大也带来了国际竞争的挑战。许多国家和地区都在积极发展旅游业，吸引海外游客。对于某些特定目的地而言，国际导游可能成为竞争对手。这些导游通常具有跨文化沟通能力和多语言技能，能够吸引更广泛的客户群体。个人导游需要时刻关注全球旅游动态，不断提升自己的专业水平和服务质量，以在国际竞争中脱颖而出。

还有一些非传统竞争对手也值得考虑。比如，共享经济模式下涌现出的新型旅游服务平台，如 Airbnb 体验、Eatwith 等，它们提供了与当地居民互动的机会，打造了更加个性化和独特的旅游体验，对传统导游的市场份额构成了一定的挑战。一些新兴技术，如虚拟现实和增强现实，也可能改变旅游行业的格局，导游需要适应这些新技术的发展，提供更具创新性和吸引力的服务，以留住客户和抵御竞争对手的挑战。

二、导游市场的推广渠道

（一）网络营销

在如今数字化的时代，导游市场的网络营销推广渠道变得越发丰富多样。社交媒体平台是不可忽视的重要渠道之一。通过利用 Facebook、Instagram、Twitter 等社交平台，导游可以与潜在客户建立联系，展示旅游目的地的魅力，并提供有吸引力的旅游套餐。这些平台还提供广告投放功能，可以根据目标受众的地理位置、兴趣爱好等因素进行精准定位投放，提高推广效果。

搜索引擎优化（SEO）是另一个至关重要的推广渠道。导游可以通过优化其网站的内容和结构，提高在搜索引擎结果页面的排名，增加曝光率和流量。这包括使用相关的关键词、优化网站速度、提升用户体验等方法，以确保网站在搜索引擎中获得更好的可见性。

内容营销也是一种有效的推广手段。导游可以通过发布高质量的内容，如博客文章、旅游指南、视频等，吸引潜在客户的注意力并建立信任。在内容营销中，关键是提供有价值、有趣且与目标受众相关的信息，从而吸引他们了解更多关于旅游目的地和服务的内容。

除了社交媒体、SEO 和内容营销，电子邮件营销也是一种常用的推广渠道。导游可以通过收集客户的电子邮件地址，定期向他们发送旅游资讯、优惠活动和特别套餐等内容，保持与客户的沟通，并促进再次购买或推荐。

在导游市场的网络营销推广中，合作伙伴关系也是非常重要的一环。导游可以与相关行业的合作伙伴，如航空公司、酒店、旅行社等建立合作关系，共同推广旅游产品和服务。通过合作，可以扩大目标受众范围，提高品牌知名度，同时也可以共享资源和客户资源，实现互利共赢。

在线广告平台也是导游市场的重要推广渠道之一。通过在谷歌广告、Facebook 广告等在线广告平台投放广告，导游可以将旅游产品和服务展示给大量的潜在客户。这些平台提供了精准的广告定位功能，可以根据受众的地理位置、兴趣爱好、搜索行为等因素进行定向投放，提高广告的转化率和效果。

除了以上提到的主要推广渠道外，还有一些其他的创新推广方式可以尝试。比如利用虚拟现实（VR）技术来展示旅游目的地的真实感，吸引更多游客的关注；利用微信小程序或 APP 来提供更便捷的预订服务和客户沟通渠道等。这些创新的推广方式可以帮助导游与竞争对手区分开来，吸引更多的目标客户，提升市场竞争力。

（二）线下推广渠道

1. 旅行社、酒店等旅游相关机构

旅行社、酒店及其他旅游相关机构都在积极寻求新的推广渠道，以扩大其市场份额和吸引更多客户。其中之一是通过社交媒体平台，如 Facebook、Instagram 和 Twitter 等，与潜在客户建立联系并展示他们的服务和产品。这些平台提供了一个广泛的观众群体，通过吸引粉丝和分享有吸引力的内容，这些机构可以增加品牌曝光度并吸引更多的客户。

与在线旅行社合作也是一种有效的推广渠道。通过与知名的在线旅行预订平台如 Booking.com、Expedia 和 Airbnb 等合作，旅行社和酒店可以将他们的服务推广给全球各地的潜在客户。这些平台通常拥有庞大的用户基础和良好的信誉，因此与它们合作可以提高机构的知名度，并吸引更多的预订。

参与旅游展会和活动也是一种常见的推广方式。通过参加国内外的旅游展会和活动，旅行社和酒店可以直接接触到潜在客户，并展示他们的服务和产品。这些展会通常吸引了大量对旅游感兴趣的人群，因此是一个向更多潜在客户展示自己的良好机会。

2. 传单、海报等宣传材料

推广导游服务需要多样化的宣传渠道，以吸引更多的目标客户群体。传单、海报等宣传材料是传统而有效的推广工具，在各种场合和地点都能够吸引人们的注意力。在如今数字化的时代，借助互联网和社交媒体平台进行在线推广也是至关重要的。通过结合传统和现代的宣传渠道，可以最大限度地提高导游服务的曝光度，吸引更多的潜在客户。

在游客密集的景点和旅游热门地区，传单和海报是一种非常直接且有效的宣传方式。通过在景点入口、旅游中心、酒店大堂等地点张贴传单和海报，能够吸引游客的注意力，让他们了解到您提供的导游服务。传单和海报的设计应简洁明了、图文并茂，突出导游服务的亮点和特色，引起游客的兴趣和好奇心，促使他们主动联系预订。

第四章 导游的文化素养

第一节 导游的文化修养

一、导游文化修养的内涵

导游的文化修养是其专业素养和个人素质的重要体现,具有丰富而深远的内涵。文化修养体现在对于历史文化的了解和热爱。作为导游,深入了解和研究所在地区的历史文化是至关重要的。只有对历史文化有深入的了解,才能够向游客传递准确、生动的信息,让他们更好地了解所参观地点的背景和意义。

文化修养还体现在对艺术和人文的关注与理解。导游需要具备一定的艺术鉴赏能力,能够欣赏并解读艺术品、建筑等文化遗产,向游客传达艺术之美和人文情怀。通过深入理解当地的文学、音乐、绘画等艺术形式,导游可以为游客呈现更加丰富和多样化的文化体验,让他们在旅行中感受到艺术与文化的魅力。

文化修养还包括对于民俗风情的了解和尊重。民俗是一个地区文化的重要组成部分,了解和尊重当地的习俗、风土人情对于导游来说至关重要。导游应该致力于深入了解当地的民间传统、节庆活动等民俗文化,向游客介绍当地的传统习俗和民俗文化,让他们更加全面地了解当地的文化底蕴和特色。

文化修养还包括对于多元文化的包容与尊重。如今,世界各地的文化交流日益频繁,导游需要具备跨文化交流的能力,尊重和包容不同文化背景的游客。导游应该具备一定的跨文化沟通能力,能够有效地与来自不同国家和地区的游客进行交流,理解并尊重他们的文化习惯和价值观,为他们提供舒适、愉快的旅行体验。

文化修养还包括对社会责任和文化保护的关注与担当。作为导游,不仅要向游客传递文化知识,更要倡导文化保护和可持续旅游的理念。导游应该积极参与当地文化遗产的保护工作,呼吁游客文明旅游,保护环境和文化遗产,共同维护旅游目的地的生态环境和文化传承。

二、导游文化修养与素质的提升

导游的文化修养与素质提升是提升服务质量和客户满意度的关键。文化修养是导游必备的素质之一。导游应该对所在地区的历史、文化、传统习俗等有着深入的了解和熟悉，这样才能够向游客传达准确、全面的信息，让他们对当地文化有更深入的认识和体验。导游应该不断学习和提升自己的文化修养，包括通过阅读相关书籍、参加培训课程、与当地专家学者交流等方式，不断充实自己的知识储备，以更好地履行导游的职责。

语言能力是导游文化素质的重要组成部分。导游应该具备流利的外语能力，特别是英语等国际通用语言，以便与来自不同国家和地区的游客进行沟通。除了基本的口语表达能力外，导游还应该具备专业术语和旅游相关词汇的掌握，以便能够准确地向游客介绍景点、讲解历史文化等。导游应该通过系统的语言培训和实践活动，不断提高自己的语言水平，为游客提供更优质的导游服务。

导游还应该注重自身的形象和仪表。作为旅游目的地的形象代表，导游的仪容仪表直接影响着游客对目的地的整体印象。导游应该注重自己的着装、仪态和言谈举止，力求体现出专业、亲和、得体的形象。导游还应该注重个人形象的管理和维护，保持良好的健康状态和精神面貌，以保证在工作中能够给游客留下良好的印象和感受。

在导游的素质提升过程中，沟通能力也是至关重要的一环。导游需要能够与不同背景、不同文化的游客进行有效的沟通，了解他们的需求和偏好，并及时解答他们的疑问和困惑。导游应该具备良好的沟通技巧和情商，包括倾听能力、表达能力、观察能力等，以便能够与游客建立良好的互动关系，提升导游服务的质量和水平。

导游还应该具备一定的团队合作精神和管理能力。在实际工作中，导游可能需要与其他同行、景点工作人员、旅行社代表等进行合作，共同为游客提供更完善的服务。导游应该具备良好的团队合作意识和能力，能够与他人协调配合，共同完成旅游行程的各项安排和服务工作。同时，导游还应该具备一定的管理能力，能够有效组织和管理游览团队，保证旅游行程的顺利进行和游客的安全有序。

第二节　导游的地理知识与历史知识

一、导游地理知识的学习与掌握

（一）学习地理地貌

地理地貌是导游学习中至关重要的一部分，它涵盖了地球表面的各种自然形态和地形特征。了解地理地貌可以帮助导游更好地理解旅游目的地的地理环境和特点。地貌对于一个地区的景观、气候、植被等方面都有深远影响，因此对地貌的认识可以为导游提供丰富的背景知识，有助于他们向游客传达更准确、更生动的旅游信息。

地球上的地貌形态千变万化，有山脉、平原、丘陵、河流、湖泊等各种类型，每种类型都具有独特的特征和形成过程。通过学习地貌，导游可以准确地识别和描述不同地貌景观，为游客提供更全面、深入的旅游解说和体验。

地貌的形成是地球地质演化过程的产物，包括地壳构造运动、风化侵蚀、沉积作用等多种地质作用。了解这些地质过程和原理，可以让导游更好地理解地貌景观的形成机制，为游客解读地球演变的历史和奥秘，增强他们对旅游目的地的兴趣和好奇心。

地理地貌的学习还可以帮助导游预测和解释自然灾害和环境变化。地貌是自然环境的重要组成部分，不同类型的地貌对自然灾害的发生和发展具有不同的影响。通过学习地貌，导游可以了解不同地区的自然灾害风险和预防措施，为游客提供安全的旅游环境和建议，有效应对突发事件和自然灾害。

地貌是自然环境的重要组成部分，其形成和演变过程受到人类活动的影响。通过了解地貌，导游可以更深入地认识到人类活动对地球环境的影响，从而更加重视环境保护和可持续发展，提倡游客尊重自然、保护环境的理念，促进旅游业的可持续发展。

（二）熟悉气候特点

导游必须了解并熟悉各个目的地的气候特点，这对于确保旅行的顺利进行至关重要。气候特点在很大程度上影响着旅游活动的选择和计划。例如，在气候炎热的地区，游客可能更倾向于选择水上活动或在凉爽的室内景点参观，而在气候寒冷的地区，则更适合进行雪地运动或参观冬季景点。

除了影响旅游活动选择外，气候还直接影响着旅客的舒适度和安全性。在气候极端的情况下，缺乏适当的准备和了解可能导致风险和不便。导游需要了解目的地的气候情况，以便为游客提供准确的建议和指导，确保他们的旅行经验愉快且安全。

另一个了解气候特点的重要原因是为了更好地规划行程和活动。在知道目的地的气候情况后，导游可以根据季节和天气条件调整行程安排，以最大限度地满足游客的需求和偏好。例如，在潮湿多雨的季节，可以将户外活动安排在天气晴朗的日子进行，而在高温季节，则可以安排更多的室内活动或在阴凉处停留。

在某些地区，突发的气候变化可能会对旅行计划产生重大影响，如暴雨、暴风雪或极端高温等。通过提前了解目的地的气候情况，并随时关注天气预报，导游可以及时调整行程安排，确保游客的安全和舒适。

不同气候条件下所需的装备和衣物可能会有很大差异，如在寒冷的地区可能需要厚重的外套和防寒设备，而在炎热的地区则需要轻便透气的衣物和防晒用品。导游可以根据目的地的气候情况为游客提供合适的装备建议，以确保他们在旅途中保持舒适和安全。

二、导游历史知识的学习与传承

（一）学习历史事件

导游学习历史事件是提升其专业素养和服务水平的重要途径之一。了解历史事件可以帮助导游深入了解目的地的历史背景和文化底蕴。历史事件是一个地区文化的重要组成部分，了解和掌握历史事件的发生背景、经过和影响，能够为导游提供丰富的解说内容，使其讲解更加生动、准确。

学习历史事件有助于导游提高解说的专业性和可信度。游客选择跟团旅行或雇佣导游的主要目的之一就是希望通过专业的讲解了解目的地的历史和文化。导游必须具备一定的历史知识和专业素养，能够清晰地讲解历史事件的背景、过程和影响，让游客对目的地的历史有更深入的了解。

历史事件往往涉及复杂的政治、经济、社会等方面的内容，导游需要将这些内容转化为简洁清晰的解说，使游客易于理解和接受。通过学习历史事件，导游可以提升自己的讲解技巧，让讲解更加生动有趣，吸引游客的注意力，提升导游服务的质量和水平。

许多历史事件与文化遗产息息相关，了解这些历史事件对于保护和传承文化遗产具有重要意义。导游应该将历史事件与文化遗产相结合，向游客传达对于文化遗产的尊重和珍视，呼吁游客文明旅游，共同保护和传承历史文化。

历史事件的学习不仅仅是为了提升专业水平，更是为了丰富自己的知识，提升自己的综合素质。通过学习历史事件，导游可以拓宽自己的视野，增长见识，提升自己的文化修养和人文素养，使自己成为一名更加全面、更加优秀的导游。

（二）探索文化遗产

在导游的工作中，探索文化遗产是一项至关重要的任务。文化遗产是一个国家或地区的独特标志，蕴含着深厚的历史积淀和文化底蕴。导游通过探索文化遗产，不仅可以向游客介绍当地的历史文化，还可以帮助他们更好地理解和体验当地的文化传统和特色。导游应该积极主动地深入挖掘当地的文化遗产，包括历史建筑、古迹遗址、传统手工艺等，为游客提供丰富多彩的文化体验。

文化遗产是一个民族或社会的宝贵财富，它承载着丰富的文化内涵和智慧结晶。通过导游的讲解和引导，游客不仅可以了解当地的文化传统和价值观，还可以与当地居民进行交流互动，了解他们的生活习俗和文化信仰。同时，导游还可以通过讲解文化遗产的故事和传说，传承和弘扬当地的文化传统，激发游客对文化的兴趣和热爱，促进文化的传承和发展。

文化遗产通常包括各种历史遗迹、博物馆、艺术品等，这些都是丰富多彩的文化资源，值得游客深入探索和学习。通过导游的引导和讲解，游客可以了解到更多关于文化遗产的背后故事和意义，激发他们的好奇心和求知欲，增强他们对文化的认识和理解。导游应该通过生动有趣的讲解和引导，引导游客深入探索文化遗产，感受文化的魅力和魄力，丰富自己的文化阅历和体验。

文化遗产是旅游业的重要资源和品牌优势，吸引了大量游客前来参观和体验。如果管理不善或者过度开发，文化遗产可能会受到破坏和损害，从而影响到其长期的保护和利用。导游在引导游客参观文化遗产的过程中，应该注重保护环境和文化遗产的可持续利用，提倡文明旅游和绿色旅行，引导游客尊重当地的文化传统和规章制度，共同维护好文化遗产的完整性和可持续发展。

第三节　导游的文化解读能力

一、导游文化解读能力的定义

导游文化解读能力指的是导游在进行旅游讲解时，能够对文化背景、历史渊源、风俗习惯等进行深入剖析和传达的能力。这种能力不仅要求导游具备丰富的文化知识，还要求其具有敏锐的洞察力和表达能力。具体来说，导游文化解读能力包括了解和解释文化现象的内涵与外延，将复杂的文化信息简化为游客易于理解和接受的语言，以及通过生动的叙述和互动引导，帮助游客获得深刻的文化体验。

二、导游文化解读能力的重要性

导游文化解读能力的重要性在现代旅游业中显得尤为突出。随着全球化进程的加快和人们生活水平的提高，旅游已成为人们休闲娱乐、增长见识的重要方式。旅游不仅仅是风景的欣赏，更是对不同文化的探索与理解。在这一过程中，导游作为连接游客与当地文化的桥梁，其文化解读能力的重要性不言而喻。

从游客的角度来看，旅游不仅是视觉的享受，更是心灵的洗礼。每一处景点背后的故事、每一种传统文化的传承，都需要导游通过生动的讲解和深入的分析来传达。优秀的导游能够将文化内涵融入解说中，使游客不仅看到了美景，更理解了美景背后的文化意义。这种深度的文化体验，能够使游客在短时间内对一个地方的历史、风俗、习惯有更全面的了解，从而加深对当地文化的认同与尊重。

导游的文化解读能力也影响着旅游业的可持续发展。在当今社会，文化旅游已成为旅游市场的重要组成部分。游客越来越重视旅游过程中的文化体验，而不仅仅是对自然景观的欣赏。具备高超文化解读能力的导游，能够在引导游客了解和尊重当地文化的同时，促进文化的传播和保护。这不仅提高了游客的满意度，还能有效地推动当地旅游经济的发展。

国际旅游中，导游往往是游客接触到的第一个"本地人"，他们的言行举止在很大程度上影响着游客对一个国家或地区的印象。如果导游能够通过准确而生动的文化解读，展示本国或本地文化的魅力和深度，无疑会增加游客对这个国家或地区的好感，提升其在国际社会中的形象和地位。

导游行业竞争激烈，要在众多导游中脱颖而出，不仅需要扎实的业务能力，更需要深厚的文化素养和解读能力。具备这种能力的导游，不仅能够给游客提供高质量的服务，还能在与游客的互动中展示自己的专业素养和人格魅力，从而获得更多的职业机会和更高的职业成就。

提升导游的文化解读能力并非易事。这需要导游在日常工作中不断学习和积累，深入了解当地的历史文化、风土人情，并通过实践不断提高自己的讲解技巧。同时，相关旅游管理部门和导游培训机构也应加强对导游文化解读能力的培训，通过系统的课程设置和实地培训，帮助导游提升这一关键能力。

它需要导游具备宽广的知识面、敏锐的洞察力和出色的表达能力。这种能力的提升，既是个人素质的提高，也是旅游服务质量的提升，对于整个旅游行业的发展都有着深远的影响。

在信息化时代，导游的文化解读能力还可以通过现代科技手段得到进一步增强。利用虚拟现实、增强现实等技术，导游可以为游客提供更加生动、立体的文化体验。这不仅丰富了导游的解说手段，也提高了游客的参与感和体验感，使文化解读更加生动、直观。

三、导游文化解读能力的培养与提升

导游在现代旅游行业中扮演着至关重要的角色，他们不仅是游客的引导者，更是文化的传播者。提升导游的文化解读能力显得尤为重要。导游文化解读能力的培养不仅有助于提高其职业素养，还能增强游客的旅游体验，推动旅游产业的可持续发展。

导游需要具备丰富的文化知识储备。要成为一个优秀的文化解读者，导游必须对所在地区的历史、文化、风俗习惯等有深入的了解。这就要求导游不仅要熟读相关的书籍资料，还要积极参与各种文化活动，亲身体验和感受当地文化的精髓。通过这种方式，导游可以将书本上的知识转化为生动的讲解内容，使游客在游览过程中更好地理解和欣赏所见之景。

导游还需要具备一定的语言表达能力。文化解读不仅仅是传达信息，更是一种艺术，需要导游用生动形象的语言将复杂的文化背景和历史故事娓娓道来。这就要求导游在语言表达方面具备一定的技巧，能够灵活运用各种修辞手法，调动游客的情感和兴趣，使他们在轻松愉快的氛围中接受文化信息。通过不断地练习和积累，导游可以提升自己的语言表达能力，从而更好地进行文化解读。

在培养导游文化解读能力的过程中，培训也是不可或缺的一环。旅游行业应当定期组织导游参加各种培训班和研讨会，邀请文化专家、历史学家等进行专题讲座，帮助导游拓宽知识面，提升文化素养。还可以通过模拟讲解、实地考察等形式，增强导游的实际操作能力，使他们在真实的导览过程中更加得心应手。只有通过系统的培训，导游才能够在文化解读方面取得长足的进步。

导游的个人兴趣和爱好也是提升文化解读能力的重要因素。一个对文化本身有着浓厚兴趣的导游，往往会更加主动地去探索和研究文化解读知识，从而积累更为丰富的文化知识。导游在平时的工作和生活中，可以多参与一些与文化相关的活动，如参观博物馆、参加文化讲座、阅读文化类书籍等。通过这种方式，导游不仅可以丰富自己的文化储备，还可以培养对文化的敏感度，从而在解读过程中更好地传达文化的内涵。

导游在文化解读过程中，还需要注重与游客的互动。游客来自不同的文化背景，他们对当地文化的理解和兴趣各不相同。导游应当通过观察和交流，了解游客的需求和兴趣点，灵活调整讲解内容和方式，使文化解读更加贴近游客的实际需要。通过这种互动，导游不仅可以提高讲解的效果，还可以增强与游客之间的情感联系，使旅游过程更加愉快和充实。

在信息化时代，导游还可以借助现代科技手段来提升文化解读能力。例如，通过使用多媒体技术，导游可以将图片、视频、音频等多种形式结合起来，进行更加生动形象的讲解。导游还可以利用互联网和社交媒体，获取最新的文化资讯，了解游客的反馈和需求，从而不断改进自己的讲解内容和方式。现代科技为导游的文化解读提供了更多的可能性和便利，使其能够更加高效地传达文化信息。

在文化解读过程中，导游还需要具备跨文化沟通能力。现代旅游业的全球化趋势使得导游面对的游客越来越多元化，他们来自不同的国家和地区，有着不同的文化背景和价值观。导游应当具备一定的跨文化沟通技巧，尊重游客的文化差异，避免在讲解过程中出现文化误解和冲突。通过提升跨文化沟通能力，导游可以更加有效地进行文化解读，使来自不同文化背景的游客都能在旅游过程中获得丰富的文化体验。

导游还应当具备批判性思维能力。文化解读不仅仅是对现有文化知识的传达，更需要导游在讲解过程中进行思考和分析，引导游客对文化现象进行深入的思考。导游应当鼓励游客提出问题，进行讨论，通过这种互动的方式，帮助游客更加全面和深入地理解文化的内涵和价值。批判性思维能力的提升不仅有助于导游自身文化素养的提高，也能使文化解读过程更加有深度和意义。

第四节　导游的文化交流技巧

一、导游文化交流技巧的内涵

（一）导游文化交流的定义

导游文化交流是一种通过导游向游客传递文化信息的过程。导游不仅仅是带领游客参观景点的人，更是文化的传播者和桥梁。在这个过程中，导游将自己国家或地区的历史、习俗、传统和价值观介绍给来自不同文化背景的游客，从而促进文化理解和交流。

（二）导游文化交流技巧的构成

在导游文化交流技巧的构成中，最基础的元素是语言能力。导游需要具备至少一门外语的流利使用能力，尤其是在面对来自不同国家的游客时。语言不仅仅是沟通的工具，更是文化的载体。通过精准的语言表达，导游能够将复杂的文化内涵和历史背景传递给游客，帮助他们更好地理解和欣赏旅游目的地的独特文化。

除了语言能力，导游的非语言沟通技巧也是文化交流的重要组成部分。非语言沟通包括肢体语言、面部表情、眼神接触等。导游需要通过这些非语言信号来增强语言表达的效果，传递情感和态度。例如，在讲解过程中，通过适当的手势和面部表情，导游可以使讲解内容更加生动和具有感染力。同时，注意保持眼神接触，可以增强与游客的互动和联系，增加他们的参与感和信任感。

进一步说，导游的文化敏感度是其交流技巧中不可或缺的一部分。文化敏感度指的是对不同文化背景、习俗和价值观的理解和尊重。导游需要了解和尊重游客的文化背景，避免在讲解过程中使用可能引起误解或冒犯的言辞和行为。通过展现对游客文化的尊重，导游不仅能够提升游客的满意度，还能促进跨文化交流和理解，构建和谐的旅游环境。

导游的倾听能力在文化交流中也起着重要作用。有效的沟通不仅仅是说，更需要倾听。导游需要在与游客交流过程中，认真倾听他们的意见和反馈，理解他们的需求和期待。通过积极的倾听，导游能够及时调整讲解内容和方式，提供更符合游客需求的服务。同时，倾听也是一种尊重的体现，能够增强游客的参与感和满意度。

在文化交流过程中，导游还需要具备良好的适应能力和应变能力。旅游活动中常常会出现各种突发情况，如天气变化、交通延误等。导游需要在面对这些变化时，迅速调整计划和安排，确保游客的体验不受影响。通过展示出色的应变能力，导游不仅能够提升游客的信任和满意度，还能展示其专业素养和职业能力。

导游的讲故事能力在文化交流中同样至关重要。文化是由一个个生动的故事组成的，通过讲故事，导游可以将抽象的文化概念和历史事件具体化，使其更易于理解和接受。一个好的故事不仅能够吸引游客的注意力，还能激发他们的兴趣和共鸣。导游需要不断提升自己的讲故事能力，善于通过故事传递文化信息，丰富游客的旅游体验。

导游的教学能力在文化交流中也具有重要地位。文化交流不仅是信息的传递，更是知识的分享和传播。导游需要具备一定的教学技巧，能够以生动有趣的方式，将复杂的文化知识传递给游客。通过互动和启发，导游可以帮助游客更好地理解和记住讲解内容，提升他们的文化素养和认知水平。

同时，导游的情感共鸣能力在文化交流中也不可忽视。导游需要通过共情和情感交流，拉近与游客的距离，增强他们的参与感和体验感。通过展示对游客的关心和理解，导游可以建立起良好的互动关系，提升游客的满意度和忠诚度。情感共鸣不仅能够增强文化交流的效果，还能为游客留下深刻的印象和美好的回忆。

导游的创新能力在文化交流中同样重要。文化是动态的，不断变化和发展的。导游需要能够不断创新讲解内容和方式，结合最新的文化现象和潮流，为游客提供新颖和独特的文化体验。通过创新，导游不仅能够提升自己的专业水平，还能为游客带来意想不到的惊喜和收获，增强他们的旅游体验。

导游的组织能力在文化交流中也起着关键作用。一个成功的文化交流活动需要周密的计划和组织。导游需要具备良好的组织能力，能够有效地安排和协调各项活动，确保旅游行程的顺利进行。通过展示出色的组织能力，导游不仅能够提升游客的满意度，还能为整个团队创造一个有序和愉快的旅游环境。

导游的自我提升能力在文化交流中也至关重要。文化是一个广阔而深厚的领域，导游需要不断学习和提升自己的文化知识和交流技巧。通过参加培训、阅读书籍、实践锻炼等方式，导游可以不断积累和更新自己的知识储备，提升自己的专业水平和职业素养。自我提升不仅能够增强导游的文化交流能力，还能为游客提供更高质量的服务。

导游的跨文化沟通能力也是文化交流的核心要素。跨文化沟通能力指的是在不同文化背景下，能够有效进行沟通和交流的能力。导游需要了解和掌握不同文化的沟通方式和习惯，能够在跨文化交流中游刃有余。通过展示出色的跨文化沟通能力，导游不仅能够提升游客的满意度，还能促进不同文化之间的理解和融合。

导游的团队合作能力在文化交流中也具有重要意义。导游常常需要与其他导游、旅行社工作人员、当地居民等进行合作和协调。良好的团队合作能力能够确保各项活动的顺利进行，提升整个团队的效率和效果。通过展示出色的团队合作能力，导游不仅能够提升游客的满意度，还能为旅游业的可持续发展贡献力量。

二、导游文化交流技巧的意义

（一）促进文化理解

导游文化交流技巧在促进文化理解方面发挥着关键作用。导游在引导游客参观名胜古迹时，不只是介绍景点的历史和背景，还会讲述相关的文化故事和传说，这些内容丰富了游客的文化体验，增进了他们对当地文化的理解。

导游在促进文化理解中的重要性不可忽视。他们通过专业的讲解和服务，使游客能够深入了解和体验不同文化，增进文化之间的交流和理解。导游在文化保护、教育、创新等方面发挥了积极作用，对旅游业和文化产业的发展具有重要影响。导游不仅是文化的传播者，更是文化的桥梁，他们的工作促进了文化的传承和发展，为文化的多样性和可持续发展做出了重要贡献。

从心理学的角度看，导游在文化理解中的作用也体现在对游客心理的影响上。通过导游的讲解和引导，游客在旅行中能够获得积极的心理体验和情感共鸣。导游通过生动的讲解和互动，使游客感受到文化的魅力，激发他们对文化的兴趣和热爱。这种积极的心理体验不仅提升了游客的满意度，还促进了他们对文化的理解和认同。导游在文化理解中的心理影响不可忽视，他们通过自己的工作，促进了游客的心理健康和情感发展。

再从社会学的角度看，导游在文化理解中的作用体现在促进社会和谐方面。通过导游的引导和讲解，游客能够更好地理解和尊重不同文化，消除对异文化的偏见和误解，促进文化之间的和谐共处。导游的工作不仅让游客获得了丰富的文化知识，还增进了社会的和谐与稳定。导游在社会和谐中的作用值得重视，他们通过自己的努力，促进了社会的文明进步和文化多样性的发展。

导游在文化理解中的作用还体现在对地方文化的推广上。通过导游的宣传和推广，地方文化得到了更广泛的传播和认可。导游通过介绍地方的历史、风俗、特产等，吸引了大量游客，促进了地方文化的发展。导游的工作不仅提升了地方的文化知名度，还促进了地方经济的发展。导游在地方文化推广中的作用不可忽视，他们是地方文化的代言人，通过自己的努力，推动了地方文化的繁荣和发展。

从环境保护的角度看，导游在促进文化理解中的作用也体现在对环境保护的宣传上。通过导游的讲解和引导，游客能够意识到环境保护的重要性，增强环保意识。导游通过组织环保活动和体验项目，让游客亲身参与到环境保护的行动中，从而增强他们的环保意识和责任感。导游在环境保护中的作用不仅体现在文化宣传上，还通过实际行动，推动了环保文化的发展。导游是环保文化的传播者，他们的工作对环境保护和可持续发展具有重要意义。

导游在文化理解中的作用还体现在对文化创新的推动上。随着社会的发展和科技的进步，文化传播的方式也在不断创新和发展。导游通过创新的讲解方式和互动手段，为游客提供了更加丰富和生动的文化体验。导游通过利用现代科技手段，如虚拟现实、增强现实等，让游客能够更加直观地体验文化。这种文化传播的创新，不仅提升了游客的文化体验，还促进了文化的创新发展。导游在文化创新中的作用不可忽视，他们通过自己的工作，推动了文化的创新和进步。

（二）提升游客满意度

导游文化交流技巧对提升游客满意度的作用不可小觑。在旅游过程中，导游不仅是景点的解说员，更是游客的文化向导和服务者。通过有效的文化交流技巧，导游可以增强游客的旅游体验，提升他们的满意度。以下将探讨导游文化交流技巧对提升游客满意度的重要性，并分析其具体作用。

导游文化交流技巧可以增强游客对导游的信任感。在旅游过程中，导游需要向游客提供准确、有趣、富有深度的文化信息。通过巧妙的文化交流技巧，导游可以赢得游客的信任，使他们更愿意跟随导游游览景点，提升游客满意度。

在旅游过程中，导游不仅是景点的向导，更是当地文化的传播者。通过引导游客参与文化交流活动，导游可以增强游客对当地文化的理解和认同，提升他们的旅游体验，增加游客满意度。

导游文化交流技巧还可以提升游客的参与感和融入感。导游需要与游客进行密切互动，使他们更多地参与到旅游活动中来。通过巧妙的文化交流技巧，导游可以增强游客的参与感和融入感，提升他们的满意度。

在旅游过程中，导游需要为游客提供全方位的服务，包括景点解说、旅游建议、应急处理等。通过运用有效的文化交流技巧，导游可以提升自己的服务水平，赢得游客的好评和信赖，进而提升游客满意度。

（三）增强导游竞争力

导游文化交流技巧对增强导游竞争力的作用是至关重要的。随着旅游业的发展，导游不仅要具备丰富的历史文化知识，还需要具备一定的交流技巧，以吸引更多游客并提升服务质量。

导游文化交流技巧可以提升导游的专业形象，增强游客对导游的信任感。在旅游过程中，导游不仅是景点的解说员，更是文化的传播者。通过与游客进行有效的文化交流，导游可以展现自己的专业知识和服务能力，从而赢得游客的认可和好评，提升竞争力。

在旅游过程中，导游不仅是游客的向导，更是文化的传递者。通过巧妙的文化交流技巧，导游可以引导游客深入了解当地的历史、风土人情等文化内涵，从而增强游客的旅游体验，提升服务质量，增强竞争力。

导游文化交流技巧还可以提升导游的人际沟通能力和团队协作能力。在旅游过程中，导游需要与各种各样的人群进行交流，包括不同国籍、不同文化背景的游客，以及其他旅游从业人员。通过不断的文化交流实践，导游可以提升自己的人际沟通能力和团队协作能力，增强竞争力。

在旅游过程中，导游需要为游客提供全方位的服务，包括景点解说、旅游建议、应急处理等。通过运用有效的文化交流技巧，导游可以提升自己的服务水平，赢得游客的好评和信赖，从而增强竞争力。

第五章　导游的安全与应急处理

第一节　导游安全知识与应急处理能力

一、导游的安全知识

作为导游，掌握安全知识和应急处理技能是至关重要的。在旅游过程中，游客的安全始终是首要任务。导游不仅需要具备丰富的专业知识，还需要掌握各种突发事件的应急处理能力。确保每一位游客在旅程中都能获得安全保障，是导游职责的一部分。

这包括了解当地的自然灾害风险，如地震、洪水、泥石流等，并掌握相关的预防措施。例如，在地震多发地区，导游应提醒游客避开危险区域，并指导他们在地震发生时如何自保。导游还应掌握如何在紧急情况下疏散游客，确保他们能迅速、安全地撤离危险区域。

各地对游客安全的要求和规定可能有所不同，因此导游需要熟悉并遵守这些规定。例如，在某些国家或地区，游客必须佩戴安全带或头盔，导游应提醒并监督游客遵守这些规定。导游还应了解当地的急救电话和医疗资源，以便在紧急情况下能够迅速联系并提供帮助。

在导游的培训中，急救知识是不可或缺的一部分。导游应掌握基本的急救技能，如心肺复苏术、止血、包扎等。这些技能在游客突发疾病或受伤时，可以起到关键作用。例如，当有游客犯突发心脏病时，导游能够迅速进行心肺复苏术，增加抢救成功的可能性。同时，导游应随身携带急救箱，确保其中的急救用品齐全并在需要时能够迅速取用。

预防突发事件也是导游安全知识的重要组成部分。导游应事先了解游客的健康状况，尤其是那些患有慢性疾病或有特殊需求的游客。例如，导游可以在行程开始前，向游客收集健康信息，并在旅途中提供相应的关注和照顾。导游应定期检查旅游设备和设施的安全性，如车辆、游乐设施等，确保其处于良好状态并符合安全标准。

在旅游过程中，导游还需注意防范各种犯罪行为。旅游景点和公共交通工具上，盗窃、抢劫等犯罪行为时有发生。导游应提醒游客保管好个人财物，不随身携带大量现金或贵重物品。导游应熟悉当地的治安状况，并避免在高风险地区活动。在游客遇到犯罪行为时，导游应冷静应对，保护游客安全，并及时报警。

心理健康也是导游需要关注的安全问题之一。旅游过程中的突发事件和紧急情况可能对游客造成心理创伤，导游应具备一定的心理疏导能力。例如，在遭遇自然灾害或其他突发事件后，导游应及时安抚游客情绪，提供心理支持，帮助他们尽快恢复正常状态。同时，导游还应关注自身的心理健康，学会调整和释放压力，以保持良好的工作状态。

导游的责任不仅限于在旅游过程中保护游客的安全，还包括事前的准备和事后的处理等工作。导游应在行程前制定详细的安全预案，确保在突发事件发生时能够迅速反应。例如，导游可以制订紧急疏散计划，并在行程开始前向游客进行安全演练，让他们熟悉应急措施。导游还应在旅游结束后，总结经验教训，不断提升自身的安全知识和应急处理能力。

为了确保游客在旅途中获得全面的安全保障，导游还应与各相关部门保持良好的沟通与合作。例如，导游可以与旅游公司、交通部门、医疗机构等建立联系，确保在突发事件发生时能够获得及时的支持和帮助。导游还应积极参加相关的安全培训和演练，不断提升自身的专业水平。

导游的安全知识不仅限于对突发事件的应急处理上，还包括日常安全管理。例如，导游应提醒游客注意饮食卫生，避免食用不洁食品，以防止食物中毒。同时，导游还应提醒游客注意防晒、防虫，特别是在炎热和蚊虫滋生的地区。导游应提醒游客遵守景区的安全规定，如不擅自进入危险区域、不攀爬危险景点等。

导游应注意保护游客的个人信息，如联系方式、护照号码等，防止其被不法分子利用。导游应提醒游客在使用公共无线网络时注意信息安全，避免在不安全的网络环境中进行敏感信息的传输。

在面对突发事件时，导游的冷静和果断是确保游客安全的关键。导游应在平时的工作中培养应急处理能力，提高自己的决策和执行能力。例如，当遇到交通事故时，导游应迅速评估情况，采取适当的措施保护游客安全，并及时与相关部门联系。导游还应保持良好的体能，以应对各种突发情况。

老年人、儿童和残障人士在旅游过程中更容易遇到安全问题，导游应特别注意他们的需求。例如，导游应为老年人提供适当的休息时间和休息场所，为儿童提供安全的游玩环境，为残障人士提供无障碍设施和服务。导游还应掌握与这些特殊群体沟通的技巧，确保他们在旅途中能够获得良好的照顾。

二、导游的应急处理能力

导游在面对突发情况时，具备良好的应急处理能力至关重要。无论是在城市观光、自然探险还是文化遗产游览中，导游都可能遇到意想不到的紧急情况，这些情况不仅会影响旅游行程的顺利进行，还可能危及游客的安全。因而，导游的应急处理能力不仅体现了其专业素养，更直接关系到整个旅游团队的安全和旅游体验的质量。

紧急情况的多样性要求导游具备广泛的知识储备和灵活的应对策略。旅游过程中可能发生的紧急情况包括但不限于突发疾病、自然灾害、交通事故、游客走失和突发暴力事件。导游需要在第一时间做出反应，采取有效措施，确保游客的安全，并尽可能减少不良影响。面对不同类型的紧急情况，导游需具备相应的专业知识和技能，例如急救常识、防灾知识以及基本的心理疏导技巧。

导游在处理紧急情况时，需要具备冷静的头脑和快速决策的能力。当发生紧急情况时，导游必须保持冷静，避免慌乱，以便能够做出正确的判断和决策。导游需要迅速评估情况的严重程度，判断是否需要立即求助专业救援力量，同时采取适当的紧急措施，例如实施基本急救、疏散游客或联系相关部门。冷静和果断的决策不仅能有效应对突发情况，还能安抚游客情绪，避免恐慌情绪蔓延。

良好的沟通能力也是导游在紧急情况下必不可少的素质之一。导游需要在紧急情况下与游客、救援人员、景区管理方和其他相关人员进行高效沟通，确保信息的准确传递和行动的协调统一。例如，在发生游客走失时，导游需要及时与景区管理人员联系，协调搜救行动；在突发疾病时，导游需要与医疗人员沟通，确保患者得到及时和适当的治疗。清晰有效的沟通不仅能提高应急处理的效率，还能增强游客的信任感和安全感。

导游在应急处理过程中，也应注重应急预案的制定和实施。在每次旅游行程前，导游应根据旅游线路和活动内容，提前制定详细的应急预案，并与团队成员和游客进行沟通，使大家了解应急措施和逃生路线。在实际操作中，导游应严格按照预案执行，并根据实际情况灵活调整，确保应急措施的有效实施。完善的应急预案不仅能提高应对紧急情况的效率，还能减少突发事件带来的不良影响。

应急处理能力的提升离不开日常的培训和演练。导游应定期参加专业培训，学习最新的应急处理知识和技能，并通过模拟演练提升实战能力。这些培训和演练不仅能提高导游的专业素养，还能增强其在紧急情况下的应变能力和心理素质。例如，急救培训可以使导游掌握心肺复苏、止血和包扎等基本急救技能；防灾演练可以增强导游在地震、火灾等灾害发生时的应对能力。

在应急处理过程中，导游还需要注重心理疏导和安抚。突发事件往往会对游客的心理造成一定影响，导游需要及时关注游客的情绪变化，并采取适当的安抚措施，帮助他们缓解紧张和恐惧情绪。导游可以通过语言安慰、提供心理支持等方式，帮助游客重建信心，增强他们处理紧急情况的勇气和决心。有效的心理疏导不仅能提高游客的心理承受能力，还能增强整个团队的凝聚力。

实践中，导游还应注重总结和反思应急处理经验。每次紧急情况的处理过程都是一次宝贵的经验积累，导游应在事后对整个过程进行回顾和总结，分析应急措施的有效性和不足之处，并从中吸取教训，不断优化和提升自己的应急处理能力。通过总结反思，导游不仅能提升自身的专业素养，还能为今后的应急处理提供宝贵的参考和借鉴。

在面对突发事件时，导游需要具备强烈的责任感和使命感。导游不仅是旅游行程的引导者，更是游客安全的守护者。在紧急情况下，导游应将游客的安全和利益放在首位，勇于承担责任，积极主动地采取应对措施，确保游客的安全和旅游活动的顺利进行。强烈的责任感和使命感不仅能激发导游的潜能，还能增强游客对导游和整个旅游团队的信任和依赖。

除了应急处理能力，导游还应具备良好的团队合作精神。在应急处理过程中，导游往往需要与其他团队成员和相关人员密切合作，协调各方资源和力量，共同应对突发事件。导游应善于调动和发挥团队成员的优势，分工合作，形成合力，提高应急处理的效率和效果。良好的团队合作精神不仅能提高应急处理的成功率，还能提升整个团队的凝聚力和战斗力。

导游的应急处理能力还需要与时俱进，不断更新和完善。随着社会的发展和旅游业的不断变化，应急处理的要求和挑战也在不断变化。导游应保持学习和进步的态度，不断关注最新的应急处理知识和技术，更新自己的知识储备和技能，确保在面对新形势和新挑战时从容应对。持续的学习和进步不仅能提高导游的专业素养，还能增强其应对复杂和多变情况的能力。

现代科技的发展也为导游应急处理能力的提升提供了有力支持。导游可以利用现代科技手段，如 GPS 定位、紧急通信设备和应急 APP 等，提升应急处理的效率和精准度。例如，在发生游客走失时，导游可以通过 GPS 定位迅速确定游客的位置，并与相关人员联系，实施搜救行动；在发生自然灾害时，导游可以通过紧急通信设备与救援人员保持联系，及时获取救援信息和指示。现代科技手段的应用不仅能提高应急处理的效率，还能增强应急处理的科学性和可靠性。

导游的应急处理能力不仅关系到个体的专业素养，更直接影响整个旅游行业的健康发展。旅游业作为一个服务性行业，其安全性和可靠性直接关系到游客的满意度和信任感。导游作为旅游活动的核心角色，其应急处理能力不仅关系到旅游活动的顺利进行，更是旅游安全保障的重要一环。通过提升导游的应急处理能力，整个旅游行业的服务质量和安全保障水平都能得到有效提升，从而促进旅游业的健康和可持续发展。

第二节　导游在紧急情况下的应变能力

一、导游在紧急情况的判断与处理

（一）判断事件性质

导游在紧急情况下对事件性质的判断是其职业技能的重要组成部分。在紧急情况中，导游不仅需要迅速做出反应，还必须准确判断事件的性质，以便采取适当的措施，确保游客的安全和减少潜在的损失。判断事件性质的过程复杂，需要导游具备丰富的经验、广泛的知识和敏锐的观察力。

导游应具备全面的危机意识和知识储备。危机意识是指对潜在危机的敏感度，以及对危机可能带来的后果的认知。导游需要了解各种类型的突发事件，如自然灾害、健康突发事件、治安事件等。为了准确判断事件性质，导游需要具备广泛的知识储备，包括对当地环境的了解、健康和安全常识、法律法规的熟悉等。例如，导游应知道如何识别地震的前兆，了解如何在地震发生时保护自己和游客；应掌握急救知识，能够在游客突发疾病时提供及时的帮助。

导游需要具备敏锐的观察力和快速反应能力。在紧急情况下，导游的观察力和反应速度至关重要。导游需要快速评估现场情况，观察周围环境和人群的状态，以便做出准确的判断。例如，在发现火灾时，导游需要迅速判断火势的大小和蔓延的方向，评估游客的安全状况，并决定是否需要立即撤离。同时，导游还需要保持冷静，避免因慌乱而做出错误的判断。

导游应具备良好的沟通和协调能力。在紧急情况下，导游需要与游客、当地管理部门、医疗机构等进行有效的沟通和协调。导游应能够清晰、简洁地向游客传达信息，指导游客如何应对突发事件。例如，在火灾或地震等紧急情况下，导游应迅速指挥游客按照预定的疏散路线撤离，并确保游客的安全。在与当地管理部门和医疗机构沟通时，导游应提供准确的情况说明，以便获得及时的帮助和支持。

导游需要具备强大的心理素质和应变能力。在突发事件中，导游可能面临巨大的压力和挑战，甚至需要面对生死攸关的情况。导游应保持冷静和镇定，迅速评估事件的性质和严重程度，制定应对措施。例如，在游客发生重大疾病或意外事故时，导游需要在短时间内做出正确的决策，如联系救援、提供急救等。同时，导游还应具备应变能力，根据现场情况灵活调整应对方案，确保最佳的处理效果。

在判断事件性质的过程中，导游还需要考虑到文化和语言的差异。在多元文化的旅游环境中，不同国家和地区的游客可能对突发事件的反应和理解有所不同。导游应尊重和理解这些差异，确保在处理突发事件时能够与游客进行有效的沟通。例如，在处理跨国游客时，导游应了解不同文化背景下的应急反应方式，并尽可能使用游客熟悉的语言进行沟通。

导游在判断事件性质时还需要具备风险评估和管理的能力。导游应能够预见潜在的风险，并制定应对措施。例如，在带领游客进行高风险活动（如登山、漂流等）时，导游应提前评估活动的风险，并制定详细的应急预案。在突发事件发生后，导游应迅速启动应急预案，确保游客的安全和减少损失。

在判断事件性质的过程中，导游还应注重信息的收集和分析。导游应及时获取相关信息，如天气预报、地质灾害预警、公共卫生信息等，以便做出准确的判断。例如，在带领游客前往自然景区时，导游应密切关注天气变化，及时掌握天气预报信息，并在必要时调整行程安排。在突发公共卫生事件（如传染病疫情）中，导游应及时了解疫情动态，采取必要的防护措施，确保游客的健康和安全。

导游在判断事件性质时，还应注重团队合作和资源整合。在突发事件中，导游不可能单独应对所有问题，需要与团队成员密切合作，共同应对危机。例如，在地震、火灾等紧急情况下，导游应与其他导游、景区工作人员、应急救援人员等保持沟通和协调，共同制定应对措施，确保游客的安全。同时，导游还应善于整合资源，充分利用当地的救援资源和社会资源，提高应急处理的效率。

（二）应急资源的利用

导游在紧急情况下，应急资源的利用是确保游客安全和旅行顺利进行的关键因素。在旅游过程中，紧急情况可能是突发的、不可预见的，导游需要具备充分的应急资源利用能力，以应对各种突发事件。应急资源的利用不仅包括物质资源，如急救箱、通信设备、逃生工具等，还包括信息资源、人力资源和外部支持系统等。

物质资源的准备和利用是导游应急处理的基础。导游应随身携带基本的急救箱，内含消毒用品、绷带、止痛药和其他常用药品，以应对游客的突发健康问题。通信设备如手机、对讲机等也是必备工具，以便导游能够在紧急情况下迅速联系相关人员和机构。导游还需掌握这些物质资源的使用方法，并定期检查和更换过期的急救物品，确保其在需要时能够发挥作用。例如，在发生旅游车辆事故时，导游可以迅速利用急救箱为受伤游客进行初步处理，同时使用通信设备联系当地医疗救援部门和旅行社，争取最快的援助。

信息资源的获取和应用是导游应急处理的重要环节。导游应提前了解旅游目的地的基本情况，包括地理环境、气候条件、交通状况和医疗设施分布等。这些信息可以帮助导游在紧急情况下迅速做出合理决策。例如，当遇到自然灾害如地震或洪水时，导游需要了解安全避难所的位置和路线，并及时向游客传达这些信息，组织他们有序撤离。导游还应掌握旅游目的地的紧急联系方式,如当地警方、医院和使领馆的电话,以便在需要时迅速求助。在信息资源的利用方面,导游可以通过手机应用程序和网络平台获取实时信息,例如天气预报、交通路况和安全警报等,为应急处理提供支持。

人力资源的协调和调动也是导游应急处理的关键。在紧急情况下,导游需要充分利用团队成员和游客的力量,共同应对突发事件。例如,在发生火灾时,导游可以分配任务,组织身体素质较好的游客协助疏散行动,同时安排具有急救技能的游客对受伤人员进行帮助。在此过程中,导游需要保持冷静,明确指示各自的职责,确保团队合作的高效性。导游还应与当地居民和工作人员建立良好的关系,在需要时能够得到他们的支持和帮助。例如,在偏远地区旅游时,当地居民可能对地形和避险路线更加熟悉,导游可以请求他们的协助,共同确保游客的安全。

外部支持系统的建立和利用是导游应急处理的保障。导游应与旅行社、当地旅游管理部门和应急救援机构保持密切联系,建立起稳定的外部支持网络。在紧急情况下,导游可以通过这些外部支持系统获取专业的救援服务和指导。例如,当游客突发严重疾病时,导游可以联系当地医院请求紧急医疗救援,同时通知旅行社安排后续的医疗保障和保险理赔。导游还可以利用外部支持系统获取最新的安全信息和应急预案,提高应急处理的科学性和有效性。例如,在国际旅行中,导游应提前与驻外使领馆建立联系,了解所在国家的安全形势和应急措施,在遇到紧急情况时及时寻求领事保护和援助。

培训和演练是提高导游应急资源利用能力的重要途径。导游应定期参加应急处理培训,学习相关法律法规、急救技能和应急预案的制定与执行。同时,导游还应参与模拟演练,熟悉各种应急场景和处理流程,增强实际操作能力。例如,旅行社可以定期组织导游参加火灾疏散演练、交通事故应急处理演练等,使导游在实际操作中掌握应急资源的利用技巧。导游还应与其他导游和应急救援人员交流经验,分享应急处理的成功案例和教训,持续提升应急资源利用的水平。

导游在紧急情况下应急资源的利用还包括对游客的教育和引导。在旅游活动开始前,导游应向游客详细介绍应急预案和注意事项,确保游客了解基本的应急知识和逃生方法。例如,在进行高风险的户外活动如登山、漂流等时,导游应提前告知游客可能存在的风险和应对措施,指导他们正确使用救生设备和安全绳索。在突发事件发生时,导游应保持冷静,及时向游客传达准确的信息和指示,避免恐慌和混乱。例如,在遭遇恐怖袭击或暴乱时,导游应迅速组织游客隐藏在安全地点,并保持低调,避免引起不必要的注意,等待专业救援人员的到来。

在现代旅游业发展中,导游不仅是文化和景点的介绍者,更是游客的安全守护者和应急处理的第一责任人。导游应不断提高应急资源利用的能力,确保在紧急情况下能够迅速、高效地处理各种突发事件,保障游客的生命财产安全。

各国政府和旅游管理部门应制定和完善相关法律法规,明确导游在应急处理中的责任和权利,提供必要的培训和支持。例如,中国《旅游法》规定,旅行社和导游应为游客提供安全保障措施,制定应急预案,确保游客在紧急情况下能够得到及时有效的救援。同时,旅游管理部门应加强对导游应急处理能力的监督和考核,确保导游具备足够的应急资源利用能力。例如,可以通过定期的考试和评估,检验导游的应急知识和操作能力,督促导游不断提升自身素质。

二、导游紧急情况的应对措施

(一)疏散计划

导游在紧急情况下的疏散计划至关重要,它不仅关系到游客的安全,也体现了导游的专业素质和责任心。疏散计划的制定和实施需要全面考虑各种可能的紧急情况,包括自然灾害、突发疾病、恐怖袭击等。导游必须熟悉每一条疏散路线,掌握基本的急救知识,并在突发事件发生时能够迅速果断地做出反应。以下内容将详细探讨导游在紧急情况下如何有效地组织和实施疏散计划。

导游在出发前应进行详细的准备工作,包括熟悉目的地的地理环境、安全设施和疏散路线。每个景点或旅游区域通常都有明确的疏散标识和紧急出口,导游应提前实地勘察,确保自己了解每一条疏散路径。导游应与当地的管理部门或相关机构保持联系,获取最新的安全信息和应急预案。

在出发前的准备工作中,导游还应准备一份详细的游客名单,记录每位游客的姓名、联系方式以及健康状况。这份名单在紧急情况下可以帮助导游快速确认人员的安全和健康状况。导游应携带急救包,其中应包括基本的急救药品、绷带、消毒水等,以便在突发情况下为受伤的游客提供初步的医疗救助。

在正式开始旅游行程前,导游应向所有游客进行一次全面的安全说明,内容包括疏散路线、紧急出口的位置、集合点的确定等。导游应确保每位游客都清楚了解这些信息,并在必要时进行模拟演练,以提高游客的应急反应能力。

在紧急情况发生时,导游的首要任务是保持冷静,迅速评估现场情况,并根据疏散计划组织游客有序撤离。如果发生火灾,导游应首先引导游客远离火源,选择最近的安全出口,并注意避免使用电梯。如果发生地震,导游应指示游客就地躲避,寻找坚固的建筑物或开阔的空地。在紧急疏散过程中,导游应时刻关注游客的安全,确保所有人员都能安全撤离到指定的集合点。

在疏散过程中,导游应合理分配任务,充分利用现场的可用资源。如果导游带领的是一个大型旅游团,可以选择几位身体健康、反应敏捷的游客作为助手,协助组织和引导其他游客撤离。同时，导游应与当地的救援人员保持联系，获取最新的安全信息和救援进展情况。

对于一些特殊群体，如老人、儿童和残障人士，导游应给予特别的关注和照顾。在疏散过程中，导游应安排专人负责照顾这些特殊群体，确保他们能够安全撤离。如果有游客在疏散过程中受伤，导游应及时进行急救处理，并尽快联系医疗救援人员。

在紧急情况得到控制后，导游应及时清点人数，确认所有游客的安全状况。如果有游客失踪，导游应立即向当地的救援部门报告，并积极配合搜救工作。导游还应与游客的家属保持联系，通报最新的情况，并提供必要的心理安抚和支持。

在整个疏散过程中，导游应始终保持冷静和专业状态，展示出高度的责任感和组织能力。一个有效的疏散计划不仅需要导游的个人能力，也需要团队的协作和配合。导游应在平时多进行应急演练和培训，提高自己和团队的应急反应能力。

导游在紧急情况发生后，应对整个疏散过程进行总结和反思，找出不足之处，并不断完善疏散计划。通过总结经验和教训，导游可以更好地应对未来的紧急情况，提高旅游团队的整体安全水平。

（二）安置点选择

在紧急情况下，导游选择合适的安置点对于确保游客的安全和舒适至关重要。这一过程不仅需要快速反应，还需要综合考虑多种因素，包括地理位置、安全性、设施条件、通信便利性以及医疗资源等。导游在选择安置点时应遵循系统化的评估和决策过程，以确保所选地点能够满足紧急情况下的各种需求。

地理位置是选择安置点时的重要考虑因素之一。安置点应尽可能靠近事故现场，以便游客能够快速到达，同时避免选择可能受到二次灾害影响的区域。例如，在地震后选择安置点时，应避开可能发生余震的建筑物和区域，选择空旷、地势较高的地方，以避免山体滑坡、泥石流等次生灾害。在水灾或洪水发生时，安置点应选择在高地，远离河流、湖泊等容易被淹没的区域。安置点应尽可能靠近主要交通干线，以便于后续救援物资的运输和游客的疏散。

安全性是选择安置点时的核心考虑因素。安置点应具备良好的安全保障措施，包括防火、防盗、防暴等措施。例如，在火灾或爆炸等突发事件发生后，安置点应选择远离火源和危险化学品存储区，避免选择在容易引发火灾的树林或草地中。同时，安置点应具备防护设施，如紧急出口、灭火器、安全围栏等，以确保在突发情况下游客能够迅速疏散和自救。在治安事件或社会动乱发生时，安置点应选择在治安情况较好的区域，并尽量避开人群密集的地方，以防止发生混乱和冲突。

设施条件是选择安置点时不可忽视的因素。安置点应具备基本的生活设施，包括饮用水、食物、卫生设施、住宿条件等，以满足游客的基本生活需求。例如，在自然灾害发生后，导游应选择具备充足饮用水和食物供应的安置点，并确保安置点有足够的卫生设施，如厕所、洗手台等，以防止疾病传播。如果安置时间较长，还应考虑提供临时住宿设施，如帐篷、临时床铺等，确保游客有一个相对舒适的休息环境。

通信便利性也是选择安置点时的重要考虑因素之一。安置点应具备良好的通信条件，以便于与外界保持联系，获取最新的救援和应急信息。例如，在选择安置点时，应确保该区域有稳定的手机信号或无线网络覆盖，以便游客和导游能够及时与家人、救援部门和相关机构联系。如果通信条件不佳，应考虑配置卫星电话或其他应急通信设备，确保在紧急情况下能够随时与外界取得联系。

医疗资源是选择安置点时必须考虑的关键因素之一。安置点应尽可能靠近医疗机构或配备基本的医疗设施和药品，以便在紧急情况下能够及时提供医疗救助。例如，在选择安置点时，应尽量选择靠近医院、诊所或急救站的地方，确保在游客突发疾病或受伤时能够迅速获得医疗救治。如果安置点远离医疗机构，导游应考虑配置应急医疗箱，包含基本的急救药品和设备，如绷带、消毒药水、止痛药等，以便在紧急情况下进行初步的医疗处理。

除了上述因素，导游在选择安置点时还应考虑环境的适应性和心理支持。安置点的环境应尽量舒适、安静，以帮助游客缓解紧张情绪，恢复心理平静。例如，在选择安置点时，应尽量选择环境优美、空气清新的地方，避免选择噪声较大的区域。同时，导游应考虑提供必要的心理支持服务，如安排心理辅导员或志愿者，帮助游客应对突发事件带来的心理压力和情绪波动。导游还应考虑到特殊人群的需求，如老年人、儿童、孕妇和残疾人，确保安置点能为这些人群提供相应的特殊照顾和服务。

在选择安置点的过程中，导游还应注重与当地政府、救援机构和社区的协调与合作。导游应及时向当地政府和救援机构报告安置点的选择情况，获取他们的支持和指导。例如，在自然灾害或公共卫生事件发生后，导游应与当地政府部门和救援机构保持密切联系，确保安置点的选择符合相关规定和标准，并获得必要的物资和人力支持。同时，导游应与当地社区保持良好的关系，争取社区的理解和支持，确保安置点的运营和管理能够顺利进行。

导游应根据突发事件的类型和规模，结合现场实际情况，灵活调整安置点的选择策略。例如，在大型自然灾害或重大事故发生后，导游应迅速启动应急预案，组织游客前往预定的安置点，并根据现场情况灵活调整安置点的位置和规模，确保每位游客都能得到妥善安置。在安置点的布置过程中，导游应合理划分功能区，如住宿区、饮食区、医疗区等，确保各项设施和服务能够高效运行。

导游应及时向游客传达安置点的选择和安排情况，确保每位游客都清楚安置点的位置和相关安排。例如，在组织游客前往安置点时，导游应详细说明前往安置点的路线、注意事项以及安置点的设施和服务情况，确保游客在前往过程中能够保持秩序，避免发生混乱。同时，导游应及时向上级部门和相关机构报告安置点的情况，获取最新的应急信息和指导意见，确保安置点的选择和管理符合相关规定和标准。

第三节　导游团队的安全管理

一、团队成员安全知识的培训

导游团队成员的安全知识培训是保障游客安全的重要措施之一。通过培训，导游团队成员可以掌握基本的安全知识和应急处理技能，提高应对突发事件的能力，确保游客在旅途中的安全和舒适。安全知识培训应包括以下内容。

导游团队成员应了解常见的安全风险和应急情况。他们应了解各种自然灾害（如地震、火灾、洪水等）和人为事故（如交通事故、盗窃等）可能发生的原因和特点，以及应对这些情况的基本方法。例如，在地震发生时，导游团队成员应该告诉游客保持镇静，迅速找到安全的避难所，避免靠近玻璃、悬挂物等危险区域。在火灾发生时，导游团队成员应该迅速引导游客疏散，避免使用电梯，尽量靠近地面逃生等。

导游团队成员应了解基本的急救知识和技能。他们应该知道如何处理常见的急救情况，如心脏骤停、呼吸困难、休克、中暑、骨折等。例如，在游客突发心脏骤停时，导游团队成员应该立即进行心肺复苏，直到医护人员到达。在游客出现中暑时，导游团队成员应该迅速将其移到阴凉处，给予足够的水和盐分，以缓解症状。

导游团队成员应了解旅行途中的安全防范措施。他们应知道如何保护个人财物，避免成为盗窃的目标。例如，在游览景点时，导游团队成员应提醒游客注意保管好随身携带的贵重物品，如钱包、手机等，避免在人群密集的地方展示财物，以免引起麻烦。

导游团队成员应了解当地法律法规和紧急情况下的应对程序。他们应该知道在紧急情况下如何向当地警察、医院等相关部门求助，并了解当地的紧急救援电话号码。例如，在发生交通事故时，导游团队成员应立即拨打当地的紧急救援电话，协助处理事故现场，并向游客提供必要的帮助和支持。

导游团队成员应具备团队合作和协调能力。在紧急情况下，导游团队成员应能够密切配合，共同应对突发事件，确保游客的安全。例如，在发生火灾或地震等紧急情况时，导游团队成员应该迅速组织游客疏散，避免发生混乱，确保每位游客都能够安全撤离。

二、安全管理制度的建立

导游团队安全管理制度的建立是保障导游团队成员和游客安全的重要举措。在旅游活动中，导游团队需要面对各种潜在的安全风险和挑战，如自然灾害、交通事故、恐怖袭击等，因此建立健全的安全管理制度对于提高导游团队的安全保障能力至关重要。以下将从组织机构、制度内容、实施方式等方面详细探讨导游团队安全管理制度的建立。

导游团队安全管理制度的建立需要明确组织机构和职责分工。在导游团队中，应设立安全管理部门或委员会，负责制定、实施和监督安全管理制度。安全管理部门应由专职或兼职安全管理人员组成，具有相关的安全管理经验和专业知识。导游团队还应明确各岗位的安全管理职责，包括导游、领队、司机等，明确各自在安全管理中的具体职责和义务。例如，导游应负责组织游客的安全教育和应急演练，领队应负责监督游客的行为和遵守规章制度，司机应负责保证车辆的安全和遵守交通法规。

导游团队安全管理制度应包括完善的安全管理制度内容。安全管理制度内容应涵盖安全管理的全过程，包括前期准备、旅游过程和事后处理等各个环节。在前期准备阶段，导游团队应制定安全预案和应急预案，明确应对各种突发事件的措施和程序。在旅游过程中，导游团队应加强对游客的安全教育和引导，提高游客的安全意识和应对能力。在事后处理阶段，导游团队应及时总结旅游活动中存在的安全问题和不足，制定改进措施，防止类似事件再次发生。安全管理制度还应包括安全检查、记录和报告等方面的规定，确保安全管理工作的有效实施。

导游团队安全管理制度的建立需要采取有效的实施方式和措施。为了确保安全管理制度的有效实施，导游团队应采取以下几种方式和措施：一是加强安全培训和教育，提高团队成员的安全意识和应对能力。导游团队可以定期组织安全培训和演练，向团队成员传授安全知识和技能，提高其在紧急情况下的应急处理能力。二是建立健全的安全监督和检查机制，加强对导游团队安全管理工作的监督和检查。导游团队应设立安全监督岗位或委员会，定期对团队的安全管理工作进行检查和评估，及时发现和解决安全隐患。三是建立健全的安全记录和报告制度，确保安全事件的及时记录和报告。导游团队应建立安全事件的记录档案，对发生的安全事件进行调查和分析，并向相关部门和领导汇报，及时采取措施避免类似事件再次发生。

导游团队安全管理制度的建立需要积极借鉴国际经验和先进技术。在安全管理制度的建立过程中，导游团队可以借鉴国际上的相关经验和做法，学习先进的安全管理理念和技术，不断提升自身的安全管理水平。例如，可以学习国外旅游安全管理的先进经验，引入先进的安全管理技术和设备，提高导游团队对安全管理的科学性和有效性。同时，导游团队还应积极参与国际安全管理组织和交流活动，加强与国际安全管理机构的合作和交流，共同推动旅游安全管理水平的提高。

第四节 导游职业风险与防范措施

一、导游的职业风险

（一）职业病风险

长时间站立和行走可能导致导游出现脚部和腰部不适。由于导游工作性质的特殊性，他们通常需要长时间站立在一个地方，或者在不同的景点之间来回走动，导致脚部和腰部肌肉长时间处于紧张状态。长期以来，这种工作姿势可能导致脚踝、膝盖和腰椎等部位的疼痛和不适，严重时可能发展成为关节炎或腰椎间盘突出等疾病。

频繁的讲解工作可能导致导游出现声带疾病。作为导游，他们需要频繁地讲解景点的历史、文化和风土人情等信息，而长期高强度的声音使用可能导致声带疲劳和声带小结，甚至引发嗓子疼痛、声音嘶哑等症状。如果长期忽视声音保护，可能导致声带损伤，严重影响讲解工作的进行。

导游工作中需要频繁应对各种气候和环境变化，可能导致导游出现感冒、咽喉炎等呼吸道疾病。特别是在季节交替、气候多变的情况下，导游很容易受到外界环境的影响，容易感冒或患上咽喉炎等呼吸道疾病。如果不及时治疗和调整工作状态，可能导致疾病加重，影响工作和生活质量。

导游长期工作在户外，可能会受到紫外线辐射的影响，导致皮肤问题。在夏季高温时，导游长时间暴露在阳光下，容易导致皮肤晒伤、脱皮等问题。长期紫外线照射还可能增加患皮肤癌的风险。导游应该注意做好防晒措施，避免长时间暴露在阳光下。

（二）心理健康问题

导游作为旅游服务的重要组成部分，承担着向游客传递信息、解释文化、疏导情绪等多种责任。由于工作特点和环境复杂性，导游容易面临一系列心理健康问题。这些问题可能对导游个人的生活和工作产生负面影响，甚至影响到游客的体验和旅游业的正常运营。关注并解决导游的心理健康问题，对于提升旅游服务质量和保障导游个人健康至关重要。

导游工作的高度紧张和压力大是导致心理健康问题的主要原因之一。导游通常需要长时间工作、长途跋涉，面对各种突发情况需要快速应对，这些工作特点都会给导游带来较大的压力。例如，导游需要面对不同文化背景的游客，需要不断适应和调整自己的工作方式和沟通方式，这种心理负荷是非常大的。导游的工作时间和生活时间往往没有明显的界限，长期紧张的工作状态容易导致导游的心理疲劳和压力积累，进而引发焦虑、抑郁等心理健康问题。

导游需要与不同背景、不同文化的游客进行交流和互动，需要处理各种各样的人际关系问题。例如，导游需要照顾到每位游客的情绪和需求，需要平衡好游客之间的关系，这种工作压力和人际关系问题容易引发导游的情绪波动和心理压力。导游还需要与旅行社、景区管理部门等多方面合作，需要协调各方利益，这也增加了导游的工作压力和心理负担。

导游工作环境复杂多变，可能会面临一些安全风险和意外情况，如交通事故、自然灾害等。这些突发事件往往会给导游带来较大的心理冲击和压力，导游需要在紧急情况下冷静应对，这对导游的心理素质和应急能力提出了较高的要求。导游长期工作在旅途中，可能会感到孤独和压抑，这种长期的心理压力也会对导游的心理健康产生负面影响。

导游工作中的缺乏认可和职业发展空间也是导致心理健康问题的重要原因之一。导游的工作往往被认为是一种临时性和边缘性工作，缺乏社会认可和尊重，导游往往感到自己的工作价值和意义受到质疑。导游的职业发展空间有限，晋升和提升的机会较少，这也会导致导游产生职业压力和心理负担。

二、导游的风险防范措施

（一）合理安排作息

导游是旅行团队的领头人，负责组织、引导游客游览各地景点，并提供相关的解说和服务。由于工作性质的特殊性，导游的工作时间通常较长，而且需要经常面对复杂的工作环境和不确定的工作任务。合理安排导游的作息时间至关重要，不仅关系到导游个人的健康和工作效率，也直接影响到游客的游览体验和旅行质量。以下将探讨如何合理安排导游的作息时间，以确保其身心健康，提高工作效率。

在旅行团队的行程中，通常会安排早上出发、中午休息、下午继续游览、晚上返回住宿地点的时间安排。导游应根据行程合理安排自己的作息时间，确保早上能够及时集合并出发，中午和晚上能够为游客提供必要的服务和解说。

导游的作息时间还应考虑到旅行途中可能出现的意外情况。在旅行途中，可能会出现交通延误、天气变化等情况，导致原定行程无法按时完成。导游应有足够的心理准备和应对措施，能够灵活调整行程安排，并及时向游客解释和沟通，避免因意外情况而影响整个旅行的进行。

长时间的工作和高强度的工作任务可能会对导游的身体和心理产生一定的压力和负担。导游应安排适当的休息时间，避免长时间连续工作，保持良好的作息习惯和心态，提高自身的抗压能力和工作效率。

在合理安排导游的作息时间时，还应考虑到导游的个人爱好和生活需求。导游也是普通人，有自己的家庭、朋友和社交圈子。合理安排作息时间，既能保证工作的顺利进行，又能兼顾个人生活的需求，有助于导游保持良好的工作状态和生活质量。

（二）心理风险的防范

1. 心理健康管理

导游需要具备良好的心理素质和应对能力。由于导游工作的特殊性，他们需要面对各种不同文化背景和心理特点的游客，需要处理各种突发事件和问题。导游需要具备良好的心理素质，如耐心、细心、善于沟通和应对压力的能力。同时，导游还需要学会有效的应对方法，如积极乐观地面对问题，保持良好的心态和情绪。

由于导游工作的性质，他们经常需要长时间工作，工作强度较大。导游需要合理安排工作和休息时间，保持充足的睡眠和饮食，保持良好的身心状态。在工作之余，导游还可以通过运动、阅读、旅行等方式放松身心，缓解工作压力，保持心理健康。

在工作中，导游可能会遇到各种挑战和困难，如游客的不满意、意外事件等，容易引发负面情绪。导游需要学会有效地管理自己的情绪，如通过深呼吸、放松训练等方法缓解紧张和焦虑情绪，保持情绪稳定和积极向上。

导游还可以通过培养兴趣爱好、建立良好的人际关系等方式提升心理健康水平。例如，导游可以参加一些兴趣小组或社交活动，扩大社交圈子，增加社交支持，减轻工作压力。同时，导游还可以通过学习新知识、提升自身能力，增强自信心和成就感，提升心理健康水平。

2. 压力释放

导游可以通过良好的工作计划和时间管理来释放压力。合理安排工作和休息时间，避免长时间连续工作，有助于减轻工作压力。导游可以将工作任务分解为小部分，逐步完成，避免一次性承担过多任务导致压力增大。导游还可以制定每日、每周的工作计划，合理安排各项工作，提高工作效率，减轻工作压力。

导游可以通过运动和锻炼来释放压力。运动可以促进身体的血液循环，增强体质，缓解身体疲劳，改善心情。导游可以选择适合自己的运动方式，如慢跑、游泳、健身等，每天坚持一定的运动时间，有助于释放压力，保持身心健康。

保持良好的生活习惯，如规律作息、合理饮食、戒烟限酒等，有助于维持身体健康，减轻身体负担，缓解压力。导游还可以通过饮食调理来缓解压力，如多吃新鲜蔬菜水果、适量摄入高蛋白食品等，有助于提高身体抵抗力，缓解压力。

面对工作和生活中的困难和挑战，导游可以保持积极乐观的心态，正视问题，勇于面对，寻求解决问题的方法。同时，导游还可以通过与同事、朋友的交流和沟通，倾诉内心的困扰，寻求心理疏导和支持，释放内心的压力，保持良好的心理状态。

第六章 导游的法律与伦理

第一节 导游行业的法律法规

一、导游法律法规的历史沿革

（一）早期法律法规

法律法规对于早期导游行业的发展和规范至关重要。导游是旅游业的重要组成部分，法律法规对其行为和服务进行约束和规范，以确保其能够提供高质量的服务，维护游客的合法权益。法律法规的制定和实施，有助于提升导游的职业素养和服务质量，促进旅游业的健康发展。

导游在带团过程中不仅是文化的传播者，更是法律法规的执行者和维护者。法律法规要求导游在工作过程中必须具备一定的职业素养和法律知识，能够有效应对各种突发状况，确保旅游活动的顺利进行。通过法律法规的约束，可以有效防止导游在带团过程中出现不当行为，保障游客的安全和利益。

导游的工作环境和工作性质决定了他们需要面对各种复杂的情况，这就要求导游必须具备较强的法律意识。法律法规的教育和培训能够帮助导游增强法律意识，提高他们的自我保护能力，同时也能帮助他们更好地保护游客的权益。法律法规的普及和宣传，对于提升导游的法律素养，促进旅游业的规范化发展具有重要意义。

导游在日常工作中常常需要处理与游客的纠纷和矛盾，法律法规对此提供了明确的指导和规范。法律法规规定了导游与游客之间的权利和义务，明确了纠纷处理的程序和方法，从而有效避免了因处理不当而导致的更大矛盾。通过法律法规的约束，可以规范导游的行为，确保他们在处理纠纷时能够依法行事，维护各方的合法权益。

法律法规对导游的培训和资质认证也有着严格的要求。导游必须经过系统的培训和考核，取得相应的资格证书后方可上岗。法律法规对导游的资质认证和管理提出了明确的规定，确保导游具备专业的知识和技能，能够为游客提供优质的服务。通过法律法规的规范，可以提升导游的整体素质，促进导游行业的健康发展。

同时，导游的职业道德和服务规范也是法律法规的重要内容。法律法规对导游的职业道德和服务规范提出了明确的要求，导游在工作过程中必须遵守相应的职业道德规范，为游客提供优质的服务。通过法律法规的约束，可以有效防止导游在工作过程中出现不当行为，保障游客的合法权益，提升旅游业的服务质量和形象。

法律法规对导游的权利和义务也进行了详细的规定。导游在履行职责的过程中，享有一定的权利，同时也需要履行相应的义务。法律法规通过明确导游的权利和义务，可以有效保障导游的合法权益，促进导游行业的规范化发展。同时，法律法规对导游的义务提出了明确的要求，确保导游能够依法履行职责，提供高质量的服务。

接下来，导游行业的法律法规也在不断完善和发展。随着旅游业的快速发展，导游行业面临着新的挑战和机遇，法律法规的完善和发展对于导游行业的规范和发展具有重要意义。法律法规的不断完善发展，可以适应导游行业的发展需要，解决导游行业面临的新问题，推动导游行业的持续健康发展。

法律法规的实施和执行是导游行业规范发展的重要保障。法律法规的制定和实施需要各方的共同努力，只有通过严格的执行和监督，才能确保法律法规的有效实施。法律法规的执行和监督，可以有效规范导游的行为，维护旅游市场的秩序，保障游客的合法权益，促进导游行业的规范化发展。

导游行业的法律法规不仅需要政府的推动和落实，也需要社会各界的支持和配合。法律法规的有效实施，离不开社会各界的共同努力和参与。政府、行业协会、导游从业者以及广大游客，都应该共同参与到法律法规的宣传和落实中来，共同推动导游行业的规范化发展。通过社会各界的共同努力，可以有效提升导游的职业素养和服务质量，促进旅游业的健康可持续发展。

（二）现代法律法规的演变

自20世纪以来，旅游业在全球范围内迅速发展，导游这一职业也随之兴起。伴随着行业的兴盛，导游法律法规不断完善。早期的导游活动主要依赖口头协议和简易合同，缺乏系统性的法律保障，导致许多纠纷得不到有效解决。

进入20世纪中期，随着旅游业的规模扩大，各国开始意识到导游行业的重要性，纷纷制定相关法规。比如，在欧洲，一些国家率先实施了导游资质认证制度，要求导游必须通过专业考试并获得执业证书才能执业。这种规范化管理不仅提高了导游的专业水平，也提高了游客的信任度。

随后，亚洲和美洲等地也相继效仿，推出了各自的导游管理法规。在亚洲，以中国为例，1987年出台的《中华人民共和国旅游法》是中国第一部专门针对旅游业的法律，其中明确规定了导游的职责和权利。此后，中国在1999年又颁布了《导游人员管理办法》，进一步细化了导游执业的具体要求和行为规范。

再来看美国，美国的导游法律法规相对分散，各州有各自的规定。尽管缺乏全国统一的标准，但一些州如加利福尼亚和纽约率先制定了严格的导游执业标准，要求导游必须通过州政府认证并持有有效证件方可执业。这种分州管理的模式虽然有一定的局限性，但也体现了地方政府在导游管理上的积极性和灵活性。

国际旅游组织也开始关注导游职业的规范化。世界旅游组织（UNWTO）在其发布的多项指导文件中，都强调了导游在旅游业中的重要角色，并呼吁各国制定统一的导游标准。UNWTO的建议在一定程度上推动了各国导游法规的逐步完善和国际化。

进入21世纪，信息技术的飞速发展给导游行业带来了新的挑战和机遇。电子导游、虚拟导游等新兴形式开始出现，传统的导游模式受到冲击。面对这种变化，各国政府在制定导游法规时，也开始考虑如何应对科技带来的影响。例如，中国在2021年修订的《旅游法》中，增加了对电子导游的规范，明确了其法律地位和服务标准。

旅游行业的国际化趋势越来越明显，各国在导游管理上也逐渐趋同。欧盟出台了《导游指令》，旨在统一成员国之间的导游认证标准和从业规定。这一指令不仅提升了导游的跨国流动性，也为其他地区提供了借鉴。

疫情期间，全球旅游业遭受重创，导游行业也面临前所未有的困境。各国政府纷纷出台临时性法规，以帮助导游和旅游企业渡过难关。例如，意大利政府在2020年发布了一系列紧急措施，包括对导游提供经济补助和培训支持，帮助他们提升技能，以适应疫情后的市场需求。

同时，疫情也促使人们重新思考导游法律法规的完善方向。许多专家建议，未来的导游法规应更加关注导游的职业保障和权益保护，如建立健全的社会保险体系，提高导游的收入水平，确保其面对突发事件时能够获得及时的支持。

在环境保护意识日益增强的今天，导游作为旅游活动的重要参与者，其环保责任也逐渐被纳入法律法规的范畴。许多国家在修订导游法规时，都加入了生态旅游和可持续发展的内容，要求导游在带团过程中必须遵守环保规定，积极倡导绿色旅游理念。

展望未来，随着全球旅游业的进一步发展，导游法律法规的演变将继续朝着更加完善和人性化的方向发展。科技的进步、社会的变化以及国际合作的加强，都将为导游法律法规的创新提供新的动力。只有通过不断地完善和适应，导游行业才能在激烈的市场竞争中立于不败之地。

二、导游行业相关法律法规

（一）《中华人民共和国旅游法》

《中华人民共和国旅游法》旨在促进旅游业的健康发展，保护旅游者和旅游经营者的合法权益，维护旅游市场秩序，提升旅游服务质量。该法律对旅游活动中的各方主体的权利和义务进行了详细规定，以保障旅游活动的有序进行。

法律明确规定了旅游者的权利。旅游者在旅游活动中有权获得安全保障，有权要求旅游经营者提供符合标准的旅游服务，有权知晓旅游行程的具体安排和收费标准。法律还规定，旅游者有权在遭遇突发事件或意外情况时获得及时救助和合理赔偿。

旅游者也被赋予了一系列义务。旅游者在享受权利的同时，应当遵守旅游地的法律法规，尊重当地的风俗习惯，不得损坏旅游资源和设施。旅游者在旅游过程中应听从导游和领队的安排，配合旅游经营者的工作，以确保旅游活动的顺利进行。

法律对旅游经营者的职责作了明确规定。旅游经营者应依法经营，保证所提供的旅游服务符合国家规定的标准，不得虚假宣传、强制消费或欺骗旅游者。法律要求旅游经营者必须购买相应的保险，以保障旅游者在遭遇意外时能够获得及时赔偿。

旅游经营者在提供服务时，必须确保导游和领队的资质和素质符合要求。导游和领队是旅游服务的重要组成部分，他们的专业素质和服务水平直接影响到旅游者的体验。法律规定，导游和领队必须经过专业培训和考核，取得相应的资格证书，方可上岗。

法律对旅游市场的监管进行了详细规定。国家旅游行政部门负责对全国旅游市场的监管，地方旅游行政部门负责本地区旅游市场的监督管理。法律赋予旅游行政部门对违法行为进行查处的权力，并规定了相应的处罚措施。

为了保证旅游市场的健康发展，法律还对旅游协会的作用作了明确规定。旅游协会应在政府的指导下，发挥行业自律作用，制定行业规范和标准，协调会员之间的关系，维护旅游市场的秩序。

法律还特别强调了旅游安全的重要性。旅游经营者必须建立健全安全管理制度，对旅游设施进行定期检查和维护，确保其安全性。法律规定，旅游经营者应为旅游者购买旅游意外保险，并在发生突发事件时，及时组织救援和处置。

法律对旅游投诉和纠纷处理机制作了规定。旅游者在遭遇旅游服务质量问题或其他权益受到侵害时，可以向旅游经营者投诉，也可以向旅游行政部门或消费者协会投诉。法律要求相关部门在接到投诉后，应及时调查处理，保障旅游者的合法权益。

法律还规定了旅游经营者的诚信义务。旅游经营者应当诚信经营，不得虚假宣传，不得以低价吸引旅游者后再强制消费或额外收费。法律对这种不诚信行为制定了相应的处罚措施，以规范旅游市场秩序。

为了保护旅游资源，法律对旅游资源的开发和利用作了详细规定。法律规定，旅游资源的开发应当遵循可持续发展的原则，保护生态环境，避免对旅游资源的过度开发和破坏。法律还对旅游景区的管理提出了具体要求，要求景区管理者采取有效措施，保护景区内的自然和人文景观。

法律对国际旅游合作也作了规定。法律鼓励旅游经营者积极参与国际旅游合作，开展国际旅游交流，提升我国旅游业的国际竞争力。法律还要求相关部门加强对出境旅游的管理，保障我国公民在境外的合法权益。

法律对法律责任作了详细规定。对违反本法规定的行为，法律规定了相应的处罚措施，包括罚款、吊销营业执照等。法律还规定，旅游者、旅游经营者及其他相关人员在旅游活动中因故意或过失造成他人损害的，应当依法承担赔偿责任。

（二）《导游人员管理条例》

《导游人员管理条例》是规范导游行业的重要法律文件，旨在提升导游人员的职业素养，保障游客的合法权益。这部条例明确了导游人员的资质要求，规定导游必须经过系统的培训和考核，取得导游证后方可执业。通过这种严格的资质管理，可以确保导游具备必要的知识和技能，为游客提供专业、高质量的服务。

条例对导游的行为规范进行了详细规定，强调导游在工作中必须遵守职业道德和法律法规。导游在带团过程中，必须诚信服务，不得以任何形式欺诈或误导游客。这种行为规范的制定，有助于提高导游的职业道德水准，避免因导游的不当行为导致游客权益受损。

条例规定了导游的权利和义务，明确导游在工作中享有一定的权益，同时也需要履行相应的职责。导游有权拒绝游客提出的不合理要求，但同时必须提供优质的服务，保障游客的合法权益。通过这种权利和义务的明确划分，可以平衡导游与游客之间的关系，促进双方的良好互动。

条例对导游的服务质量提出了具体要求，规定导游必须提供符合标准的讲解和服务。导游在带团过程中，应当根据游客的需求，提供准确、详尽的讲解，帮助游客更好地了解旅游景点的历史、文化和风景。这种服务质量的要求，有助于提升导游的专业水平，增强游客的旅游体验。

值得注意的是，条例还对导游的执业行为进行了监督和管理。相关部门对导游的执业行为进行定期检查和考核，发现问题及时处理。通过这种监督和管理，可以确保导游在工作中遵守职业规范，维护旅游市场的秩序。

条例对导游的培训和继续教育也提出了明确要求。导游必须定期参加培训和继续教育，不断更新知识，提升专业能力。这种培训和继续教育的要求，可以帮助导游保持较高的专业水准，适应旅游市场的不断变化。

条例还规定了对违规导游的处罚措施。对于违反职业规范和法律法规的导游，相关部门将采取相应的处罚措施，包括警告、罚款、暂停执业资格等。通过这种严格的处罚措施，可以有效遏制导游的不当行为，维护游客的合法权益。

条例也对导游协会的作用进行了明确。导游协会作为行业自律组织，负责制定行业标准，组织培训，调解纠纷等。通过发挥导游协会的作用，可以更好地规范导游行业的发展，提升导游的整体素质。

条例还强调了导游在保护游客安全方面的责任。导游在带团过程中，应当高度重视游客的安全，采取必要的措施防范各种安全风险。通过这种责任的明确，可以增强导游的安全意识，保障游客的旅行安全。

在条例中，还涉及导游在维护环境方面的职责。导游在带团过程中，应当教育和引导游客爱护环境，遵守景区的环境保护规定。这种环境保护的责任，有助于促进可持续旅游的发展，保护自然资源和文化遗产。

导游在遇到突发事件时，应当冷静应对，迅速采取措施保障游客的安全，并及时向相关部门报告。这种紧急情况处理的规定，可以提高导游的应急处理能力，保障游客在突发事件中的安全。

导游与旅游企业应当签订合法的劳动合同，明确双方的权利和义务。通过这种合同关系的规范，可以保障导游的合法权益，促进旅游企业的规范管理。

相关部门应当为导游提供职业发展机会，鼓励导游通过继续教育和职业资格考试提升自身能力。通过这种职业发展的支持，可以激发导游的工作积极性，提升整个行业的专业水平。

游客对导游的服务不满意，可以向相关部门投诉，部门将根据规定进行调查和处理。通过这种投诉处理机制，可以有效维护游客的合法权益，促进导游的服务质量提升。

导游应当获得合理的劳动报酬，相关部门应当督促旅游企业按时足额支付导游的工资。通过这种薪酬待遇的保障，可以改善导游的工作条件，提升他们的工作积极性。

条例对导游的执业环境也进行了规范。导游在工作过程中，应当享有良好的工作环境，旅游企业应当提供必要的工作条件和设备。通过这种执业环境的规范，可以提升导游的工作效率，改善他们的工作体验。

条例还对导游的职业道德教育提出了要求。导游应当接受系统的职业道德教育，树立正确的职业观和服务观。通过这种职业道德教育，可以提高导游的职业素养，促进旅游行业的健康发展。

条例对导游的权益保护也有详细规定。导游在工作中受到不公正待遇或侵害时，有权向相关部门投诉和求助，部门应当及时处理，保障导游的合法权益。通过这种权益保护的规定，可以增强导游的法律意识和自我保护能力。

条例还对导游的法律责任进行了明确。导游在工作中违反法律法规，给游客或旅游企业造成损失的，应当承担相应的法律责任。通过这种法律责任的明确，可以规范导游的行为，防止不当行为的发生。

导游在工作中应当保持良好的心理状态，旅游企业应当关注导游的心理健康，提供必要的心理辅导和支持。通过对这种心理健康的关注，可以提升导游的工作质量，促进他们的职业发展。

在条例中，还涉及导游的职业荣誉和奖励机制。对于表现优秀的导游，相关部门和旅游企业应当给予表彰和奖励。通过这种职业荣誉和奖励机制，可以激发导游的工作积极性，树立行业榜样。

条例还对导游行业的发展提出了长远规划。相关部门应当根据旅游市场的发展变化，制定导游行业的发展规划，推动导游行业的规范化、专业化和国际化发展。通过这种长远规划，可以引导导游行业健康有序发展，提升旅游业的整体水平。

第二节　导游职业伦理与道德规范

一、导游职业伦理的基本原则

（一）诚信服务原则

在旅游行业中，导游的诚信服务原则至关重要，它不仅关乎导游自身的职业道德，也直接影响着游客的旅游体验和行业的发展。导游应当秉持诚信为本的服务理念，为游客提供专业、真诚、可靠的导游服务。

导游的第一责任是为游客提供准确、全面的信息。导游应当具备丰富的知识和专业技能，对景点的历史、文化、风土人情等了如指掌，并能够清晰、生动地向游客传递这些信息。只有确保信息的准确性和完整性，才能让游客获得真正的旅游体验。

诚信服务的核心在于真诚待人。导游应当真诚对待每一位游客，倾听他们的需求和意见，并尊重他们的文化和习俗。在交流中保持真诚和友善，建立起良好的互信关系，这不仅能提升游客的满意度，也有利于导游的职业形象和口碑传播。

导游应当保证游览行程的安全和顺利进行。他们需要具备应急处理能力，能够在突发情况下冷静应对，并及时妥善处理各种意外事件。保障游客的人身安全和财产安全是导游义不容辞的责任，也是诚信服务的重要体现。

导游应当尊重游客的个人隐私和权利。在旅游过程中，导游应当保护游客的个人信息，不得擅自泄露或滥用。同时，导游也应当尊重游客的选择和意愿，不强行推销商品或服务，不进行不当引导，确保游客的权益不受侵犯。

诚信服务还包括对待景点、文物等公共资源的尊重和保护。导游应当引导游客文明游览，不随意破坏景点环境和文物，不进行任何形式的破坏性行为。同时，积极倡导环保意识，促进可持续旅游发展，为后人留下美好的旅游资源。

导游应当勇于正义，不违法乱纪。他们应当严格遵守法律法规，不参与非法活动，不违规收取费用，不与不法分子勾结。只有遵纪守法，才能够保障旅游秩序的良好和行业的可持续发展。

诚信服务还意味着导游应当勇于承担责任。当出现问题或者纠纷时，导游应当及时妥善解决，不逃避责任，不推卸责任。他们应当以诚实守信的态度面对问题，并为解决问题而努力，以维护行业形象和信誉。

导游应当不断提升自身的专业素养和服务水平。他们应当持续学习行业知识，积极参加培训和考核，不断提高自己的导游技能和服务质量。导游只有不断提升专业水平，才能够更好地为游客提供优质的服务。

诚信服务的实现需要导游与旅行社、景区等相关方的密切合作。导游应当与旅行社保持良好的沟通，共同制定诚信服务的标准和规范，并共同维护旅游市场的秩序。只有导游与旅行社、景区等相关方形成良性互动，才能够共同推动旅游业的健康发展。

（二）公平公正原则

导游是旅游活动中的重要角色，他们的行为举止直接影响到旅游者的体验和对目的地的认知。导游公平公正原则的确立对于维护旅游市场秩序、保障旅游者权益至关重要。

导游公平公正原则要求导游在服务过程中公正对待所有的旅游者，不偏袒、不歧视。导游应当平等地对待每一位旅游者，不因个人好恶或其他因素对旅游者产生偏见，确保旅游者在旅途中能够得到公正的对待和服务。

导游公平公正原则要求导游在提供解说服务时客观、准确、全面。导游应当对旅游目的地的历史、文化、风土人情等方面进行客观介绍，不夸大事实、不虚构内容，确保旅游者获得真实、可靠的信息，增强旅游体验的质量和深度。

导游公平公正原则还要求导游在旅游过程中应当维护旅游者的合法权益。导游应当为旅游者提供必要的帮助和支持，如解答疑问、协助解决问题等，确保他们的安全和舒适。导游还应当尊重旅游者的个人隐私和意愿，不得擅自侵犯其权益。

导游应当保持良好的职业操守，不得利用职务之便谋取私利，不得向旅游者推销与旅游无关的商品或服务，不得参与任何违法违规活动。

导游应当按照合理、公开、透明的原则收取服务费用，不得以任何形式向旅游者索取额外费用，不得强制要求购买旅游景点内的商品或服务，确保旅游者的权益不受侵犯。

导游公平公正原则还要求导游在服务中应当尊重旅游目的地的文化和习俗。导游应当遵守当地的法律法规和风俗习惯，不得做出侮辱当地居民或破坏当地环境的行为，保持良好的形象，为旅游目的地的文明旅游做出贡献。

导游应当具备扎实的专业知识和丰富的导游经验，能够准确地向旅游者介绍景点信息，并回答他们的提问。导游还应当具备良好的沟通能力和服务意识，以提供更优质的导游服务。

导游公平公正原则强调导游在处理旅游纠纷和投诉时应当公正、客观、及时。导游应当认真对待旅游者的投诉和意见，积极协助解决问题，保障旅游者的合法权益，维护旅游市场的秩序和形象。

二、导游职业道德规范

（一）诚信待客

导游职业中，诚信待客是核心原则之一。这不仅关乎导游个人的职业道德，也直接影响游客的体验和旅游行业的整体声誉。导游作为游客的直接服务提供者，其言行举止直接反映了一个国家和地区的形象。诚信待客是导游不可或缺的职业素养。

导游应秉持诚信原则，提供准确的信息。旅游信息的准确性对游客来说至关重要。无论是景点介绍、历史文化背景，还是交通住宿等实用信息，导游都应确保信息的真实、准确。避免夸大其词或隐瞒真相，以免误导游客。只有当游客感受到导游提供的信息可信且有价值时，他们才会对整个行程产生信任感。

透明的收费和服务标准是诚信待客的重要表现。导游应明码标价，避免隐性收费或随意加价。游客在选择旅游服务时，通常希望费用公开透明，并且所付出的费用与享受到的服务相匹配。任何形式的不合理收费都可能引发游客的不满和投诉，甚至损害导游的职业声誉。导游应严格按照合同规定收费，并主动告知游客可能产生的额外费用。

导游在接待游客时应以诚相待，保持友好和耐心的态度。面对不同文化背景、不同性格的游客，导游需要展现出高度的包容和理解。无论游客提出什么样的问题或要求，导游都应尽力解答和满足，而不是敷衍了事或表现出不耐烦。友好的服务态度不仅能够提升游客的满意度，还能增强他们对导游的信任和好感。

导游在推广购物和消费时应避免误导行为。在一些旅游目的地，购物是旅游行程的一部分，导游可能会推荐一些特产店或购物点。导游应坚持推荐正规、有信誉的商家，并如实介绍商品的优缺点。绝不能为了拿取回扣而诱导游客购买价格虚高或质量不佳的商品。这样的行为不仅有损导游的职业道德，也容易引发游客的强烈反感，甚至投诉。

接着，导游应严格遵守职业操守，不利用职务之便谋取私利。在带团过程中，导游可能会接触到各种利益诱惑，比如景区的优惠、商家的回扣等。导游应时刻警醒，坚守职业道德底线，不贪图眼前小利而损害游客的利益。只有做到廉洁自律，才能赢得游客的尊重和信任，树立良好的职业形象。

导游在处理突发事件时，应展现出诚信和责任感。旅游过程中难免会遇到一些意外情况，如交通延误、天气变化或游客突发疾病等。这时，导游应保持冷静，及时告知游客真实情况，并积极寻求解决方案。逃避责任或隐瞒真相不仅会加剧事态严重性，还可能引发游客的恐慌和不满。导游应以诚信为基石，勇于担当，妥善处理各种突发事件，确保游客的安全和利益不受损害。

导游应注重与游客的沟通和反馈。良好的沟通是建立信任的基础，导游应主动倾听游客的意见和建议，并及时调整和改进服务。对于游客的投诉和不满，导游应以诚恳的态度认真对待，查找原因并采取有效措施改进。通过积极的沟通和反馈，导游不仅能提升服务质量，还能增进与游客的信任和理解。

导游在提供服务时应始终以游客的需求为中心。无论是在制定行程、选择景点还是安排活动，导游都应充分考虑游客的兴趣和需求，而不是单纯地追求自己的利益或方便。只有以游客为导向，才能提供真正优质的服务，满足游客的期待。

导游应保持专业形象和素养。导游不仅是信息的传递者，更是文化的传播者和形象的代表。在服务过程中，导游应注意自己的言行举止，保持专业的形象和高水平的职业素养。通过良好的个人形象和专业素养，导游可以给游客留下深刻而积极的印象，增加他们对旅游目的地的好感。

进一步说，导游应积极提升自身的专业知识和技能。旅游行业日新月异，导游需要不断学习和更新知识，掌握最新的旅游信息和服务技巧。只有具备丰富的专业知识和过硬的服务技能，导游才能应对各种复杂的服务需求，提供高质量的服务。

（二）尊重游客

在旅游业中，导游与游客的关系至关重要。一个优秀的导游不仅需要丰富的知识和流利的口才，更需要对游客表现出足够的尊重。这种尊重不仅体现在言语上，还体现在行动中。在整个旅行过程中，导游需要时时刻刻关注游客的需求和感受，以确保他们的旅行体验愉快而难忘。

导游的第一要务是了解和尊重游客的文化背景。不同的游客可能来自不同的国家和地区，拥有各自独特的文化和习俗。导游在与游客交流时，必须表现出对这些文化背景的尊重。例如，某些文化中，触摸头部可能被认为是不敬的行为，而在另一些文化中，拍照时需要特别注意隐私问题。导游在带领游客参观时，应该提前了解并尊重这些文化差异，以避免任何可能的误会和冲突。

导游还应尊重游客的个人时间和隐私。虽然导游的职责是引导和讲解，但并不意味着要时刻干扰游客的私人时间。在旅行过程中，导游应该适时安排自由活动时间，让游客可以根据自己的兴趣和喜好安排活动。这不仅让游客有更多的自主权，也能使他们更加享受旅行的乐趣。导游在尊重游客个人时间的同时，还应适时提供帮助和建议，以确保游客在需要时能够得到及时的支持。

导游在处理突发事件时，也需要表现出对游客的尊重和关怀。在旅游过程中，难免会遇到一些突发情况，如天气变化、交通问题或游客突发疾病等。导游在面对这些情况时，应首先考虑游客的安全和感受，及时采取措施解决问题，并保持冷静和专业的态度。例如，如果游客在旅行中突然生病，导游应迅速安排就医，并提供必要的安慰和支持。这种关怀和体贴的态度，能够让游客感受到导游的尊重和关爱，从而提升他们的旅行体验。

导游在讲解景点时，也应注意语气和态度，以体现对游客的尊重。在讲解过程中，导游应尽量使用简洁明了的语言，避免使用专业术语或过于复杂的表达方式，以确保所有游客都能理解。导游在讲解时应保持适当的语速和音量，避免过快或过慢，或音量过大或过小，以确保每一位游客都能清楚地听到和理解。导游还应注意与游客的互动，通过提问和回应，增强游客的参与感和兴趣。

在处理与游客的关系时，导游应始终保持礼貌和耐心。游客在旅行中可能会提出各种各样的问题，有些问题可能重复或琐碎，但导游应始终耐心解答，避免表现出不耐烦或厌烦的情绪。导游应以尊重和关怀的态度对待每一位游客，通过真诚的交流和沟通，建立良好的互动关系。这不仅有助于解决问题，也能增强游客对导游的信任和好感。

导游在安排旅游行程时，也应充分考虑游客的需求和偏好。每一位游客的兴趣和喜好各不相同，有些游客可能喜欢参观历史文化景点，有些则更喜欢自然风光和户外活动。导游在设计行程时，应尽量考虑到不同游客的需求，安排多样化的活动和景点，以满足各类游客的兴趣。同时，导游应灵活应变，根据实际情况调整行程安排，以确保每一位游客都能享受到满意的旅行体验。

在团队旅行中，导游还应注重团队合作和氛围的营造。一个良好的团队氛围不仅有助于提高旅行的愉悦度，也能增强游客之间的互动和交流。导游应通过各种方式，如组织小游戏、集体活动等，促进团队成员之间的了解和友谊。同时，导游还应关注每一位游客的情绪变化，及时发现并解决可能存在的问题，确保团队的和谐和愉快。

导游在工作中，也需要不断学习和提升自己的专业能力。旅游业是一个不断变化和发展的行业，导游需要不断更新自己的知识和技能，以适应新的旅游趋势和需求。通过参加培训、阅读相关书籍和资料，导游可以提高自己的专业水平和服务质量，从而更好地服务游客。导游还应积极听取游客的反馈和意见，通过总结经验，不断改进和优化自己的服务。

尊重游客的需求和意见，也是导游工作的重要组成部分。游客在旅行中可能会提出各种建议和意见，导游应以开放的心态接受和倾听。无论这些建议和意见是否符合实际，导游都应认真对待，并尽量满足游客的合理需求。这不仅能提高游客的满意度，也有助于导游了解和改进自己的工作。通过积极的沟通和反馈，导游可以更好地了解游客的需求，从而提供更加优质的服务。

导游还应注重自身的形象和礼仪，以赢得游客的尊重和信任。导游是游客在旅行中的向导和代表，导游的形象和行为直接影响游客对整个旅行的印象。导游应时刻注意自己的仪表和行为，保持良好的形象和礼仪。无论是在言谈举止还是在待人接物方面，导游都应表现出专业和礼貌，以赢得游客的好感和信任。

导游在处理突发情况时，也应展现出灵活应变的能力和专业素养。在旅游过程中，难免会遇到一些意外情况，如天气恶劣、交通堵塞等，这时导游需要迅速做出反应，调整行程安排，以确保游客的安全和旅行体验。例如，如果遇到突发恶劣天气，导游应迅速通知游客，并根据具体情况调整行程，安排室内活动或寻找避险场所。这种灵活应变的能力，不仅能保证旅行的顺利进行，也能让游客感受到导游的专业和可靠。

在与游客的互动中,导游还应注意倾听和理解游客的需求和感受。每一位游客都有自己的兴趣和偏好,导游在与游客交流时,应认真倾听他们的意见和建议,了解他们的需求和期待。通过与游客的沟通,导游可以更好地了解他们的喜好,从而提供更个性化和贴心的服务。例如,有些游客可能对某些特定景点或活动特别感兴趣,导游可以根据他们的需求,适当调整行程安排,满足他们的期待。

导游在组织团队活动时,也应注重团队成员的均衡和公平。每一位游客都是旅行团队的一部分,导游在安排活动和分配资源时,应尽量做到公平和均衡,避免偏袒或忽视某些游客。例如,在分配座位或安排住宿时,导游应考虑到每一位游客的需求和感受,尽量做到公平合理。通过这种方式,导游可以增强团队的凝聚力和和谐度,提升整个团队的旅行体验。

导游还应注重游客的安全和健康。在旅游过程中,导游需要时刻关注游客的安全,确保他们在参观和活动中的安全。例如,在进行户外活动时,导游应提前检查活动场地的安全性,并向游客讲解安全注意事项。在旅行过程中,如果有游客出现身体不适或突发疾病,导游应及时采取措施,提供必要的帮助和支持。导游的这种责任感和关怀,能够让游客感受到安全和安心,从而更加享受旅行的乐趣。

在与游客的交流中,导游应注重语言的使用和表达方式。导游在介绍景点和讲解历史文化时,应使用简洁明了的语言,避免使用过于专业或复杂的术语。导游还应注意语气和态度,保持友好和亲切,避免使用生硬或不礼貌的语言。例如,在回答游客问题时,导游应耐心细致地解答,避免表现出不耐烦或冷淡的态度。通过这种方式,导游可以与游客进行良好的沟通和互动,增强游客的好感和信任。

导游在提供服务时,也应注重细节和个性化。每一位游客都是独立的个体,他们的需求和期望各不相同。导游在服务过程中,应尽量考虑到每一位游客的个性化需求,为其提供细致入微的服务。例如,在安排饮食时,导游应考虑到游客的饮食习惯和特殊要求,如素食者或有过敏反应的游客,尽量满足他们的需求。通过这种细致入微的服务,导游可以提升游客的满意度和旅行体验。

第三节　导游的义务

一、提供优质服务的义务

导游作为旅游行业的重要一环,其提供优质服务的义务不仅关乎游客的满意度,更是维护行业声誉和促进旅游经济发展的关键。导游在工作过程中,不仅仅是带领游客参观景点，更是需要以多种方式提供高质量的服务。

导游需要具备丰富的专业知识。专业知识不仅包括对其所带领旅游景点的了解，还涉及历史、文化、地理等多方面内容。一个优秀的导游应当能够深入浅出地讲解这些知识，帮助游客更好地理解和欣赏所见所闻。导游的专业素养直接影响到游客的体验，因此在日常工作中不断学习和更新知识是非常必要的。

导游还应具备出色的沟通能力。导游在带团过程中需要与各类游客打交道，不同的游客有不同的需求和期望。一个善于沟通的导游能够有效地与游客互动，及时解答他们的问题，处理各种突发情况，保证整个旅游过程的顺利进行。良好的沟通能力不仅可以增进导游与游客之间的信任和默契，还能提升游客的满意度。

导游的工作本质上是服务行业的一部分，提供优质服务是其应尽的义务。服务意识体现在多个方面，包括对游客的关心、礼貌待人、耐心解答问题等。导游应当站在游客的角度思考问题，尽力满足他们的合理需求，使他们感到宾至如归。服务意识的培养不仅依靠导游个人的职业道德，还需要旅游公司进行相应的培训和管理。

导游还应具有灵活应变的能力。旅游过程中往往会遇到各种意外情况，如天气变化、交通延误、游客突发疾病等。导游需要在面对这些情况时能够迅速反应，采取适当的措施，保障游客的安全和旅行计划的顺利进行。灵活应变能力不仅体现了导游的专业素质，也反映了其对游客的责任心。

导游在带团过程中，往往需要与司机、领队、地接社等多方协作，只有通过良好的团队合作，才能保证旅游活动的顺利进行。团队合作精神不仅要求导游具备良好的沟通能力，还要求其能够尊重他人的工作，积极配合，共同为游客提供优质的服务。

再有，导游还应有强烈的责任感。责任感是导游职业道德的重要组成部分，一个有责任感的导游会认真对待每一位游客，尽力确保他们的安全和愉快体验。责任感的体现不仅在于对工作的认真负责，还在于对游客的关心爱护，尤其是在紧急情况下，导游应当挺身而出，保护游客的利益。

随着旅游市场的不断发展和游客需求的变化，导游需要不断学习新的服务理念和技巧，提升自身的服务水平。导游应当积极参加各类培训和交流活动，与同行分享经验，吸取先进的服务理念和方法，不断完善自身的服务能力。

不同游客有不同的兴趣和偏好，导游应当在服务过程中尽量满足这些个性化需求。例如，有的游客喜欢深度文化体验，有的游客则更倾向于轻松愉快的旅行，导游应当根据不同游客的需求调整服务内容，使每一位游客都能获得满意的旅行体验。

同时，导游还需具备良好的心理素质。导游工作涉及长时间的户外活动和大量的与人交往，常常需要面对各种压力和挑战。导游需要保持良好的心理状态，以积极乐观的态度面对工作中的各种困难和问题。良好的心理素质不仅有助于导游自身的健康和工作表现，也能为游客带来更加愉快的旅行体验。

导游的职业道德体现在多个方面，包括诚信、守时、敬业等。导游应当遵守职业规范，杜绝欺诈、强制购物等行为，以诚实守信的态度对待每一位游客。职业道德的培养不仅需要导游自身的自律，还需要旅游公司和相关部门的监督和管理。

二、维护职业形象的义务

导游在日常工作中承担着多项责任，而维护职业形象是其中极为重要的一部分。这不仅关乎个人的职业发展，也关系到整个行业的声誉。导游需要时刻注意自己的仪表。得体的着装和整洁的外表不仅是对游客的尊重，也是展现职业素养的体现。整齐的衣着可以给游客留下良好的第一印象，增加他们对导游专业性的信任。

导游的言行举止也直接影响到其职业形象。礼貌待人、言辞得体、举止端庄，都是导游应具备的基本素养。在与游客交流的过程中，导游应尽量避免使用不礼貌或带有偏见的言语，以保证沟通的和谐顺畅。同时，导游还应具备较强的语言表达能力和应变能力，能够在各种情况下灵活应对，以维护旅游活动的顺利进行。

导游的职责不仅仅是带领游客参观景点，还包括为他们提供相关的历史文化背景知识。导游需要不断学习和提升自己的专业知识，以便能够回答游客的各种问题，并能深入浅出地为他们讲解景点的独特之处和历史渊源。只有具备扎实的专业知识，导游才能在讲解中游刃有余，从而赢得游客的信赖和赞赏。

热情友好的服务态度不仅能让游客感到宾至如归，还能提升他们对旅游体验的满意度。导游应始终保持积极乐观的心态，以真诚的微笑和热忱的服务迎接每一位游客。同时，导游还需要具备良好的心理素质，能够在面对各种挑战和突发事件时保持冷静，从容应对，确保旅游活动的顺利进行。

遵守法律法规、恪守职业道德，是每一位导游必须遵循的基本准则。导游应自觉抵制各种不正当行为，如强制购物、收取回扣等，坚决维护游客的合法权益。只有做到诚信经营，导游才能赢得游客的尊重和信赖，从而树立良好的职业形象。

在信息时代，导游还需要注重自身的网络形象。随着社交媒体和网络平台的普及，导游的一言一行都可能被记录和传播。导游在网络上的言论和行为也应保持专业和谨慎，以免因不当言论或行为损害个人和行业的声誉。导游应合理使用社交媒体，积极传播正能量，树立积极向上的职业形象。

在带团过程中，导游往往需要与司机、地接人员等其他工作人员紧密合作。良好的团队合作不仅能提高工作效率，还能为游客提供更优质的服务。导游应尊重和理解其他团队成员，互相支持和配合，共同完成旅游任务，从而提升整个团队的形象和服务质量。

第四节 导游服务中的法律风险防范

一、导游服务中的常见法律风险

(一)合同纠纷

合同纠纷在导游服务中时有发生,严重影响了旅游体验和行业声誉。作为旅游服务链条中的重要一环,导游与游客之间的合同关系至关重要。导游服务合同明确了双方的权利和义务,一旦产生纠纷,不仅损害游客的合法权益,也使导游和旅行社面临法律和声誉风险。

导游服务合同的签订和履行是避免纠纷的基础。导游服务合同通常包括旅游行程安排、服务内容、收费标准等详细条款。导游在签订合同前,应确保游客全面了解合同内容,并详细解释各项条款,避免因信息不对称引发的误解和纠纷。在履行合同过程中,导游应严格按照合同约定提供服务,避免擅自变更行程或服务内容,确保合同条款的落实。

行程变更是合同纠纷的常见诱因。旅游行程中可能因天气、交通等不可控因素需要变更行程,此时导游应及时与游客沟通,取得游客的理解和同意。未经游客同意擅自变更行程,会导致游客对导游和旅行社的不满,甚至引发法律纠纷。导游应准备好应急预案,尽量减少变更带来的不便,并在变更后确保提供替代方案或相应补偿。

费用争议也是合同纠纷的一个主要方面。导游服务涉及各种费用,包括交通、住宿、餐饮和门票等,任何费用的变动都可能引发争议。导游在合同中应明确各项费用的标准和支付方式,避免隐性收费或随意加价。费用变动应及时告知游客,并取得游客的书面确认,确保费用透明、合理。对游客提出的费用质疑,导游应耐心解释并提供相关凭证,以化解争议。

服务质量问题也常常引发合同纠纷。游客对导游服务的质量有较高的期待,一旦服务质量不达标,如导游态度冷漠、解说内容不专业或未能按时提供服务等,都会导致游客的不满。导游应提高自身服务意识和专业素养,确保服务质量符合合同约定和游客的期望。在服务过程中,导游应定期征询游客的意见,及时改进服务,避免因服务质量问题引发纠纷。

值得注意的是,导游与游客之间的沟通不畅也可能导致合同纠纷。导游在提供服务时,应保持与游客的良好沟通,及时了解游客的需求和反馈。沟通不畅可能导致游客误解合同条款或对服务不满,从而引发纠纷。导游应主动、耐心地与游客交流,确保信息传递的准确性和透明度,避免因沟通问题引发争议。

同时,合同纠纷的处理方式也直接影响游客的满意度和导游的职业形象。纠纷发生后,导游应冷静应对,按照合同规定和法律法规处理问题,避免激化矛盾。导游应及时向旅行社报告纠纷情况，并与旅行社共同协商解决方案。在处理纠纷时，导游应保持公正和诚实的态度，尊重游客的合法权益，以合理的方式化解矛盾，尽量减少纠纷对旅游体验的负面影响。

导游应注重合同条款的完整和清晰。合同条款的模糊或遗漏是引发纠纷的潜在因素。导游服务合同应详细列明服务内容、行程安排、费用标准、变更条款和争议解决方式等，避免因合同条款不明确而引发争议。在签订合同前，导游应仔细审核合同内容，确保条款的全面和准确，减少因合同不清晰导致的纠纷风险。

导游的职业道德和诚信在处理合同纠纷中尤为重要。导游应以诚信为本，严格遵守合同约定，避免利用游客的不熟悉和信息不对称谋取私利。任何欺骗或隐瞒行为都会严重损害游客的信任，导致纠纷的发生。导游应以诚实、公正的态度对待每一位游客，树立良好的职业形象，减少合同纠纷。

接着，法律意识的提升对导游预防和处理合同纠纷至关重要。导游应熟悉相关法律法规，了解合同法、消费者权益保护法等法律知识，增强法律意识。在签订和履行合同过程中，导游应严格按照法律规定行事，确保合同的合法性和有效性。在处理纠纷时，导游应依法维护自身和游客的合法权益，避免因法律知识不足导致的错误决策。

旅行社在合同纠纷中的角色也不容忽视。旅行社应为导游提供完善的培训和支持，确保导游熟悉合同内容和法律法规，具备处理纠纷的能力。旅行社应建立健全的纠纷处理机制，及时介入和协助导游解决纠纷，维护游客的合法权益。在合同签订和履行过程中，旅行社应对导游进行监督和指导，减少纠纷。

导游应积极学习和借鉴成功的纠纷处理经验。每一次纠纷的处理都是一次学习的机会，导游应总结经验教训，不断提升自身的服务能力和纠纷处理技巧。通过学习和实践，导游可以积累丰富的经验，增强处理纠纷的信心和能力，减少今后纠纷的发生。

（二）消费纠纷

在旅游服务中，消费纠纷时有发生。这可能源于各种因素，如服务质量、价格争议、行程变动等。解决这些纠纷需要导游具备沟通技巧、解决问题的能力以及对客户需求的敏感度。以下是一些处理导游服务中消费纠纷的方法和建议。

导游应该尽量避免消费纠纷的发生。这包括提供准确、清晰的信息和服务，确保游客对行程、费用和其他相关事项有充分的了解。导游应当与游客保持良好的沟通，及时更新他们任何可能影响到旅行的变化。通过提前沟通和透明度，可以减少消费纠纷。

当消费纠纷发生时，导游应该及时介入并主动解决问题。这意味着导游需要听取游客的投诉和意见，理解他们的不满和诉求。导游可以通过耐心倾听和理解，找出问题的根源，并与游客协商解决方案。例如，如果游客对某项服务不满意，导游可以提供补偿或调整行程，以满足他们的需求。

导游也需要保护自己和旅行社的利益。这意味着导游需要了解相关的法律法规和公司政策，以便在处理消费纠纷时能够做出合理的决策。导游可以与旅行社或相关部门协商，寻求解决方案，并确保双方的权益得到保护。

导游在处理消费纠纷时，应该保持冷静和专业。无论遇到多么困难的情况，导游都应该保持礼貌和耐心，避免与客户发生冲突。导游可以通过控制情绪和采取积极的态度，与客户进行有效的沟通，寻求解决方案。

在解决消费纠纷时，导游可以寻求第三方的帮助和支持。这可能包括向旅行社、旅游协会或相关政府部门寻求协助。有时候，第三方的介入可以帮助缓解紧张局势，找到合理的解决方案。导游应该善于利用各种资源和渠道，以解决消费纠纷，并确保客户的权益得到保护。

另一种解决消费纠纷的方法是通过协商达成一致。导游可以与客户进行积极的沟通和协商，找出双方都可以接受的解决方案。这可能涉及调整行程、提供补偿或退款等方式。通过协商解决，可以避免进一步的争执和纠纷，保持双方的关系和谐。

在处理消费纠纷时，导游应该及时记录相关的信息和沟通记录。这包括客户投诉的内容、解决方案的协商过程以及最终达成的结果。通过记录这些信息，导游可以有据可依地应对潜在的争议和投诉，同时也可以帮助旅行社和相关部门了解情况并做出决策。

导游在处理消费纠纷时，还应该注重客户的满意度和体验。无论最终的解决方案是什么，导游都应该确保客户感受到自己的关心和关注。这可能包括道歉、提供额外的服务或优惠，以弥补客户的不满。通过关心和关注客户的需求，导游可以赢得客户的信任和好感，建立良好的口碑。

二、法律风险防范措施

（一）明确合同条款

导游在履行其职责的过程中，面临着多种法律风险。为了有效防范这些风险，明确合同条款显得尤为重要。具体来说，导游应当通过详细的合同条款，明确双方的权利和义务，以保障自身的合法权益。

合同应明确导游的工作内容和范围。工作内容应当具体、详细，包括导游需要提供的服务类型、时间安排、地点范围等。这些条款能够有效防止因工作内容模糊引发的纠纷。例如，导游是否需要提供额外的服务，或者在工作时间之外的服务都应在合同中明确，以免在实际操作中发生争议。

合同中应明确报酬和支付方式。导游的劳动应当获得合理的报酬，报酬的标准和支付方式应在合同中清楚列明。包括基本工资、奖金、津贴等内容，以及支付时间和方式。这不仅可以保障导游的经济权益，还能避免因支付问题引发的法律纠纷。

合同还应明确导游的责任和义务。导游在工作过程中有许多义务需要履行，如确保游客安全、提供专业讲解、遵守当地法律法规等。合同应对这些义务进行明确规定，并指出违反义务所应承担的责任，以此来规范导游的行为，防范因不履行职责而产生的法律风险。

同时，合同应规定游客的权利和义务。游客在享受导游服务的过程中也需要遵守一定的规定，如遵守集合时间、配合导游工作、不进行违法行为等。合同应对游客的这些义务进行明确规定，并指出如不遵守将产生的后果。这样可以约束游客的行为，减少导游在工作中遇到的不必要麻烦。

合同中应包含免责条款。在旅游过程中，导游可能会遇到一些不可预见的情况，如自然灾害、交通事故等。合同中应明确这些情况下导游的免责事由和处理方式，以减少导游在不可抗力事件中承担的法律责任。这样不仅保护了导游的合法权益，也为导游在突发事件中提供了处理依据。

合同中应明确双方的违约责任。导游和游客在合同履行过程中，如果一方违反合同规定，应当承担相应的违约责任。合同中应详细规定违约的认定标准和赔偿方式。通过明确违约责任，可以有效规范双方的行为，减少因违约引发的纠纷。

导游与游客之间发生争议时，应有明确的解决途径和方式。合同中可以规定通过协商解决，或者通过仲裁、诉讼等法律途径解决争议。这样可以在争议发生时，提供一个清晰的解决路径，减少纠纷升级的可能性。

可能涉及游客的个人信息，如联系方式、身份证号等。合同中应明确这些信息的使用范围和保护措施，防止个人信息泄露引发的法律风险。隐私保护条款不仅是对游客权益的尊重，也能够增强游客对导游服务的信任。

旅游活动中难免会出现一些意外情况，导游和游客的安全都需要一定的保障。合同中应规定双方需要购买的保险类型和保险金额，以确保在意外发生时，有相应的保险赔偿来减少损失。这不仅是对导游和游客双方负责的体现，也是防范法律风险的重要措施。

在旅游过程中，可能会遇到各种紧急情况，如游客突发疾病、自然灾害等。合同中应规定这些紧急情况下的处理流程和双方的责任分担，以确保在突发事件中能够迅速有效地处理问题，保障游客的安全和权益。

旅游行业的发展和法律法规的变化，要求导游和相关旅游公司对合同条款进行定期的更新和审查，以确保合同内容的合法性和时效性。这样不仅能适应新的法律要求和市场变化，还能防范因合同条款过时引发的法律风险。

（二）消费管理

1. 明码标价

各地的旅游市场中，导游服务的收费标准一直是游客关注的焦点。为了保证旅游市场的透明度和规范性，导游服务的明码标价成为必然趋势。导游明码标价不仅能够保护游客的利益，还可以提升导游行业的整体水平。

导游明码标价的实施对于游客来说是一个重要的保障。游客在选择导游服务时，如果能够清楚地了解到收费标准，就可以避免因为信息不对称而产生的纠纷和不满。明码标价让游客在消费之前就能有一个明确的心理预期，避免了因价格不透明而带来的不快。这样，游客可以更加放心地享受导游带来的服务和旅游体验。

导游在提供服务之前，通过明确的价格表可以让游客了解自己的服务价值，从而避免讨价还价的尴尬局面。导游不再需要担心因价格问题与游客发生冲突，从而可以将更多的精力投入到服务质量的提升上。通过明码标价，导游的服务品质和专业水平可以得到更多的认可和尊重。

在没有明确价格标准的情况下，导游服务市场容易出现混乱和不公平竞争的现象。有些导游可能会通过压低价格吸引游客，但这种做法往往会导致服务质量的下降，最终影响整个旅游市场的形象。实施明码标价，可以有效防止价格战和恶性竞争，维护市场的健康发展。

导游明码标价还可以提升导游行业的整体形象。在许多游客眼中，导游往往是一个旅游地的代表。一个收费透明、服务优质的导游，能够给游客留下良好的印象，从而提升整个旅游地的形象。相反，如果导游的收费不透明，游客就可能对整个旅游地产生不信任感，甚至影响到旅游业的长远发展。

明码标价需要导游提供更加细致和多样化的服务，并以此作为收费依据。这样一来，导游就必须不断提升自己的专业技能和服务水平，以适应市场的需求。这种专业化的发展，不仅有利于导游自身的职业成长，也能够提升整个行业的服务质量。

在市场经济环境下，诚信是企业和从业人员立足之本。导游明码标价通过公开透明的价格体系，向游客展示了导游的诚信和责任心。游客在明白消费的基础上，可以更好地享受到旅游服务，从而增强对旅游业的信任和满意度。

管理部门在进行市场监管时，可以依据明码标价的标准对导游服务进行检查和评估，及时发现和纠正不规范的行为。这种监管机制的建立，有助于提升旅游市场的整体水平，营造公平、公正的市场环境。

导游明码标价对旅游行业的创新发展也有积极的推动作用。随着旅游需求的多样化和个性化，导游服务也需要不断创新和升级。明码标价鼓励导游在服务内容和形式上进行创新，以更好地满足游客的需求。这种创新不仅有助于提高导游的竞争力，也能为游客带来更丰富的旅游体验。

旅游管理部门应制定明确的价格标准和规范，导游协会和行业组织要积极引导和培训导游，提升他们的服务水平和职业道德。同时，游客也应该树立正确的消费观念，支持和配合导游明码标价的实施。只有各方共同努力，导游明码标价才能真正发挥其积极作用，为旅游业的健康发展贡献力量。

2. 消费质量保障

导游消费质量保障是一项复杂而重要的任务，涉及多个方面的协调和管理。导游的专业素质是影响游客消费体验的重要因素之一。导游不仅需要具备丰富的历史文化知识，还需具备良好的沟通能力和服务意识。他们需要能够回答游客的各种问题，提供准确的信息和贴心的服务，从而提升游客的满意度。

旅游线路和产品的设计也是保障游客消费质量的关键环节。旅游公司应根据游客的需求和兴趣，设计丰富多样的旅游线路和产品，以满足不同游客的个性化需求。同时，旅游产品的价格也应合理透明，避免价格欺诈和虚假宣传，确保游客的合法权益。

导游服务的规范化管理也是不可或缺的一环。旅游公司应建立健全的导游服务规范和标准，对导游的服务行为进行严格的监督和管理。通过定期培训和考核，提高导游的服务水平和专业能力，从而为游客提供更优质的服务体验。

旅游公司的内部管理和制度建设也对导游消费质量有着重要影响。旅游公司应制定完善的服务流程和管理制度，确保各项服务环节的顺畅衔接。通过加强内部管理，提升服务效率和服务质量，为游客提供更加满意的旅游体验。

在数字化时代，信息技术的应用也为导游消费质量保障带来了新的机遇。旅游公司可以利用大数据、人工智能等技术手段，对游客的消费行为和偏好进行分析，从而为游客提供个性化的旅游服务。信息技术的应用还可以提高服务的透明度和可追溯性，增强游客的信任感和安全感。

游客的反馈和投诉处理也是提升导游消费质量的重要手段。旅游公司应建立完善的游客反馈机制，及时收集和处理游客的意见和建议。通过对游客反馈的分析，发现服务中的问题和不足，并采取相应的改进措施，提升服务质量和游客满意度。

导游与游客的互动关系对消费质量也有直接影响。导游应注重与游客建立良好的互动关系，了解游客的需求和期望，并积极回应游客的意见和建议。通过良好的互动关系，增强游客的参与感和满意度，提升旅游体验的整体质量。

当然，导游的职业道德和服务态度也是保障消费质量的重要因素。导游应遵守职业道德规范，诚实守信，公平公正地对待每一位游客。良好的服务态度不仅能提升游客的满意度，还能增强游客对旅游公司的信任和忠诚度。

政府和行业协会的监管和指导也对导游消费质量保障具有重要作用。政府应制定相关法律法规，加强对旅游市场的监管，规范导游服务行为。行业协会则应发挥自律作用，制定行业标准和服务规范，组织导游培训和考核，提高导游的专业素质和服务水平。

社会公众的监督和参与也能促进导游消费质量的提升。公众可以通过各种渠道，对旅游公司的服务进行监督和评价，提出改进意见和建议。旅游公司则应积极回应公众的监督和评价，不断改进服务质量，提升游客的满意度和信任感。

第七章 导游专业素养培养

第一节 导游专业自我认知与规划

一、导游专业自我认知

（一）自我评估

导游在旅游服务中扮演着举足轻重的角色，而对导游自我评估的深入探讨，则是提升导游服务质量的重要一环。导游应该不断地审视自己的工作表现，找出不足之处，并努力改进，以提供更好的旅游体验。

导游在进行自我评估时应该关注自己的专业知识水平。作为旅游目的地的向导，导游需要具备丰富的历史、文化、地理等方面的知识，以便向游客提供准确、全面的解说。导游可以通过参加培训课程、阅读相关书籍和资料等方式，不断地充实和更新自己的知识储备，提高专业素养。

良好的沟通能力是导游与游客之间建立良好关系的基础，也是传递信息和解释景点的重要手段。导游可以通过模拟讲解、练习口语表达等方式，提升自己的口头表达能力和沟通技巧，使自己的解说更加生动、易懂，吸引游客的兴趣。

优秀的导游不仅要有丰富的知识和流利的口才，还需要具备亲和力、耐心和责任心等良好品质。导游可以通过接受客户反馈、反思自己的行为举止等方式，不断完善自己的服务态度和素质，为游客提供更加周到、贴心的服务。

导游还应该对自己的时间管理能力进行评估。在旅游服务中，时间管理是非常重要的一环，导游需要合理安排时间，确保游客能够在有限的时间内尽可能多地了解景点和文化。导游可以通过制订详细的行程计划、提前了解景点开放时间等方式，提高自己的时间管理能力，确保旅游行程的顺利进行。

在旅游过程中，突发事件时有发生，导游需要具备应对突发情况的能力，保障游客的安全和利益。导游可以通过参加应急处置培训、了解景点周边的安全情况等方式，提高自己的安全意识和应急处置能力，确保游客的安全。

导游还应该关注自己的团队合作能力。在旅游服务中，导游往往需要与司机、景点工作人员等多方合作，共同完成旅游行程。导游可以通过加强与其他从业人员的沟通和协调、提高团队协作能力等方式，促进团队合作的顺利进行，提升旅游服务的整体效果。

作为一个职业导游，应该有清晰的职业发展目标和规划，不断提升自己的专业素养和服务水平，实现个人价值和职业发展。导游可以通过参加职业培训、了解行业发展动态等方式，不断拓展自己的职业视野，为自己的职业发展打下良好基础。

（二）职业的优劣势

导游职业作为旅游行业中的重要组成部分，具有其独特的优劣势。让我们来看看导游职业的一些优势所在。

一方面，导游职业具有灵活的工作时间安排。与传统的朝五晚九的工作不同，导游可以根据旅游团队的行程安排来灵活安排自己的工作时间。这种灵活性使得导游可以更好地平衡工作与生活，享受更加自由的工作方式。

导游职业还可以让人们结交各地的朋友。导游经常会遇到来自不同国家和地区的游客，与他们交流互动，了解各种文化和习俗。通过与不同背景的人们交流，导游可以开阔自己的视野，增长见识，丰富自己的人生体验。

另一个优势是导游职业可以让人们深入了解自己所在地或者旅游目的地的文化和历史。作为导游，他们需要深入研究当地的历史、文化、风俗习惯等各个方面的知识，以便向游客提供准确的解说和指导。这种深入了解和学习的过程，不仅可以增加导游的知识储备，还可以提升其专业素养和服务水平。

作为导游，他们有机会去各种各样的地方，欣赏美丽的风景，领略不同地域的风土人情。这种与旅行紧密相关的工作，让导游可以在工作中感受到旅行的乐趣和快乐，从而更加热爱自己的工作。

导游的工作压力较大。由于需要长时间站立、讲解和引导游客，导游的工作强度较大，容易导致身体疲劳和精神压力。尤其是在旅游旺季，导游需要应对大量的游客和复杂的工作情况，工作压力更是倍增。

导游的收入主要依赖于旅游团队的数量和旅游季节的好坏，因此收入较为不稳定。在旅游淡季或者遇到特殊情况时，导游的收入可能会受到较大影响，难以维持生活水平。

另一个劣势是导游职业的风险较高。由于导游需要长时间外出，经常面对陌生环境和不确定的情况，因此存在一定的安全风险。尤其是在一些旅游环境较为复杂或者不稳定的地区，导游可能面临更大的安全隐患，需要保持警惕和谨慎。

长期以来，导游可能会面对重复性的工作内容和相似的工作环境，导致职业倦怠和情绪疲劳。同时，导游还需要应对各种各样的游客，有时可能会遇到不文明、不理解或者挑剔的游客，给自己带来一定的情绪压力。

二、导游职业规划

（一）取得导游资格证书

导游资格证书的取得是一段充满挑战和收获的过程。在这个过程中，导游需要掌握丰富的历史、文化和地理知识，了解不同地区的风土人情和旅游景点的特点。通过系统的培训课程和实地考察，他们逐渐成长为一名全面发展的导游，能够为游客提供准确、生动的解说，带领他们领略每个地方的独特魅力。

获得导游资格证书标志着导游们的专业化水平和责任心。他们不仅要熟悉旅游目的地的历史文化，还需要了解旅游行业的相关法律法规和安全常识，以确保游客的安全和舒适。在面对突发事件或紧急情况时，他们能够冷静应对，保障游客的利益和安全，这种责任感是他们从培训中获得的重要品质之一。

它不仅是导游技能和知识的证明，更是他们事业发展的基石。有了这张证书，导游们可以在旅游市场中脱颖而出，获得更多的机会和挑战。他们可以选择在旅行社、景点、游轮等不同领域工作，也可以自主开展导游服务，开拓更广阔的职业发展空间。

在学习和考核的过程中，他们付出了大量的时间和精力，不断提升自己的专业水平和服务质量。通过不懈的努力和坚持，他们最终实现了自己的目标，成了一名合格的导游，为旅游事业的发展贡献了自己的力量。

导游资格证书的取得是导游们事业发展的新起点。它不仅是他们过去努力的成果，更是他们未来奋斗的动力。在未来的工作中，他们将继续保持学习和进步的态度，不断提升自己的专业素养和服务水平，为游客带来更加丰富和深刻的旅游体验，成为旅游事业的中流砥柱。

（二）成为资深导游

在旅游行业中，导游的角色至关重要。导游不仅是游客与目的地之间的桥梁，更是文化和历史的传播者。成为一名资深导游需要多年的经验积累和不断的学习与成长。导游不仅需要了解景点的历史和文化背景，还需要具备良好的沟通技巧和应变能力，以便在各种情况下都能从容应对。

资深导游必须具备深厚的知识储备。无论是古老的历史遗迹，还是现代的城市景观，导游都需要能够深入浅出地向游客讲解。通过不断的学习和研究，资深导游不仅能掌握基本的导游知识，还能挖掘出更多鲜为人知的故事和细节，给游客带来丰富的体验。

成为一名资深导游，沟通技巧尤为重要。导游每天都要面对不同的游客，如何与他们有效沟通，满足他们的需求，是导游工作的核心。资深导游需要具备多语言能力，能够用游客的母语进行流畅的交流，这不仅提升了服务质量，也让游客感到更加贴心的服务。

导游的应变能力是衡量其专业程度的重要标准之一。在旅游过程中，常常会遇到突发情况，例如天气变化、交通问题或游客的突发疾病。资深导游需要在这些情况下迅速做出判断并采取有效的措施，确保旅游行程的顺利进行。同时，他们还需要安抚游客的情绪，确保大家的安全和满意度。

导游工作不仅仅是知识的传递，更是文化的交流。资深导游通过自己的讲解和互动，将当地的文化、习俗、历史传递给游客，帮助他们更好地理解和欣赏旅游目的地的独特魅力。这种文化交流不仅丰富了游客的旅行体验，也促进了不同文化之间的理解和尊重。

资深导游的成长离不开不断的实践和反思。每一次带团都是一次学习的机会，通过与游客的互动，导游可以不断改进自己的讲解方式和服务态度。资深导游会在每次带团后进行总结，分析自己的不足之处，并通过学习和培训不断提升自己的专业水平。

旅游业的不断发展也对导游提出了更高的要求。资深导游需要紧跟行业的发展趋势，了解最新的旅游资讯和服务标准。通过参加各类行业培训和交流活动，资深导游可以不断更新自己的知识储备，提升自己的专业能力，保持与时俱进。

导游的职业素养同样不可忽视。资深导游不仅要有专业的知识和技能，还需要具备良好的职业道德和服务意识。他们需要始终保持热情和耐心，尊重每一位游客的需求，尽力为游客提供最佳的旅行体验。同时，资深导游也要遵守行业规范和法律法规，确保旅游活动的合法合规。

成为一名资深导游需要长时间的积累和不断的努力。初入行时，导游可能会遇到各种挑战和困难，但通过不断的学习和实践，他们可以逐渐积累经验，提升自己的专业水平。资深导游往往是那些经过多年磨炼，依然保持热爱和激情的人，他们用自己的努力和专业，赢得了游客的信任和赞誉。

导游的工作并不局限于带团讲解。资深导游还可以参与旅游产品的设计和开发，根据自己的经验和市场需求，设计出更加符合游客需求的旅游线路和活动。通过创新和努力，资深导游可以不断拓展自己的职业发展空间，实现个人和职业的双重成长。

（三）成为行业专家

在导游这一职业中，成为行业专家需要多年的积累和不懈的努力。导游不仅仅是游客与旅游景点之间的引导者，更是文化和历史的传播者，他们的知识和专业能力直接影响着游客的旅行体验。成为行业专家意味着导游需要在知识储备、沟通技巧、应变能力等方面都达到一个非常高的水平。

从知识储备方面来看，行业专家必须具备深厚的背景知识。无论是古老的历史遗迹，还是现代的城市景观，导游都需要能够深入浅出地向游客讲解。通过不断的学习和研究，行业专家不仅能够掌握基本的导游知识，还能挖掘出更多鲜为人知的故事和细节，从而给游客带来丰富的体验。对于导游来说，知识储备不仅仅是记住一些数据和事实，更重要的是理解这些知识的内涵，并能生动地传达给游客。

在沟通技巧方面，行业专家需要具备高超的沟通能力。导游每天都要面对不同背景、不同需求的游客，如何与他们有效沟通，满足他们的需求，是导游工作的核心。行业专家需要具备多语言能力，能够用游客的母语进行流畅的交流，这不仅提升了服务质量，也让游客感受到更加贴心的服务。优秀的沟通技巧不仅能够拉近导游与游客之间的距离，还能提升整个旅游体验的满意度。

应变能力也是成为行业专家所必备的重要素质之一。在旅游过程中，常常会遇到突发情况，例如天气变化、交通问题或游客的突发疾病。行业专家需要在这些情况下迅速做出判断并采取有效的措施，确保旅游行程的顺利进行。同时，他们还需要安抚游客的情绪，确保大家的安全和满意度。优秀的应变能力不仅能够解决问题，还能让游客感受到导游的专业和可靠。

导游的工作不仅仅是知识的传递，更是文化的交流。行业专家通过自己的讲解和互动，将当地的文化、习俗、历史传递给游客，帮助他们更好地理解和欣赏旅游目的地的独特魅力。这种文化交流不仅丰富了游客的旅行体验，也促进了不同文化之间的理解和尊重。行业专家需要具备跨文化交流的能力，能够敏锐地感知并尊重不同文化背景下的差异，提供更加个性化的服务。

实践和反思是导游成长为行业专家的重要途径。每一次带团都是一次学习的机会，通过与游客的互动，导游可以不断改进自己的讲解方式和服务态度。行业专家会在每次带团后进行总结，分析自己的不足之处，并通过学习和培训不断提升自己的专业水平。通过这种不断的实践和反思，导游可以逐渐积累经验，提升自己的专业能力，最终成为行业专家。

旅游业的不断发展也对导游提出了更高的要求。行业专家需要紧跟行业的发展趋势，了解最新的旅游资讯和服务标准。通过参加各类行业培训和交流活动，行业专家可以不断更新自己的知识储备，提升自己的专业能力，保持与时俱进。随着科技的发展，导游还需要掌握各种新技术和新工具，以便更好地服务游客。

导游的职业素养同样不可忽视。行业专家不仅要有专业的知识和技能，还需要具备良好的职业道德和服务意识。他们需要始终保持热情和耐心，尊重每一位游客的需求，尽力为游客提供最佳的旅行体验。同时，行业专家也要遵守行业规范和法律法规，确保旅游活动的合法合规。良好的职业素养不仅是导游个人形象的体现，也是整个旅游行业形象的重要组成部分。

成为行业专家需要长时间的积累和不断的努力。初入行时，导游可能会遇到各种挑战和困难，但通过不断的学习和实践，他们可以逐渐积累经验，提升自己的专业水平。行业专家往往是那些经过多年磨炼，依然保持热爱和激情的人，他们用自己的努力和专业，赢得了游客的信任和赞誉。成为行业专家不仅需要个人的努力，还需要行业内外的认可和支持。

导游的工作并不局限于带团讲解。行业专家还可以参与旅游产品的设计和开发，根据自己的经验和市场需求，设计出更加符合游客需求的旅游线路和活动。通过创新和努力，行业专家可以不断拓展自己的职业发展空间，实现个人和职业的双重成长。同时，行业专家还可以通过撰写书籍、发表文章等方式分享自己的经验和知识，影响更多的同行和游客。

第二节　导游专业素养的内涵与要求

一、导游专业素养的内涵

（一）职业道德素养

培养导游职业道德素养是一个导游成长过程中的重要环节。作为一名导游，诚信是最基本的职业道德素养。诚信不仅指言行一致，还包括对游客的负责和诚实。在讲解过程中，导游应确保所提供信息的准确性，不夸大、不虚构，树立游客对导游和旅游业的信任。

导游的服务意识也直接关系到游客的旅游体验。导游应始终把游客的需求和感受放在第一位，耐心解答游客的问题，热心帮助解决困难。无论面对多么繁忙的行程，导游都应尽力做到有问必答、有求必应，以提升游客的满意度。

导游需要具备强烈的责任感。在旅游过程中，导游不仅是景点介绍的传递者，更是游客安全的守护者。导游应提前熟悉行程安排，掌握相关安全知识，并时刻关注游客的状态，防范可能出现的安全隐患，确保每一位游客都能安全、愉快地完成旅行。

导游的职业道德还包括文明礼貌的行为举止。导游的一言一行代表着整个旅游团队的形象，甚至是国家的形象。在接待外国游客时，导游的行为举止直接影响到他们对我国的印象。导游应注重自己的言行举止，保持良好的礼仪习惯，以树立积极的形象。

培养导游的耐心与细心也是职业道德素养的重要方面。面对形形色色的游客，导游要具备包容心态，理解并尊重不同文化背景和个性特点的游客。在带团过程中，导游需注意观察每位游客的需求，及时调整讲解方式和服务内容，确保每位游客都能感受到被尊重和关注。

导游应具备良好的专业素质和不断学习的态度。导游不仅要熟悉所带团的景点和历史文化，还需了解最新的旅游政策和法规。为了提高自身的专业水平，导游应不断学习新知识，参加职业培训，以应对日新月异的旅游市场需求。

职业道德的另一重要体现是导游的公正与客观。导游在带团过程中，应公平对待每一位游客，不偏袒任何一方。在处理游客之间的纠纷时，导游应保持冷静，客观公正地解决问题，避免因个人偏见影响游客的旅行体验。

在团队合作中，导游的团队精神和合作意识至关重要。导游并非单打独斗，而是与司机、领队等合作完成接待任务。导游应善于沟通协调，与团队成员保持良好的合作关系，共同为游客提供优质的服务。

导游的创新能力和应变能力也是职业道德的重要组成部分。面对突发情况，如天气变化、交通堵塞等，导游需具备快速应变的能力，灵活调整行程安排，确保游客的行程顺利进行。同时，导游应富有创新精神，不断优化服务方式，为游客提供更丰富多样的旅游体验。

对导游而言，职业道德不仅是外在的行为规范，更是内心的自我要求。导游应时刻反省自身的言行，保持高尚的职业操守，不断提升自我道德修养。只有内外兼修，导游才能在职业生涯中走得更稳、更远。

在导游职业生涯中，树立正确的职业观念和价值观同样重要。导游应认识到自身工作的价值，不仅是带游客参观景点，更是传播文化、促进交流的重要角色。通过引导游客了解和欣赏不同文化，导游为促进国际的理解和友谊做出贡献。

热爱导游工作，才能在工作中表现出真正的热情和活力。无论遇到多大困难，导游都应坚持自己的职业信念，以积极的态度面对每一天的工作，感染和激励身边的人。

导游的职业道德素养还包括良好的心理素质和抗压能力。旅游业常常面临各种突发情况和挑战，导游应具备良好的心理素质，能够冷静应对各种压力和困难。在繁忙的工作中，导游需学会自我调节，保持乐观心态，以最佳状态服务游客。

导游在工作中应具备高度的职业敏感性。导游应时刻关注旅游行业的发展动态，了解游客需求的变化，及时调整服务策略。通过与游客的互动交流，导游可以收集反馈意见，不断改进服务质量，提升职业素养。

导游需能够清晰、准确地传达信息，善于用生动的语言和形象的比喻吸引游客的兴趣。同时，导游应具备良好的沟通能力，能够倾听游客的意见和建议，与游客建立良好的互动关系。

旅游企业应加强对导游的职业道德培训，建立健全的职业道德考评体系，引导导游不断提升职业道德素养。通过全行业的共同努力，营造良好的职业道德氛围，提升旅游服务的整体水平。

社会各界应共同关注导游的职业发展，为导游提供良好的工作环境和发展机会。通过多方合力，共同推动导游职业道德的提升，为旅游业的健康发展做出贡献。

导游应以高标准严格要求自己，始终保持职业道德的高度自觉，不断提升服务水平。只有这样，才能赢得游客的信任和尊重，为自身的职业发展奠定坚实的基础。

（二）专业知识素养

提升导游专业知识素养对于导游行业从业者而言尤为重要。随着旅游业的不断发展，导游不仅需要具备丰富的知识，还要不断更新自己的专业素养，以应对多样化的游客需求。

导游需要具备扎实的历史文化知识。中国是一个拥有五千年文明史的国家，文化底蕴深厚，历史遗迹众多。导游应熟悉并掌握这些历史文化背景，能够在解说过程中为游客提供更为详尽和生动的讲解。比如，讲解长城时，除了其建筑奇迹和军事防御功能外，还应当结合历史背景，介绍其建造过程中的人文故事和历史意义。

进一步而言，导游还需要熟知地理知识。地理知识不仅包括景点所在的位置、地形地貌，还涉及气候特点、自然资源等方面。掌握这些信息，能够帮助导游在不同季节推荐适宜的旅游线路和活动项目，并解答游客关于当地气候、自然环境等方面的问题。

导游的语言能力也是专业素养的重要组成部分。在现代旅游业中，外语能力尤其显得重要。能够熟练使用一种或多种外语，能够帮助导游更好地与国际游客交流，提供更贴心的服务。同时，语言能力不仅仅体现在口语表达上，还包括阅读和理解外文资料，写作能力等。

另一个关键因素是导游的沟通技巧。导游在工作中需要面对不同文化背景、不同年龄层次的游客群体，良好的沟通技巧可以帮助导游更好地理解游客的需求和期望，从而提供更为个性化和优质的服务。尤其是在处理突发事件和矛盾时，良好的沟通技巧能够有效缓解冲突，维护游客的满意度和旅行体验。

导游的应变能力也是其专业素养的重要体现。旅游过程中常常会遇到不可预见的情况，如天气变化、交通延误等，导游需要具备快速应对和解决问题的能力，确保游客的安全和旅行计划的顺利进行。这不仅考验导游的专业知识和技能，还需要其具备冷静的判断力和高效的执行力。

导游还需要具备良好的服务意识。旅游业本质上是服务业，导游作为游客与旅游资源之间的桥梁，其服务质量直接影响游客的旅游体验和满意度。导游在工作中应始终保持热情、耐心和细致，关注游客的需求，提供细致入微的服务，让每位游客感受到宾至如归的体验。

导游的职业道德和责任心也是其专业素养的重要组成部分。导游在工作中应遵守职业道德规范，做到诚实守信，不夸大、不误导游客。同时，导游还需要有高度的责任心，确保游客在旅行过程中的安全，保护游客的权益，并主动维护景区的环境和文化遗产。

从另一个角度来看，导游还需要具备较强的学习能力。旅游业发展迅速，新景点、新线路不断涌现，导游需要不断学习和更新自己的知识储备，以跟上行业发展的步伐。同时，导游还可以通过参加培训、交流会等方式，提升自己的专业水平和服务技能。

导游的知识素养不仅体现在其对本地文化和景点的熟知程度，还包括其对相关法律法规的了解。了解并遵守旅游相关法律法规，能够帮助导游在工作中合法合规地开展业务，避免纠纷和风险。

在此基础上，导游还需要具备较强的团队协作能力。在带团过程中，导游需要与司机、领队、景区工作人员等多方协作，共同为游客提供优质的服务。良好的团队协作能力，能够帮助导游更高效地组织和管理团队，提升整个旅游过程的协调性和流畅度。

导游的心理素质和情绪管理能力也是其专业素养的重要体现。导游的工作常常需要面对高强度的工作压力和多变的工作环境，良好的心理素质和情绪管理能力，能够帮助导游保持积极的心态和高效的工作状态，从容应对各种挑战和突发情况。

二、导游专业素养的要求

（一）知识要求

在成为一名合格的导游之前，必须具备一定的知识储备。这不仅仅是关于旅游景点的信息，还包括历史、文化、风俗习惯、语言和人际沟通技巧等方面的知识。导游需要全面了解所带领的旅游地点的背景，才能为游客提供准确且富有吸引力的解说。

导游应该对历史有深刻的理解。每个旅游景点背后都有其独特的历史故事。了解这些历史不仅能让导游更好地讲解景点，还能帮助游客更深刻地感受和理解这些地方的魅力。例如，在解说一个古老的城堡时，导游不仅要知道它建于哪个年代，还要了解当时的政治背景、重要事件以及与这个城堡相关的人物故事。只有这样，游客才能通过导游的讲解穿越时空，仿佛亲身经历那些历史事件。

文化知识也是导游必备的技能之一。每个地方都有其独特的文化传统和风俗习惯。导游需要对这些文化传统有深入的了解，并能用通俗易懂的语言向游客介绍。例如，在带领游客参观一个少数民族村落时，导游需要了解该民族的传统服饰、饮食习惯、节日庆典以及他们的宗教信仰等。通过这些介绍，游客不仅能看到不同文化的外在表现，还能理解这些文化背后的意义和价值。

语言能力在导游工作中也至关重要。导游需要能够用流利的外语与来自不同国家和地区的游客交流。这不仅要求导游掌握标准的旅游术语，还需要具备一定的口语表达能力和临场应变能力。例如，当游客提出问题或需要帮助时，导游能够迅速理解并给出准确的回答。同时，导游还需要掌握一定的非语言交流技巧，通过面部表情、手势等与游客进行有效沟通。

人际沟通能力也是导游工作中的重要部分。导游需要与不同性格和背景的游客相处，这要求导游具备良好的沟通技巧和情商。例如，导游需要了解如何处理游客之间的矛盾，如何在紧张的情况下安抚情绪，以及如何通过幽默和友善的态度拉近与游客的距离。一个优秀的导游不仅是知识的传递者，还是游客的朋友和支持者。

除了上述基础知识外，导游还需要具备一定的专业技能。例如，导游需要了解急救知识，以应对游客在旅游过程中可能遇到的突发状况。同时，导游还需要掌握一定的心理学知识，了解如何处理游客的心理压力和焦虑情绪。在某些特殊的旅游项目中，导游还需要具备一定的体能和野外生存技能，以确保在户外活动中的安全和顺利进行。

导游的职业道德也非常重要。导游需要遵守职业道德规范，尊重游客的隐私和权利，公平对待每一位游客。同时，导游还需要具备高度的责任心，确保旅游行程的安全和顺利进行。例如，在带领游客参观自然保护区时，导游需要提醒游客遵守环保规定，不随意丢弃垃圾，不破坏生态环境。只有这样，才能保证旅游业的可持续发展。

为了不断提高自己的专业水平，导游还需要不断学习和进修。旅游行业的发展日新月异，新的景点、新的旅游方式和新的旅游需求不断涌现。导游需要通过参加培训课程、阅读专业书籍、参加行业交流会等方式，及时更新自己的知识和技能。例如，通过学习新的解说技巧和沟通方法，导游可以提高自己的解说水平和服务质量，给游客带来更好的旅游体验。

导游在职业生涯中充满了挑战和机遇。每一次带团都是一次新的体验，每一次解说都是一次新的挑战。导游需要具备乐观向上的态度和积极进取的精神，以应对工作中的各种困难和挑战。例如，当遇到天气突变、交通拥堵或游客突发疾病等意外情况时，导游需要冷静应对，迅速制定应急方案，确保旅游行程的顺利进行。

在面对不同类型的游客时，导游还需要具备一定的灵活性和适应能力。例如，对于家庭游客，导游需要安排适合家庭的旅游项目，并注意关心儿童和老人的需求；对于商务游客，导游需要提供高效的服务，满足他们的商务需求；对于探险游客，导游需要具备一定的野外生存技能，确保探险活动的安全进行。

导游的工作不仅是带领游客参观景点，还是文化传播的使者。通过导游的讲解，游客可以了解不同国家和地区的历史、文化和风俗习惯，从而增进对不同文化的理解和尊重。例如，通过带领游客参观博物馆和历史遗址，导游可以帮助游客了解人类文明的发展历程，增强对历史和文化的兴趣和热爱。

（二）技能要求

1. 语言技能

具备优秀的语言技能对于导游来说至关重要。导游不仅是旅行团与旅游景点之间的桥梁，也是游客与当地文化之间的纽带。导游需要拥有流利的口头表达能力。这意味着导游需要能够清晰、准确地传递信息，同时具备良好的沟通技巧，确保游客能够理解和记住所传达的内容。

导游的语言能力不仅仅局限于一种语言。在全球化的今天，拥有多语种能力成为导游的一大优势。导游如果能够掌握多种语言，不仅可以吸引更多不同国家和地区的游客，还能在不同的文化背景下游刃有余地进行交流。多语种能力不仅提升了导游的竞争力，也为游客提供了更加便利和贴心的服务体验。

导游还需要具备出色的应变能力。旅行途中难免会遇到突发情况，如天气变化、交通堵塞或游客突发疾病等。此时，导游需要迅速反应，灵活调整行程，并以冷静、专业的态度安抚游客。这种应变能力离不开导游的语言技巧，导游需要在紧急情况下用准确、简明的语言向游客传达信息，避免恐慌和混乱。

导游的语言技能还包括解说技巧。导游在带领游客参观景点时，需要生动地描述景点的历史、文化和故事。好的导游能够通过巧妙的语言组织，将枯燥的历史数据转化为生动有趣的故事，吸引游客的注意力，并让他们更深刻地了解和记住这些信息。这需要导游具备丰富的词汇量和优美的表达能力。

语言技能对于导游来说不仅仅是工具，更是艺术。优秀的导游善于利用语言的力量，创造一种轻松愉快的氛围，使游客感到宾至如归。导游需要通过语言表达自己的热情和专业，让游客感受到被尊重和关爱。无论是在解答游客问题时，还是在介绍景点时，导游都需要用充满感染力的语言打动游客，增强他们的旅行体验。

导游还需要具备跨文化交际能力。不同国家和地区的游客有着不同的文化背景和习惯，导游需要通过语言技巧，尊重和理解这些差异。在与外国游客交流时，导游需要避免使用可能引起误解或冒犯的词语，同时要敏锐地察觉对方的文化禁忌和习惯。跨文化交际能力不仅能够帮助导游与游客建立良好的关系，还能避免冲突和误会。

导游的语言技能还包括演讲能力。在带领大型旅行团时，导游需要具备在众人面前进行公开演讲的能力。导游需要通过声音的高低、语速的快慢和情感的变化来吸引听众的注意力，同时要确保每一个游客都能听清楚和理解所讲的内容。演讲能力的提升不仅能增强导游的自信心，也能提高游客的满意度和旅行体验。

导游的语言技能还体现在问答环节。旅行途中，游客常常会提出各种问题，导游需要能够迅速、准确地回答这些问题。无论是关于景点的历史文化，还是旅行的具体安排，导游都需要用简洁明了的语言进行解答。优秀的导游善于用通俗易懂的语言将复杂的问题解释清楚，让游客感到满意和放心。

导游还需要具备书面表达能力。在旅行前，导游常常需要准备一些书面材料，如行程安排、景点介绍和注意事项等。这些材料需要语言简练、内容翔实，能够清晰地传达信息。同时，导游还需要能够在旅行后撰写旅游报告，总结旅行过程中的经验和教训，为未来的工作提供参考。

语言技能的提升对于导游来说需要不断地学习和实践。导游可以通过阅读相关书籍、参加语言培训课程和进行实际操作来提升自己的语言能力。同时，导游还需要不断积累文化知识，丰富自己的语言表达内容。只有通过不断的学习和积累，导游才能在工作中游刃有余，提供更高质量的服务。

导游的语言技能还需要具备一定的幽默感。旅行是一种放松和享受的活动，导游在介绍景点和讲解历史时，可以适当地加入一些幽默的元素，以活跃气氛，让游客感到轻松愉快。幽默感不仅能增强游客的旅行体验，也能拉近导游与游客之间的距离，建立更加融洽的关系。

优秀的导游还需要具备说服力。在旅行过程中，导游常常需要向游客推荐一些活动或行程，这时说服力显得尤为重要。导游需要通过逻辑清晰、理由充分的语言说服游客，让他们接受并参与到推荐的活动中。说服力的提升需要导游具备丰富的知识储备和良好的表达技巧。

2. 应急技能

培养导游的应急技能是确保旅游活动安全顺利进行的关键环节。导游在面对突发事件时，首先应具备高度的警觉性。警觉性意味着导游能够及时发现潜在的危险因素，提前采取预防措施，防止问题恶化。通过细心观察，导游可以在问题刚刚萌芽时就进行处理，避免更大的事故发生。

导游需要具备冷静的心态。面对突发情况，冷静是最重要的应对策略之一。导游应保持镇定，避免因情绪失控而影响判断力和决策能力。在紧急情况下，导游的冷静表现可以给游客带来安全感，帮助他们稳定情绪，配合处理问题。

导游还需掌握基本的急救技能。在旅游过程中，游客可能会遇到各种身体不适或意外伤害。导游应熟悉心肺复苏、创伤处理等基本急救方法，并定期参加急救培训，以确保在紧急情况下能够迅速采取有效的救护措施，保障游客的生命安全。

导游应具备良好的沟通能力。面对突发事件，导游需要迅速与团队成员、游客及相关部门进行有效沟通。通过清晰准确的沟通，导游能够迅速传达重要信息，协调各方资源，确保应急处理的有序进行。同时，导游还需耐心安抚游客的情绪，解释应对措施，争取他们的理解和配合。

导游的应急技能还包括灵活应变的能力。在突发事件中，情况往往复杂多变，导游需具备快速反应和灵活应对的能力。通过灵活调整行程安排，合理分配资源，导游可以最大限度地减少突发事件对旅游活动的影响，确保行程的顺利进行。

同时，导游应熟悉相关的应急预案。旅游企业通常会制定各种应急预案，涵盖突发疾病、自然灾害、交通事故等多种情况。导游应认真学习和熟悉这些预案，了解应急处理的具体步骤和要求。在实际工作中，导游应根据情况灵活运用应急预案，确保应对措施的有效实施。

导游还需具备应急物资管理的能力。在旅游过程中，应急物资的准备和管理至关重要。导游应提前准备好急救药品、通信设备、防护用品等应急物资，并确保这些物资处于良好状态，随时可用。通过科学管理应急物资，导游可以在紧急情况下迅速调配资源，提高应急处理的效率。

导游的应急技能还包括团队协作的能力。应急处理往往需要多方配合，导游应善于与司机、领队、游客等团队成员进行有效协作，共同应对突发事件。通过良好的团队合作，导游可以充分发挥各方优势，协调解决问题，确保应急处理的顺利进行。

导游的应急技能培养需要不断的实践和积累。在实际工作中，导游应积极参与各类应急演练，不断总结经验教训，提高自身的应急能力。通过持续的学习和实践，导游可以不断提升应对突发事件的能力，为游客提供更加安全可靠的服务。

导游应具备良好的心理素质。应急处理过程中往往充满压力和挑战，导游需要保持稳定的心理状态，以冷静应对各种突发情况。具备良好的心理素质，导游可以在紧急情况下保持清晰的头脑，做出正确的判断和决策。

导游应提前了解目的地的安全情况，评估可能存在的风险，并制定相应的预防措施。通过科学的风险评估和准备工作，导游可以有效降低突发事件发生的概率，确保旅游活动的安全顺利进行。

导游还需具备快速决策的能力。面对突发事件，时间往往非常紧迫，导游需要在短时间内做出正确的决策。通过迅速分析情况，评估利弊，导游可以在紧急情况下迅速制定出最佳的应对方案，确保问题得到及时解决。

危机管理不仅是应对突发事件的措施，还包括事后恢复和总结。导游应在突发事件后，及时进行事后总结，分析问题原因，总结经验教训，为今后的工作提供参考。同时，导游还需协助游客进行心理疏导，帮助他们恢复正常的情绪和状态。

导游应具备良好的应急指挥能力。在突发事件中，导游往往需要扮演应急指挥的角色，负责协调各方资源和力量。导游应具备良好的组织和指挥能力，能够迅速制定应对方案，协调各方资源，确保应急处理的有序进行。

在应对突发事件时，导游需了解并遵守相关法律法规，确保应急处理的合法合规。形成法律意识后，导游可以在突发事件中有效保护游客和自身的权益，避免法律纠纷和出现责任问题。

导游不仅是突发事件的应对者，更是预防和教育的推广者。导游应具备一定的应急培训能力，能够在旅游过程中对游客进行安全教育，提高他们的安全意识和应急能力。通过应急培训，导游可以帮助游客提高自我保护能力，减少突发事件的风险。

导游应具备多样化的应急技能。在不同的突发事件中，需要不同的应对措施，导游应具备多方面的应急技能。通过不断学习和实践，导游可以掌握更多的应急技能，提升综合应急能力，确保能够应对各种突发情况。

在突发事件中，信息的获取和管理非常关键。导游应具备快速收集、分析和处理信息的能力，确保应急处理中的信息流通顺畅。通过有效的信息管理，导游可以及时获取准确的信息，做出正确的决策。

在突发事件中，资源的合理调配至关重要。导游应具备良好的资源管理和调配能力，能够迅速协调各种资源，确保应急处理的顺利进行。通过科学的资源调配，导游可以提高应急处理的效率和效果。

在旅游过程中，导游应具备良好的风险评估能力，能够提前识别和评估可能存在的风险。通过科学的风险评估，导游可以提前制定预防措施，降低突发事件的发生概率，提高旅游活动的安全性。

应急演练是提升应急技能的重要途径，导游应积极参与各种应急演练，不断提高自身的应急能力。通过应急演练，导游可以模拟各种突发情况，检验和提升应急处理的能力和水平。

第三节　导游专业发展的路径与机会

一、导游专业发展的路径

（一）初步积累经验

作为一名初入行的导游，积累经验是提升自己专业能力的重要过程。导游的职责不仅仅是带领游客参观景点，更需要通过丰富的实践逐步提高自己的综合素质和服务水平。

在开始积累导游经验时，首先需要从实习做起。通过在旅行社或景区的实习，导游可以了解基本的工作流程和操作规范，学习如何组织和安排旅游线路，掌握与游客沟通的技巧。实习阶段是理论与实践结合的重要环节，有助于导游更快地适应工作环境。

接下来，观察和向有经验的导游学习是积累经验的有效方式。新手导游可以跟随资深导游带团，从中学习他们的讲解技巧、应对突发事件的方法以及与游客互动的方式。通过观察，可以了解到不同风格和特点的导游在实际工作中的表现，这对新手导游自身风格的形成具有借鉴意义。

积极参与各种导游培训和讲座也是积累经验的重要途径。旅游行业的发展日新月异，新景点、新知识不断涌现，通过参加培训和讲座，导游可以及时更新自己的知识储备，提升专业水平。培训和讲座还提供了与同行交流和学习的机会，有助于导游开阔视野，获取更多行业信息。

为了进一步提升经验，新手导游还可以通过参与实际的带团工作来积累实战经验。每一次带团都是一次宝贵的实践机会，通过与不同游客群体的接触和互动，导游可以逐渐掌握不同类型游客的需求和偏好，从而提供更有针对性的服务。带团过程中遇到的各种问题和挑战，也能锻炼导游的应变能力和解决问题的技巧。

导游还应积极利用业余时间进行自我学习和知识积累。阅读相关书籍、查阅资料、参观博物馆和历史遗址等，都是扩展知识面的有效方法。丰富的知识储备不仅有助于提升讲解的深度和广度，也能增强导游的自信心和专业形象。

除了专业知识的积累，导游还需要注重培养自己的沟通和表达能力。与游客的良好沟通是导游工作的重要组成部分，流畅的表达和清晰的讲解能够提升游客的旅行体验。通过参加语言培训、演讲比赛等活动，导游可以不断提升自己的语言表达能力和公众演说技巧。

积累导游经验还需要注重对细节的把握和关注。在带团过程中，导游需要关注游客的需求和反应，及时提供帮助和服务。细致入微的服务能够赢得游客的好感和信任，提升游客的满意度和忠诚度。导游可以通过观察游客的表情和行为，了解他们的需求和期望，从而提供更加个性化和贴心的服务。

导游还应积极寻求游客的反馈和意见,不断改进和提升自己的服务质量。每一次带团结束后,导游可以向游客征求他们的意见和建议,总结自己的优点和不足。通过反思和总结,导游可以不断改进自己的工作方法和服务内容,提升整体的服务水平。

团队协作也是导游积累经验的重要方面。导游在带团过程中需要与司机、领队、景区工作人员等多方协作,确保整个旅游过程的顺利进行。通过与团队成员的合作,导游可以学习到不同岗位的工作内容和要求,提升自己的协调和组织能力。

导游还需要培养自己的应变能力和解决问题的技巧。旅游过程中常常会遇到各种突发情况,如天气变化、交通延误等,导游需要具备快速反应和灵活应对的能力。通过不断积累处理突发事件的经验,导游可以逐渐形成自己的应对策略,提升整体的工作效率和服务质量。

心理素质和情绪管理能力也是导游积累经验过程中需要关注的方面。导游工作强度大、压力高,良好的心理素质和情绪管理能力有助于导游保持积极的心态和高效的工作状态。通过参加心理培训、学会放松和减压的方法,导游可以更好地应对工作中的各种挑战和压力。

导游的职业道德和责任心同样是积累经验过程中不可忽视的部分。导游在工作中应遵守职业道德规范,做到诚实守信,维护游客的权益和安全。通过不断实践和自我要求,导游可以逐渐培养起自身高度的责任心和职业道德,树立良好的职业形象。

导游的经验积累需要一个长期的过程。通过不断的实践、学习和反思,导游可以逐步提升自己的专业能力和服务水平。每一次带团、每一次交流都是宝贵的经验积累过程,导游应以积极的态度和开放的心态面对每一次挑战和机遇。

(二)拓展服务范围

导游的服务范围不仅仅局限于传统的导览和解说,还可以通过拓展服务内容和方式,为游客提供更加丰富多样的旅游体验。导游可以通过增加特色项目、提供定制化服务、开展主题活动等方式,为游客带来更加个性化和丰富多彩的旅游体验。

导游可以通过增加特色项目,为游客提供更加独特和个性化的旅游体验。例如,在带领游客参观名胜古迹的同时,导游可以安排一些特色活动,如传统手工艺制作体验、民俗文化表演等,让游客在欣赏景点的同时,更深入地了解当地的文化传统和生活方式。这种特色项目不仅能够吸引更多游客,还能够提升旅游目的地的知名度和吸引力。

导游可以提供定制化服务,根据游客的需求和兴趣,量身定制旅游行程。例如,对于家庭游客,导游可以安排一些适合家庭的亲子活动,如家庭料理比赛、亲子游戏等,增强家庭成员之间的感情;对于商务游客,导游可以安排一些商务交流活动,如商务洽谈、企业参观等,满足他们的商务需求。通过定制化服务,导游可以提高旅游服务的个性化程度,增加游客的满意度和忠诚度。

导游还可以开展主题活动，为游客提供更加丰富多彩的旅游体验。例如，导游可以根据不同的主题，如历史文化、自然风光、冒险探险等，设计不同的旅游线路和活动内容，让游客可以根据自己的兴趣和需求选择参加。这种主题活动不仅能够吸引更多游客，还能够提升旅游目的地的品牌价值和竞争力。

导游还可以通过引入科技元素，提升旅游体验的互动性和趣味性。例如，导游可以利用虚拟现实（VR）技术，为游客打造沉浸式的景点体验；利用增强现实（AR）技术，为游客提供实时的解说和导航服务；利用无人机技术，为游客提供独特的航拍视角。通过引入科技元素，导游可以为游客带来全新的旅游体验，提升旅游目的地的吸引力和竞争力。

导游还可以通过开展生态旅游和体验式旅游等新型旅游项目，为游客提供更加丰富和多样的旅游体验。例如，导游可以组织游客参加生态保护活动，如植树造林、环境清理等，增强游客的环保意识和责任感；可以组织游客参加农家乐活动，体验农村生活和农业劳动，增进对乡村文化的了解和尊重。通过开展这些新型旅游项目，导游可以为游客提供更加丰富多彩的旅游体验，同时促进旅游业的可持续发展。

（三）开办导游培训机构

开办导游培训机构是一项具有挑战性但也充满机遇的事业。这需要深厚的行业经验和丰富的导游知识。创办者应该是一位经验丰富、业内知名的导游，具备丰富的实践经验和成功案例，能够为学员提供权威、实用的培训内容。

导游培训机构需要拥有一支优秀的师资队伍。这些导游培训师应该不仅在理论知识上有所建树，更要在实践操作中独具见解。他们需要具备扎实的导游知识，优秀的教学技巧和丰富的实践经验，能够为学员提供系统、全面的培训服务。

导游培训机构还需要具备一流的教学设施和学习环境。这包括教室、实训场地、多媒体设备等方面的配置，以及舒适、安全的学习环境。良好的教学设施和学习环境能够提高学员的学习效率和体验，有助于培养出优秀的导游人才。

培训课程应该根据导游行业的最新发展和需求进行设计，内容全面、系统，注重理论与实践相结合，能够帮助学员全面提升导游技能和素质。

同时，导游培训机构还需要注重实践教学和实地实训。理论知识只是导游培训的一部分，实践能力和实地操作同样重要。导游培训机构应该为学员提供丰富的实践机会，让他们在实际工作中学以致用，提升自己的实践能力和经验。

了解行业最新动态和需求，与旅行社、景区等企业建立合作关系，为学员提供就业和实习机会，帮助他们顺利就业，也是导游培训机构的重要任务之一。

导游培训机构还需要注重学员的个性化培养。每个学员的背景、能力和需求都不同，导游培训机构应该根据学员的实际情况，量身定制培训计划，帮助他们充分发挥自己的优势，提升自己的导游能力。

通过打造独特的品牌形象，提供优质的培训服务，积累良好的口碑和品牌影响力，吸引更多的学员和合作伙伴，推动导游培训机构的持续发展。

二、导游专业发展的机会

（一）旅游市场需求

随着旅游业的快速发展，导游专业正面临着前所未有的发展机遇。旅游市场对专业导游的需求日益增长。随着人们生活水平的提高和旅游意识的增强，越来越多的人选择出行旅游，对导游的需求也越来越大。各类旅游企业和机构都在寻求优秀的导游来提供专业化的服务，这为导游专业的发展提供了广阔的市场空间。

旅游市场对多样化、专业化导游的需求不断增加。随着旅游产品的丰富和旅游方式的多样化，游客对导游的要求也在不断提高。他们希望导游不仅能够熟悉景点的历史文化，还能够提供专业的讲解和服务。具备多种语言能力、专业知识和服务技能的导游将更受市场青睐。

旅游市场的发展也为导游提供了广阔的专业发展空间。随着旅游业的不断扩大和升级，导游不再局限于传统的景点讲解，还可以参与更多的旅游项目和活动。例如，导游可以参与旅游线路规划、旅游产品设计、旅游活动策划等工作，拓展了导游的职业发展路径，提升了导游的职业地位和收入水平。

旅游市场对高素质导游的需求也在不断提升。随着旅游市场竞争的加剧和消费者对旅游品质的要求不断提高，高素质导游成为旅游企业竞争的重要优势。提升自身素质、不断学习和提高专业能力成为导游发展的必然要求。

随着旅游市场的不断发展，导游专业也面临着一系列新的挑战和机遇。随着旅游业的不断发展和升级，导游需要不断提升自身素质和专业能力，以适应市场需求的变化。随着旅游市场的不断扩大，导游需要具备更强的综合素质和服务能力，才能在激烈的市场竞争中脱颖而出。

同时，随着旅游市场的不断发展，导游还面临着新的机遇和挑战。随着旅游业的不断发展，导游可以参与更多的旅游项目和活动，提升自身的专业能力和知名度。随着旅游市场的不断扩大，导游有机会在国内外各类旅游企业和机构就业，拓展了导游的职业发展路径，提升了导游的职业地位和收入水平。

导游在职业发展中还需要注重自身的品牌建设。随着旅游市场的不断发展和竞争的加剧，导游需要通过提升自身素质和服务水平，树立良好的个人形象和口碑，建立自己的导游品牌，以在市场中脱颖而出，获得更多的机会和发展空间。

导游在职业发展中还需要关注行业的发展趋势和变化。随着旅游市场的不断发展和变化，导游需要及时了解行业的最新动态，不断调整和改进自己的服务方式和工作方式，以适应市场的需求和变化，保持自身的竞争力和可持续发展能力。

总之，随着旅游市场的不断发展和变化，导游专业正面临着前所未有的发展机遇。导游需要不断提升自身素质和专业能力，积极适应市场需求的变化，抓住机遇，勇于创新，才能在激烈的市场竞争中脱颖而出，实现自身的职业发展和价值实现。

随着旅游业的迅速发展，导游专业正面临着前所未有的发展机遇。旅游市场对专业导游的需求日益增长。随着人们生活水平的提高和旅游意识的增强，越来越多的人选择出行旅游，对导游的需求也越来越大。各类旅游企业和机构都在寻求优秀的导游来提供专业化的服务，这为导游专业的发展提供了广阔的市场空间。

旅游市场对多样化、专业化导游的需求不断增加。随着旅游产品的丰富和旅游方式的多样化，游客对导游的要求也在不断提高。他们希望导游不仅能够熟悉景点的历史文化，还能够提供专业的讲解和服务。具备多种语言能力、专业知识和服务技能的导游将更受市场青睐。

旅游市场的发展也为导游提供了广阔的专业发展空间。随着旅游业的不断扩大和升级，导游不再局限于传统的景点讲解，还可以参与更多的旅游项目和活动。例如，导游可以参与旅游线路规划、旅游产品设计、旅游活动策划等工作，拓展了导游的职业发展路径，提升了导游的职业地位和收入水平。

旅游市场对高素质导游的需求也在不断提升。随着旅游市场竞争的加剧和消费者对旅游品质的要求不断提高，高素质导游成为旅游企业竞争的重要优势。提升自身素质、不断学习和提高专业能力成为导游发展的必然要求。

随着旅游市场的不断发展，导游专业也面临着一系列新的挑战和机遇。随着旅游业的不断发展和升级，导游需要不断提升自身素质和专业能力，以适应市场需求的变化。随着旅游市场的不断扩大，导游需要具备更强的综合素质和服务能力，才能在激烈的市场竞争中脱颖而出。

同时，随着旅游市场的不断发展，导游还面临着新的机遇和挑战。随着旅游业的不断发展，导游可以参与更多的旅游项目和活动，提升自身的专业能力和知名度。随着旅游市场的不断扩大，导游有机会在国内外各类旅游企业和机构就业，拓展了导游的职业发展路径，提升了导游的职业地位和收入水平。

导游在职业发展中还需要注重自身的品牌建设。随着旅游市场的不断发展和竞争的加剧，导游需要通过提升自身素质和服务水平，树立良好的个人形象和口碑，建立自己的导游品牌，以在市场中脱颖而出，获得更多的机会和发展空间。

导游在职业发展中还需要关注行业的发展趋势和变化。随着旅游市场的不断发展和变化，导游需要及时了解行业的最新动态，不断调整和改进自己的服务方式和工作方式，以适应市场的需求和变化，保持自身的竞争力和可持续发展能力。

（二）政策支持

导游行业作为旅游业的重要组成部分，在国家政策的支持下，正逐步发展壮大。政策支持为导游专业的发展提供了广阔的机遇和发展空间，使得从业者有更多的机会提升自己的专业水平和服务质量。

政府对旅游业的支持政策为导游行业的发展提供了坚实的基础。随着旅游业的快速发展，政府逐渐重视旅游业对经济发展的贡献，并出台了一系列扶持政策，如加大对旅游业的投资、优化旅游环境、提升旅游服务水平等。这些政策的实施，为导游提供了更好的工作环境和发展条件。

政府对导游行业的规范管理促进了导游行业的健康发展。为了规范导游市场秩序，提升导游服务质量，政府出台了一系列管理措施，如建立导游从业资格制度、加强导游培训和考核、规范导游市场秩序等。这些举措的实施，不仅提升了导游的整体素质和专业水平，也提高了导游的社会地位和职业声誉。

政府对旅游业的发展提出了一系列长远的发展目标和规划，为导游行业提供了可持续发展的方向。随着国内旅游市场的不断扩大和国际旅游市场的不断开放，导游行业的发展前景广阔。政府提出的"旅游强国"战略和"一带一路"倡议等重大发展战略，为导游行业的发展提供了重要的发展机遇和政策支持。

政府还通过加强对旅游文化的传承和保护，为导游行业提供了更多的发展空间。作为旅游文化传播的重要载体，导游在传播历史文化、宣传旅游景点等方面发挥着重要作用。政府出台的一系列文化保护政策和旅游扶持政策，为导游提供了更多展示自己专业知识和技能的机会，也为导游行业的长远发展奠定了良好的文化基础。

政府还鼓励导游行业与其他相关产业的合作与创新，为导游行业提供了更广阔的发展空间。随着旅游业的不断发展，旅游与文化、体育、科技等产业的融合日益加深，导游行业也逐渐向多元化、专业化方向发展。政府出台的支持旅游与其他产业融合发展的政策，为导游提供了更多与其他行业合作的机会，也为导游行业的发展注入了新的活力和动力。

政府通过加强对导游行业的宣传和推广，提升了导游行业的社会认可度和知名度。政府在各类媒体上加大对导游行业的宣传力度，展示导游行业的良好形象和社会价值，提高了社会对导游行业的认可度和尊重度。这为导游提供了更广阔的职业发展空间，也为导游行业的长远发展奠定了良好的社会基础。

第四节 导游专业认证与培训体系

一、导游专业认证的类型

（一）专业领域认证

导游是旅游行业中的重要职业之一，为了提升自身的专业水平和服务质量，导游可以通过参加专业领域认证考试，获取相应的认证资质。这些认证资质不仅能够证明导游具备了一定的专业知识和技能，还能够提升导游的职业声誉和竞争力。

导游可以参加各种专业领域的认证考试，获取相关的专业认证资质。例如，导游可以参加文化遗产解说员资格认证考试，获取文化遗产解说员证书；可以参加生态导游员资格认证考试，获取生态导游员证书；可以参加语言能力测试，获取外语导游资格认证等。通过这些专业领域的认证，导游可以进一步提升自己在特定领域的专业水平和服务能力，为游客提供更加专业和个性化的导游服务。

（二）国家级认证

获得国家级导游认证是导游职业发展的重要里程碑。国家级导游认证是对导游专业素质和职业能力的认可。通过参加国家级导游认证考试，导游需要全面掌握旅游目的地的地理、历史、文化等方面的知识，具备优秀的导游技能和服务意识，以及良好的语言表达能力和沟通能力。获得国家级导游认证意味着导游在专业素质和职业能力上已经达到了国家标准，具备了从事导游工作的基本条件。

国家级导游认证是提升导游职业水平和竞争力的重要途径。导游行业竞争激烈，只有具备国家级导游认证的导游才能在激烈的市场竞争中脱颖而出。获得国家级导游认证可以证明导游的专业能力和素质，提升导游在旅游企业和游客中的信誉和声誉，增加就业和发展机会。

导游是旅游服务的重要组成部分，其服务质量直接影响着游客的旅行体验和对目的地的印象。国家级导游认证通过对导游的专业素质和服务能力进行评估，促使导游提升自身素质，规范行业秩序，提升整体服务水平。

优质的导游服务是旅游目的地的重要标志之一。通过国家级导游认证，导游可以更好地向游客介绍旅游目的地的特色和魅力，提升游客对目的地的兴趣和好感，促进旅游目的地的发展和繁荣。

导游是旅游服务链条中的重要环节，其服务质量和水平直接关系到整个旅游产业的形象和声誉。国家级导游认证可以提高导游的专业水平和服务质量，推动导游行业的规范化和专业化发展，促进整个旅游产业的健康发展。

二、导游培训体系的内容

（一）基础知识培训

导游基础知识培训是导游职业发展的重要一环。导游需要掌握丰富的历史文化知识。作为旅游服务的重要组成部分，导游需要了解所在地区的历史、文化、艺术等方面的知识，以便向游客提供准确、全面的解说服务。这些知识不仅可以增强导游的专业素养，还可以提升游客的旅游体验。

导游在工作中需要引导游客游览不同的景点和景区，因此需要熟悉这些景点景区的地理环境和自然景观的特点和历史。通过掌握这些知识，导游可以更好地向游客介绍景点的地理位置、气候特点、自然环境等信息，为游客提供更加全面的旅游解说服务。

在工作中，导游需要遵守相关法律法规，保障游客的合法权益，确保旅游活动的顺利进行。了解旅游政策可以帮助导游更好地引导游客，合理安排行程，避免因不了解政策而导致的问题发生。

导游还需要掌握基本的旅游知识和技能。例如，导游需要了解旅游服务的基本流程和规范，学会与游客沟通和交流，掌握一些旅游常识和安全常识，以便在工作中能够妥善处理各种突发情况，确保游客的安全和舒适。

导游需要清楚自己在旅游活动中的具体职责和要求，遵守导游行业的相关规范和准则，确保自己的行为符合职业道德和社会公德，为游客树立良好的形象。

导游需要了解旅游市场的发展趋势和特点，掌握市场信息，为游客提供准确的旅游建议和推荐。同时，导游还需要了解各类旅游产品的特点和优势，以便根据游客的需求进行合理的推荐和安排。

导游基础知识培训还应包括语言和表达能力的培养。导游需要具备良好的语言表达能力，能够流利地讲解景点的历史和文化，向游客介绍当地的风土人情。同时，导游还需要具备一定的外语能力，以满足不同国家游客的需求。

（二）专业技能培训

导游专业技能培训是提升导游职业素养和服务质量的关键环节。通过系统的培训，导游能够掌握更加全面的知识，提升综合素质，更好地服务游客。培训内容涵盖了多方面的知识和技能，旨在全面提升导游的职业水平。

导游培训中至关重要的是语言能力的提升。导游需要具备流利的普通话和英语能力，并根据工作需要掌握其他外语。这不仅包括语言的基本交流能力，还涉及专业术语和文化背景知识的掌握。在培训中，通过模拟导游讲解、语言互动等形式，帮助导游提升语言表达的流畅性和准确性。

地理和历史知识是导游培训的重要组成部分。导游需要对所服务地区的地理位置、历史背景、文化特色等有全面的了解。这些知识不仅有助于导游在讲解过程中提供丰富的信息，还能回答游客提出的各种问题。在培训中，通过系统学习和实地考察，导游能够掌握更多的地理和历史知识，提高讲解的深度和广度。

导游培训还注重提升导游的应急处理能力。在旅游过程中，难免会遇到各种突发情况，如天气变化、交通事故、游客生病等。导游需要具备快速反应和妥善处理的能力，确保旅游活动顺利进行。在培训中，通过模拟应急场景和案例分析，导游可以学习到有效的应对策略和方法。

导游的服务礼仪也是培训的重要内容之一。导游作为游客的服务者，其言行举止直接影响游客的旅游体验。培训中，通过讲解和示范，导游可以学习到标准的服务礼仪，如迎宾礼仪、讲解礼仪、送客礼仪等。这些礼仪规范不仅有助于提升导游的专业形象，还能提高游客的满意度。

导游的心理素质也是培训中的一个重要环节。导游需要面对各种类型的游客，有时可能会遇到挑剔或情绪不稳定的游客。这就要求导游具备良好的心理素质，能够保持冷静和耐心，妥善处理各种问题。在培训中，通过心理学知识的讲解和实际操作练习，导游可以提升自身的心理调节能力。

现代导游不仅是旅游服务的提供者，还需要具备一定的市场营销能力，能够推介旅游产品，吸引更多的游客。在培训中，通过市场营销理论的学习和实际操作演练，导游可以提升自己的营销能力，拓展业务渠道。

导游在工作中需要遵守国家和地方的相关法律法规，维护游客的合法权益，确保旅游活动的合法性。在培训中，通过系统的法律知识学习，导游可以了解相关的法律法规，增强法律意识，增强依法服务的能力。

导游不仅需要具备扎实的专业知识，还需要具备良好的职业道德和责任感。在培训中，通过职业道德教育和实际案例分析，导游可以树立正确的职业观，增强责任感和使命感。

导游需要与游客、旅游企业、当地居民等多方进行沟通，这就要求导游具备良好的沟通技巧。在培训中，通过沟通技巧的学习和模拟练习，导游可以提升自己的沟通能力，建立良好的人际关系。

导游的团队合作能力也是培训的重要内容。旅游活动往往需要多个部门和人员的协作，导游作为其中的重要一环，需要具备团队合作精神，能够与其他人员密切配合。在培训中，通过团队合作的演练和案例分析，导游可以提升自己的团队合作能力，提高工作效率。

随着旅游市场的不断变化，导游需要不断创新，提供更具吸引力的旅游服务。在培训中，通过创新思维的培养和实际操作练习，导游可以提升自己的创新能力，满足游客的多样化需求。

导游的文化素养也是培训的重点。导游需要了解和尊重不同的文化，能够向游客传递正确的文化知识。在培训中，通过文化素养的培养和实际操作练习，导游可以提升自己的文化素养，增强文化交流的能力。

导游需要对自己的职业发展有清晰的规划，能够不断提升自身的职业素质和能力。在培训中，通过职业规划的指导和实际操作练习，导游可以明确自己的职业目标，制订合理的职业发展计划。

导游作为游客的服务者，需要具备良好的客户服务能力，能够满足游客的各种需求。在培训中，通过客户服务理论的学习和实际操作练习，导游可以提升自己的客户服务能力，提高游客的满意度。

导游的自我管理能力也是培训的重要内容。导游需要具备良好的自我管理能力，能够合理安排自己的工作和生活。在培训中，通过自我管理技能的学习和实际操作练习，导游可以提升自己的自我管理能力，提高工作效率。

第八章　导游知识技能培养

第一节　导游的历史与文化知识培养

一、导游的历史知识培养

历史知识是导游职业素养中的一个重要组成部分，导游需要具备丰富的历史知识，以便在带团过程中向游客传递准确且有深度的历史信息。这不仅有助于增强游客的体验，也能提升导游的专业形象。导游的历史知识培养显得尤为重要。

系统学习指的是从历史的全局出发，掌握从古至今的历史发展脉络。这包括中国历史、世界历史、区域历史等不同层次的内容。通过系统学习，导游能够对历史有一个全面而深刻的理解，能够在解说中游刃有余地回答游客的各种问题。导游还需不断更新自己的历史知识，以跟上最新的学术研究和考古发现，这样才能提供更为精准和翔实的解说。

专题研究是一种深入探讨特定历史事件、人物或时期的方法。导游可以选择一些与自己工作区域相关的历史专题，进行详细的研究和学习。例如，在讲解长城时，可以深入研究长城的建造历史、军事功能及其在不同朝代的作用与变化。通过这样的专题研究，导游可以在讲解时提供更为详尽和富有层次的信息，让游客更好地理解和感受历史的厚重感。

很多历史学者和考古专家会定期举办讲座，分享最新的研究成果和考古发现。导游通过参加这些培训和讲座，能够第一时间获取最新的历史知识和研究动态。很多旅游公司和导游协会也会定期组织历史知识培训，邀请专家学者为导游进行专业的历史知识讲解。参加这些培训不仅能提升导游的历史素养，也能为其职业生涯的发展打下坚实的基础。

除了书本和课堂学习，导游还可以通过网络资源、纪录片、历史博物馆等途径进行学习。现代科技的发展，使获取知识的途径变得更加多样化和便捷化。例如，很多历史类的纪录片和讲座都可以在互联网上找到，导游可以通过观看这些资源，直观地了解和学习历史知识。参观历史博物馆、考古遗址和历史文化名城，也是导游获取第一手历史资料的重要途径。

理论学习固然重要，但历史知识的掌握还需要通过实践来深化。导游可以定期前往历史遗址、博物馆和文化古城进行实地考察，通过亲身体验和观察，增强对历史的感性认识。例如，在讲解西安的历史时，亲自走访西安的城墙、大雁塔、兵马俑等历史遗址，可以获得更为真实和生动的讲解素材。

历史思维不仅仅是对历史事件和人物的了解，更重要的是通过历史事件和人物，理解历史发展的规律和趋势。导游在解说过程中，应善于引导游客思考和探讨历史问题，从而增强历史解说的深度和广度。例如，在讲解抗日战争历史时，不仅要介绍战争的基本事实，还应引导游客思考战争对中国社会和人民的深远影响，以及战争对世界格局的改变。

历史学与其他学科，如地理学、考古学、文化人类学等，有着密切的联系。导游在学习历史知识的同时，也应注重相关学科知识的学习和融合。例如，在讲解敦煌莫高窟时，不仅要介绍其历史背景，还应结合艺术史和宗教史的知识，讲解壁画和雕塑的艺术特点及其宗教意义。通过多学科知识的融合，导游的讲解将更加全面和富有吸引力。

二、导游的文化知识培养

文化知识是导游职业中的重要组成部分。导游不仅仅是旅游景点的讲解员，更是文化的传播者和桥梁，能够将当地的历史、习俗、艺术等通过生动的讲解传递给游客。导游在文化知识方面的培养显得尤为重要。

导游需要具备广博的文化知识。文化不仅仅是历史，还包括艺术、文学、音乐、建筑等多个方面。导游应通过阅读、观影、听讲座等方式，不断扩展自己的文化视野。例如，在介绍一个美术馆时，导游不仅要知道馆内收藏的每一件作品的基本信息，还应了解这些作品背后的艺术流派、创作背景以及艺术家的生平和创作理念，这样才能为游客提供全面且深刻的艺术体验。

导游在文化知识的培养中应注重持续学习和终身教育。文化是无限的，导游的学习也应是持续不断的。导游应保持学习的热情和动力，通过不断的学习和实践，不断提升自己的文化知识水平和讲解能力。例如，可以通过参加各种专业培训、学术研讨会、文化交流活动等方式，持续更新自己的知识储备，保持与时俱进的讲解水平。

第二节　导游的语言与沟通技能培养

一、导游语言技能的培养

（一）语言技能的主要内容

导游需要掌握的语言技能包括标准的普通话或本地语言、英语及其他外语、专业术语和常用表达等。熟练掌握这些技能有助于导游更好地与不同语言背景的游客沟通。一个优秀的导游应具备多种语言能力，以应对来自世界各地的游客需求。普通话作为中国的官方语言，是国内导游必须熟练掌握的基本技能。同时，了解和使用本地语言也至关重要，特别是在多民族、多语言地区，这不仅可以更好地服务游客，还能展示当地的文化特色。

熟练掌握英语不仅可以帮助导游与外国游客进行顺畅的交流，还能提升导游的职业竞争力。在现代旅游业中，英语能力的强弱直接影响到导游能否胜任国际游客的接待任务。导游培训中，英语能力的提升被放在重要的位置，通过各种教学手段和实践活动，帮助导游达到流利的英语表达水平。

例如，随着中国与法国、德国、西班牙等国旅游交流的增加，掌握法语、德语和西班牙语的导游将有更多的工作机会。这些外语的学习不仅仅停留在基础交流上，还需要深入了解这些国家的文化背景、历史故事和风土人情，以便更好地向游客介绍和展示中国的文化。

旅游业涉及的领域非常广泛，包括历史、文化、地理、艺术等方面，导游需要具备相关领域的专业术语知识，才能在讲解中准确表达。这些专业术语不仅包括中文，还涉及相关外语的术语。在培训中，通过系统学习和实际应用，导游可以逐步掌握这些专业术语，提升讲解的专业性和准确性。

同时，导游还需要熟悉各种常用表达，包括日常用语和特定场景下的表达方式。导游在实际工作中会遇到各种情况，如迎接游客、解答问题、处理投诉等，这些都需要导游具备良好的表达能力。常用表达的熟练掌握可以帮助导游在各种场合中应对自如，提升服务质量和游客满意度。在培训中，通过情景模拟和实际操作练习，导游可以不断提升自己的常用表达能力。

导游在语言表达中需要注意的还有语音、语调和语速等细节问题。这些细节看似微小，但对游客的理解和感受有着重要影响。一个清晰、温和的语音，一个适当的语速，都能让游客更好地理解导游的讲解，提升他们的旅游体验。在培训中，通过语言表达技巧的学习和实践，导游可以不断改进自己的语音、语调和语速，使讲解更加生动和易懂。

(二)语言技能的学习方法

语言技能的提升是一个系统且持续的过程,参加语言培训课程无疑是其中一个重要的环节。语言培训课程通常由专业的教师教授,课程内容涵盖听、说、读、写四个方面,能够全面提高学习者的语言能力。在课堂上,学习者不仅可以通过系统的课程安排,逐步掌握语言的基础知识和应用技巧,还能在教师的指导下,及时纠正发音和语法错误。语言培训课程通常还提供丰富的练习和测试,帮助学习者不断巩固所学知识,检测学习效果,从而稳步提升语言水平。

日常实践是提升语言技能的重要手段之一。语言学习不仅是书本知识的积累,更是实践能力的提升。学习者应在日常生活中积极运用所学语言,与他人进行交流。可以通过参加语言角、读书会等活动,找到志同道合的伙伴,共同练习。例如,在日常购物、餐馆点餐、旅行等情境中,主动使用目标语言进行交流,能够帮助学习者更好地适应真实的语言环境,提升语言运用的熟练度和自信心。通过日常实践,学习者可以在实际应用中不断积累经验,提高语言表达能力。

同时,听力训练是语言学习过程中不可或缺的一部分。通过听力训练,学习者可以提高对目标语言的理解能力和反应速度。听力训练的材料可以是新闻广播、电视剧、电影、歌曲、播客等。学习者可以选择自己感兴趣的内容,反复收听,并尝试跟读和模仿。通过这样的训练,不仅可以提高听力理解能力,还能纠正发音,培养语感。例如,每天坚持听一段英语新闻,逐步增加听力的难度和时长,长期坚持下来,听力水平会有显著提高。

阅读相关书籍是提升语言技能的另一有效途径。通过阅读,学习者可以增加词汇量,了解语言的语法结构和表达方式。选择适合自己水平的书籍和文章进行阅读,是一种高效的学习方式。例如,初学者可以从简易读物或儿童文学入手,逐步过渡到小说、报纸、学术文章等较高难度的材料。阅读过程中,应注重理解文章的内容和结构,可以在遇到生词或复杂句型时,及时查阅词典并做笔记。通过不断的阅读积累,学习者可以提高阅读速度和理解力,丰富语言表达的多样性。

与母语为目标语言的人进行交流,是提升语言技能的有效方法之一。通过与母语者的交流,学习者可以获得最真实的语言输入和输出机会。在交流中,可以学习到地道的发音、词汇和表达方式。例如,可以通过结交外国朋友、参加语言交换活动或通过网络寻找语言伙伴,定期进行交流和互动。在与母语者的交流中,学习者不仅可以提高口语表达能力,还能更好地理解目标语言的文化背景和习惯用语,这对于语言学习的全面提升非常有帮助。

语言技能的提升还可以通过多媒体资源来实现。利用多媒体资源进行学习,可以增加学习的趣味性和多样性。例如,通过观看电影、电视剧、综艺节目等,可以在轻松愉快的氛围中学习语言。尤其是带有字幕的影视作品,不仅可以帮助学习者理解情节,还能学习到大量的实用词汇和地道表达。学习者还可以通过语言学习软件和应用程序,进行系统的语言训练。这些软件通常包含听力、口语、词汇、语法等多个模块，学习者可以根据自己的需求，选择适合的内容进行学习和练习。

同时，参加语言学习社区和论坛，也是提升语言技能的有效方式。在这些社区和论坛中，学习者可以与其他语言学习者交流经验，分享学习资源和技巧。例如，学习者可以在论坛中提出自己的疑问，寻求他人的帮助和建议，还可以参加线上讨论和活动，通过互动提高语言能力。很多语言学习社区还会定期组织线下活动，为学习者提供面对面的交流和练习机会。这种互动性和社群支持，能够有效激发学习者的积极性和学习动力。

二、导游沟通技能的培养

（一）沟通技能的重要性

沟通技能在导游职业中起着至关重要的作用。导游不仅是景点的介绍者，更是游客的向导和服务者。良好的沟通技能能够帮助导游与游客建立信任和理解的桥梁，形成良好的互动关系。这种互动关系不仅可以增强游客的旅游体验，还能提升导游的职业满意度和成就感。

导游需要向游客介绍景点的历史、文化、风俗等多方面的知识。如果导游能够清晰、简明、有条理地传达这些信息，游客会更容易理解和记住，从而加深对旅游目的地的印象。例如，在讲解历史遗址时，导游可以通过生动的语言和形象的比喻，使游客仿佛置身于历史情景中，增强他们的代入感。

每个游客的兴趣点和关注点可能不同，导游通过有效的沟通，可以及时了解游客的兴趣所在，并根据这些信息调整讲解内容和方式。例如，有些游客可能对历史文化感兴趣，而另一些游客则更喜欢自然风光。导游可以通过询问和观察，了解游客的偏好，并在讲解中重点突出他们感兴趣的内容，从而提高他们的满意度。

在旅游过程中，难免会遇到各种突发事件，如天气变化、行程延误、游客迷路等。如果导游具备良好的沟通能力，可以冷静、迅速地与游客沟通，安抚他们的情绪，并协调解决问题。例如，在面对天气突变导致行程变更时，导游可以及时向游客解释原因，并提供替代方案，确保旅游活动顺利进行。

在旅游讲解中，导游不仅是单向的信息传递者，更是与游客互动的引导者。通过提问、游戏、互动活动等方式，导游可以激发游客的兴趣和参与热情，使他们更加投入到旅游体验中。例如，在介绍一个历史景点时，导游可以设计一些有趣的问答环节，让游客参与进来，通过互动增强他们的记忆和理解。

沟通技能对于营造良好的旅游氛围也至关重要。导游在与游客的互动中，通过友善、热情、幽默的交流，可以营造轻松愉快的旅游氛围，使游客感到宾至如归。例如，在长途旅行中，导游可以通过讲故事、唱歌、组织小游戏等方式，缓解游客的疲劳和无聊，增进游客之间的交流和互动，营造一种团结、和谐的旅游团队氛围。

（二）沟通技能的实践应用

在导游的实际工作中，沟通技能的运用至关重要。无论是介绍景点、解答疑问，还是处理投诉和突发情况，导游都需要通过有效的沟通来确保旅游活动的顺利进行。导游在介绍景点时，需要通过生动、详细的讲解，让游客对景点有更深刻的了解和体验。这不仅要求导游具备扎实的知识储备，还需要有良好的表达能力，能够将复杂的信息以简洁明了的方式传达给游客。

在与游客的互动过程中，导游经常会遇到各种问题和疑问。游客对景点的历史、文化、传说等方面的信息充满好奇，导游需要耐心地解答他们的问题。这不仅是对导游知识面的考验，更是对其沟通能力的挑战。导游需要通过清晰、准确的回答，满足游客的求知欲，增强他们的旅游体验。

在旅游过程中，难免会遇到一些意外情况，如行程安排不当、服务质量不佳等，导致游客不满。这时，导游需要冷静、迅速地处理问题，通过有效的沟通安抚游客情绪，解决他们的困扰。在面对突发情况时，如天气变化、交通事故、游客生病等，导游更需要展示出良好的应急处理能力，确保游客的安全和旅游活动的顺利进行。

通过实际工作中的不断实践和反馈，导游的沟通能力会逐渐得到提升。在每一次与游客的互动中，导游都能够积累经验，发现自己的不足之处，并不断改进和完善自己的沟通策略。例如，通过观察游客的反应，导游可以调整自己的讲解方式，使之更加生动有趣；通过倾听游客的反馈，导游可以改进服务质量，提升游客的满意度。

不断提升的沟通能力不仅有助于导游更好地完成工作任务，还能增强其职业自信心。有效的沟通能够帮助导游建立良好的游客关系，提升团队协作能力。这种良性循环会使导游在职业生涯中不断进步，成为更优秀的旅游服务提供者。

导游的沟通能力不仅体现在语言表达上，还包括非语言沟通技巧。导游在与游客互动时，可以通过面部表情、手势、眼神等非语言信号来传递信息。这些非语言沟通技巧能够增强导游的表达效果，使游客感受到导游的热情和真诚，从而提升他们的旅游体验。

不同文化背景的游客可能有不同的沟通习惯和期望，导游需要尊重并适应这些差异，提供个性化的服务。例如，导游在接待外国游客时，可能需要了解对方的文化习俗，避免使用可能引起误解的语言或行为。在跨文化沟通中，导游需要展示出高度的文化敏感性和尊重，以建立良好的信任关系。

为了不断提升沟通能力，导游还可以通过参加专业培训和学习，不断更新自己的知识和技能。许多旅游机构和培训机构都会提供专门的沟通技巧培训，帮助导游提升语言表达、问题解决、冲突管理等方面的能力。通过系统的学习，导游可以掌握更多的沟通策略，提升自己的专业水平。

导游还可以通过自我反思和总结来提升沟通能力。在每一次工作结束后，导游可以回顾自己的表现，总结成功的经验和不足之处。这种自我反思不仅能够帮助导游发现自己的不足，还能激励他们不断改进和提升。在长期的职业生涯中，这种持续的自我反思和总结将帮助导游不断进步，成为更优秀的旅游服务提供者。

第三节　导游的专业解说技巧培养

一、清晰的发音与声音控制

清晰的发音与声音控制是导游在专业解说中不可或缺的技能。导游在解说时，声音是否清晰直接影响游客的听觉体验和信息接收。导游需要经过系统训练，确保发音准确、吐字清晰，从而提升解说的效果。

另一个关键点是语速的掌控。导游在讲解过程中，需要根据游客的反应和环境状况调整语速，既不能过快让人难以跟上，也不能过慢导致听觉疲劳。适中的语速可以帮助游客更好地理解导游的解说内容，同时也能保持注意力的集中。在培训中，导游通过不断练习和实际操作，逐渐找到最合适的语速。

导游需要掌握适当的音量控制。在不同的场景中，导游的音量需要有所调整。例如，在开放的室外环境中，导游可能需要提高音量，以确保所有游客都能听清；而在室内或安静的环境中，导游则需要降低音量，以避免打扰其他人。音量的控制不仅关乎游客的听觉舒适度，也体现了导游的专业素养。

同时，导游的声音情感表达也是解说中的重要一环。声音不仅仅是信息的载体，更是情感的传递者。导游在讲解过程中，通过语调的变化、音色的调整，可以让解说内容更加生动、有趣，吸引游客的注意力。例如，讲述历史故事时，导游可以通过变化语调来突出故事的高潮部分，增强感染力。

在长时间的讲解中，合理的呼吸可以帮助导游保持声音的稳定和连贯。过快或过慢的呼吸都会影响语音的流畅度，甚至导致声音的断续。在培训中，导游通过呼吸练习，学会如何在解说过程中保持良好的呼吸节奏，以确保声音的持续和稳定。

这不仅包括语言的准确性和逻辑性，还涉及如何通过声音的变化来增强语言的表现力。例如，通过适当的停顿，可以让游客有时间消化信息；通过重音的使用，可以突出关键内容，帮助游客更好地理解。在培训中，通过语言表达技巧的学习和实际演练，导游可以不断提升自己的表达能力。

亲和力是建立良好游客关系的基础，通过温和、友好的语音语调，可以拉近与游客的距离，增强他们的旅游体验。在解说中，导游应尽量避免使用生硬、冷漠的语气，而是通过温暖、真诚的声音，让游客感受到关怀和尊重。

导游的声音控制还包括对环境噪音的应对能力。在实际工作中,导游不可避免地会遇到各种环境噪声,如交通噪声、人群喧哗等。导游需要学会在这种情况下如何调整自己的声音,使其仍能被游客清晰地听到。这需要导游在培训中进行专门的练习,掌握在嘈杂环境中保持声音清晰的方法。

导游在一天的工作中,可能需要长时间连续讲解,这对声音的持久力是一个考验。在培训中,通过科学的发声训练,导游可以学会如何保护嗓子,避免因过度使用而造成声音嘶哑或失声。同时,导游还需要了解一些简单的嗓音保健知识,以便在工作之余进行适当的嗓音休息和恢复。

在不同的解说内容中,导游需要通过声音的变化来增强表现力。例如,在讲解风景时,导游可以使用柔和的声音;在介绍历史事件时,可以使用庄重的语气;在讲述趣闻轶事时,则可以使用轻松的语调。通过声音的变换,导游可以使解说内容更加丰富多彩,提升游客的兴趣和参与度。

在接待不同国家和地区的游客时,导游需要了解和尊重他们的文化习惯,并通过适当的语音语调来进行交流。例如,对待日本游客,导游需要使用较为尊敬和礼貌的语气;而对待欧美游客,则可以使用更为开放和随和的语调。在培训中,通过跨文化交流的学习,导游可以掌握不同文化背景下的声音表达技巧。

二、有效的口头表达与沟通技巧

有效的口头表达与沟通技巧是导游专业素养中的重要组成部分,这直接影响到游客的体验和满意度。导游在进行专业解说时,首先要具备清晰准确的表达能力。清晰准确的表达包括语速适中、发音准确、音量适当,使得每一位游客都能听清并理解解说内容。导游在解说过程中,应避免使用过多的专业术语和复杂的句子结构,尽量使用通俗易懂的语言,将复杂的历史、文化、自然知识简化,以便游客能够轻松理解和记住。

导游在解说时应注重内容的生动性和趣味性。单调的讲解容易让游客感到枯燥无聊,影响整体体验。导游应通过讲故事的方式,将历史事件、文化背景、自然现象等内容生动地呈现出来。例如,讲解长城时,不仅要讲述其建造过程和历史背景,还可以穿插一些与长城相关的传奇故事或历史人物的趣闻逸事,增强讲解的吸引力和趣味性,使游客在愉快的氛围中获得知识。

导游需要具备良好的互动能力。在解说过程中,导游应主动与游客进行互动,调动游客的积极性和参与感。可以通过提问、小游戏、互动活动等方式,鼓励游客积极参与。例如,在讲解一个景点时,可以先向游客提问一些相关的简单问题,引发他们的兴趣和思考。通过互动,不仅可以增强游客的注意力和记忆力,还能使解说过程更加生动有趣,增强游客的体验感。

不同的游客群体有着不同的兴趣和需求，导游在解说时应根据实际情况进行调整。例如，对于家庭游客，可以多讲一些适合儿童的故事和知识；对于老年游客，则应放慢语速，内容上多关注历史文化类的知识。通过观察游客的反应，及时调整解说的内容和方式，使每一位游客都能享受到个性化的讲解服务，提升整体的满意度。

情感丰富的讲解能够增强游客的共鸣和参与感，使其更加投入和专注。导游可以通过语调、表情、肢体语言等多种方式，生动地表达情感。例如，在讲述一个动人的历史故事时，导游可以适当调整语调，配合生动的表情和手势，使故事更加感人和真实。通过情感的传递，导游能够更好地与游客建立情感联系，增强解说的感染力和吸引力。

在解说过程中，导游可能会遇到各种突发情况和问题，例如游客的突发提问、解说设备的故障、天气变化等。导游需要具备良好的应变能力，能够迅速处理和解决这些问题，保证解说的顺利进行。例如，如果游客提出了一个自己暂时无法回答的问题，导游可以诚实地告诉游客，并表示会在稍后查询相关资料后再给出解答，通过这样的方式，不仅展示了专业态度，还维护了自身的信誉。

导游应具备一定的语言技巧，能够灵活运用语言来增强解说效果。例如，导游在解说过程中可以使用对比、类比、排比等修辞手法，使语言更加生动和有感染力。例如，在讲解古建筑时，可以通过对比古今建筑风格的差异，帮助游客更好地理解古代建筑的独特之处和历史背景。通过巧妙的语言技巧，导游能够增强讲解的吸引力和说服力，使游客更加深入地理解和感受讲解内容。

积极的心态能够感染游客，使其更加愉快和放松，从而更好地享受旅行。导游在解说过程中应始终保持热情和耐心，面对游客的提问和需求，尽可能地给予详细和满意的回答和服务。同时，导游应注重自身的专业形象，言行举止得体，体现出专业的素养和服务精神。通过积极的心态和专业的态度，导游能够赢得游客的信任和好感，提升整体的服务质量和满意度。

同样重要的是，导游应不断学习和提升自己的知识水平。旅游行业的发展和游客需求的变化，要求导游不断更新和丰富自己的知识储备。例如，可以通过阅读专业书籍、参加培训课程、参观博物馆和历史遗址等途径，不断扩展和更新自己的知识面。同时，还可以通过与同行的交流和学习，吸取他人的经验和长处，不断提升自己的专业能力和解说水平。通过持续的学习和进步，导游能够在解说中提供更加丰富和专业的内容，增强游客的体验感和满意度。

三、运用语调和节奏引导听众的注意力

在导游的专业解说中，语调和节奏的运用是非常重要的。通过变化的语调和节奏，导游可以吸引听众的注意力，让他们更加专注于讲解内容，提升整体的旅游体验。在导游的专业解说中，如何巧妙运用语调和节奏成了至关重要的技巧之一。

导游可以通过使用生动的语调和鲜明的节奏来吸引听众的注意力。当导游讲解时，可以适时地调整语调的高低、轻重，以及节奏的快慢，使讲解更加生动有趣。例如，在介绍一个历史事件时，导游可以通过提高语调的高度和加快节奏的速度，表现出紧张和激动的情绪，吸引听众的注意力，引发他们的共鸣和情感。

导游可以运用语调和节奏来突出重点和强调重要信息。在讲解过程中，有些信息可能更加重要或者更加引人注目，导游可以通过调整语调的音量和节奏的变化，使这些信息更加突出和显著。例如，在介绍一个著名景点的特色时，导游可以通过放慢节奏和提高音量，使这些特色更加醒目，吸引听众的关注。

导游还可以通过变换语调和节奏来调整听众的情绪和体验。在旅游过程中，听众可能会有不同的情绪和体验，导游可以通过运用不同的语调和节奏，引导听众进入不同的情绪状态。例如，在讲解一个悲情故事时，导游可以通过缓慢的语调和低沉的音量，营造出悲伤和沉重的氛围，使听众更加深入地体验到故事的感人之处。

在讲解过程中，导游可以通过运用丰富多彩的语言和变化多端的节奏，使讲解更加生动有趣，增强听众的听觉体验。例如，在讲解一个古老的传说时，导游可以通过变换语调的音色和节奏的起伏，将故事情节生动地展现在听众面前，使他们仿佛置身于传说的世界中。

在讲解过程中，导游需要将各个景点的介绍和历史故事串联起来，使整个讲解过程流畅自然。通过运用合适的语调和节奏，导游可以使讲解内容更加连贯，吸引听众的注意力，使他们更容易跟随导游的思路和节奏。例如，在讲解一个历史古迹时，导游可以通过适当的语调和节奏的调整，将不同的历史事件和文化背景串联起来，形成一幅完整的历史画卷，给听众留下深刻的印象。

第四节　导游的地理与环境知识培养

一、导游地理知识培养

（一）自然地理要素

导游地理知识中的自然地理要素是导游工作中不可或缺的一部分。了解和掌握自然地理要素可以帮助导游更好地向游客介绍景点的地理环境和特征，增强其讲解的专业性和吸引力。自然地理要素包括地形、水系、气候、植被和土壤等，这些要素相互作用，共同构成了地球的自然景观。

地形是自然地理要素中的重要组成部分。地形指的是地球表面的形态和地貌特征，包括山地、平原、丘陵、盆地等。不同的地形对于景点的景观特征和游客体验具有重要影响。例如，山地地形通常具有雄奇壮丽的景色，适合开展登山、徒步等户外活动；而平原地形则常常呈现出开阔的视野和丰富的农田景观，适合进行观光旅游和农业体验。

水系也是导游地理知识中不可忽视的一部分。水系包括江河、湖泊、水库、海洋等水域，它们在地理环境中起着重要的调节作用。江河湖泊是人类生活和生产的重要水源，也是风景名胜和旅游胜地。了解水系的分布和特点，可以帮助导游向游客介绍当地的水资源情况，以及与水相关的文化、历史和传说。

另一个重要的自然地理要素是气候。气候是指某一地区长期气象要素的统计平均值，包括温度、湿度、降水量、风向等。不同的气候条件对于植被分布、动植物生态和人类生活都有着重要影响。导游需要了解景点所处地区的气候特点，以便为游客提供合适的出游建议和旅游装备建议。

植被也是导游地理知识中的重要内容之一。植被反映了地球表面的生态环境和生物多样性，对于景点的生态保护和旅游开发具有重要意义。了解当地的植被类型和分布可以帮助导游向游客介绍植物的特点、用途和生态功能，增强游客对自然环境的认识和保护意识。

土壤是自然地理要素中的重要组成部分，是地球表面的一种自然形成物，对于植物的生长和发育至关重要。不同类型的土壤对于景点的植被分布、农业生产和生态环境都有着重要影响。导游需要了解当地的土壤类型和特点，以便向游客介绍土壤的形成过程、性质特点和利用价值。

（二）气候与气象

导游对地理知识、气候与气象方面的了解，是提供优质导游服务的重要基础之一。地理知识包括对景点所在地区的地形、地貌、地理位置等方面的了解；气候与气象方面则涉及了解目的地的气候特点、季节变化以及天气预报等信息。这些知识不仅有助于导游更好地解说景点，还能帮助游客合理安排行程，提升旅行体验。

导游需要熟悉景点所在地区的地理位置和地形地貌特征。地理位置的了解可以帮助游客更好地理解景点的地理环境，把握景点所处的地理位置，了解周边地区的地理关系。例如，当导游带领游客游览长江三峡时，可以向游客介绍长江的流经地区、沿岸的山川地貌特点以及三峡的地理位置，使游客对景点的地理背景有一个清晰的认识。

了解目的地的气候情况可以帮助游客选择合适的出行季节，避免恶劣天气的影响，提升旅行的舒适度和安全性。例如，如果导游知道某个目的地在夏季气温高，多雨，可以提醒游客做好防暑、防雨的准备；如果在冬季气温较低，可以建议游客携带保暖衣物，注意保暖。了解目的地的季节变化也有助于安排行程，选择合适的景点和活动。

了解目的地的天气情况可以帮助导游合理安排行程，避免恶劣天气对游览活动的影响。例如，在天气预报显示将有暴雨的情况下，导游可以调整行程安排，将户外活动改为室内活动，或者选择其他景点进行游览。同时，导游还可以向游客提供天气预报信息，提醒他们做好相应的准备工作，以保证旅行的顺利进行。

不同的气候条件对当地的植被、动物、地形地貌等都会产生影响，导游了解这些情况可以更好地向游客介绍当地的自然风光和人文景观。例如，在介绍某个自然保护区时，导游可以向游客介绍该地区的气候条件对当地生态系统的影响，以及生物多样性和景观特点等方面的信息。

导游还可以通过气象知识向游客介绍一些有关气象现象和气候变化的知识。例如，可以向游客介绍季风、台风等气象现象的形成原因和影响，让他们了解当地气候的特点和变化规律。通过这些介绍，不仅可以增加游客的知识储备，还能让他们对当地的气候和环境有更深入的了解，增强对旅行目的地的兴趣和好奇心。

二、导游环境知识培养

（一）自然环境

导游在解说自然环境时，深厚的自然环境知识是至关重要的。不仅可以为游客提供全面的信息，还能增强他们的认知和体验，使他们更加珍惜和保护自然环境。导游在自然环境知识方面的培养和提升显得尤为重要。

导游需要深入了解所在地区的地理特征和自然景观。地理环境是自然环境的基础，导游应该熟悉地区的地形地貌、气候条件、水系分布等基本情况。这样，当导游为游客介绍景点时，可以结合地理环境的特点，使游客更加全面地了解所在地区的自然环境。

生物多样性是自然环境的重要组成部分，导游应该了解当地的植物、动物种类及其分布情况。通过介绍当地的生物多样性，导游可以让游客更加深入地了解自然环境的丰富和多样性，增强他们对自然环境的认知和理解。

导游还应该了解自然环境中的生态平衡和生态系统功能。生态平衡是维持生态系统稳定的重要因素，导游应该了解不同生物之间的相互关系和相互依存，以及它们对环境的影响。通过介绍生态平衡和生态系统功能，导游可以引导游客更加关注环境保护和生态平衡的重要性，增强他们的环保意识。

地质地貌是自然环境的重要组成部分，导游应该了解不同地质地貌类型及其形成原因。通过介绍地质地貌和自然景观的形成过程，导游可以让游客更加深入地了解自然环境的演变历程，增强他们对自然环境的敬畏和赞美之情。

导游还应该了解自然环境中的环境问题和保护措施。随着人类活动的不断发展，自然环境受到了严重的破坏和污染，导游应该了解当地的环境问题及其影响，以及相关的保护措施和政策。通过介绍环境问题和保护措施，导游可以引导游客更加关注环境保护和可持续发展的重要性，提高他们的环保意识和行动力。

自然灾害是自然环境的重要影响因素，导游应该了解当地常见的自然灾害类型及其发生规律，以及相应的应急措施和救援机制。通过介绍自然灾害和应急措施，导游可以提高游客的防灾意识和自救能力，增强他们在自然环境中的安全意识和自我保护能力。

自然环境不仅是人类生存的基础，也是人类文化和历史的重要载体，导游应该了解自然环境对当地文化和历史的影响，以及文化传承和保护的重要性。通过介绍自然环境的文化价值和人文意义，导游可以让游客更加深入地了解当地的文化传统和历史渊源，增强他们对自然环境的尊重和珍惜之情。

（二）人文环境

1. 文化遗产与历史背景

古老的文化遗产和悠久的历史背景构成了导游行业的核心，深深吸引着游客的目光。每一次旅行都像是一场穿越时空的奇妙冒险，带领着人们探索着世界各地独特的文化景观和历史传承。从壮丽的古迹到神秘的遗址，导游以其丰富的知识和生动的讲述，将游客带入了一个个令人震撼的故事之中。

站在历史的长河中，文化遗产如同时间的见证者，默默诉说着过去的辉煌。无论是古老的宫殿还是雄伟的城堡，它们都承载着一个个王朝的兴衰史，见证着人类文明的发展。导游在解说历史背景时，常常将游客带入那个年代的场景之中，仿佛时间倒流般体验着历史的沧桑。

而文化遗产的魅力不仅在于其历史的厚重，更在于其独特的艺术价值。古老的建筑、雕塑、绘画等艺术品，展现了当时人们的智慧和审美情趣，给人们留下了无数珍贵的艺术遗产。导游通过讲解这些艺术品的创作背景和艺术特点，让游客对历史的了解更加全面深入。

除了历史与艺术，文化遗产还蕴含着丰富的民俗风情和传统习俗。每一个民族、每一个地区都有着独特的文化符号和传统习惯，这些传统在文化遗产中得到了最好的传承和展示。导游通过讲述当地的民间故事和传统习俗，让游客更好地融入当地的文化氛围，感受异国风情。

随着时代的变迁，文化遗产的保护和传承显得尤为重要。导游在讲解文化遗产的同时，也会强调其保护的重要性，呼吁人们共同努力保护好这些宝贵的文化遗产，让其永久流传下去。因为只有保护好文化遗产，才能让后人继续领略到历史的魅力，感受到传统文化的魂魄。

2. 社会风俗与民俗习惯

导游需要了解并熟悉当地的社会风俗与民俗习惯，这是提供优质旅游服务的重要一环。社会风俗与民俗习惯反映了当地文化的特点和传统，了解并尊重这些风俗习惯可以帮助导游更好地向游客介绍当地文化，提升游客的旅游体验。

社会风俗与民俗习惯包括当地的节日庆典和传统仪式。不同地区有着各具特色的节日活动，如春节、端午节、中秋节等。导游需要了解这些节日的起源、习俗和庆祝方式，以便向游客介绍并参与到当地的节庆活动中，让游客更加全面地了解当地文化。

不同地区有着各具特色的饮食习惯和餐桌礼仪，如用餐时的用具摆放顺序、进餐方式和礼仪规范等。导游需要向游客介绍当地的传统菜肴和特色美食，同时指导游客如何尊重当地的餐桌礼仪，增进文化交流和友谊。

另一个重要的社会风俗与民俗习惯是当地的服饰和着装规范。不同地区有着不同的着装风格和穿衣习惯，导游需要向游客介绍当地的传统服饰和着装规范，以及如何在不同场合下选择合适的服饰。导游还需要提醒游客尊重当地的服饰文化，避免穿着不当或不得体的衣物，引起误会或尴尬。

不同地区有着各种不同的礼仪习惯，如问候方式、交谈礼节、礼物赠送等。导游需要向游客介绍当地的礼仪规范，指导游客如何与当地人进行礼貌、尊重的交往，避免因文化差异而引起误解或冲突。

社会风俗与民俗习惯还包括当地的生活习惯和行为规范。不同地区有着不同的生活方式和行为习惯，如作息时间、生活节奏、公共场所的行为规范等。导游需要向游客介绍当地的生活习惯和行为规范，提醒游客尊重当地的生活方式，避免因行为不当而引起尴尬或冲突。

第九章 导游行为规范与职业道德

第一节 导游行为规范的重要性

导游行为规范对于旅游行业的稳定和发展具有不可或缺的作用。作为旅游业的重要组成部分，导游不仅仅是景点的讲解者，更是游客在旅行过程中最直接的服务提供者。其行为和素质直接影响到游客的体验和对目的地的印象。导游行为规范的制定和实施对于提升整个旅游行业的服务水平和形象具有重要意义。

规范的行为准则，导游可以更好地理解和掌握如何为游客提供优质服务。无论是解说景点历史文化，还是处理突发情况，导游在严格遵守规范的前提下，能够展现出更高的职业素养，给游客带来更加专业和周到的服务体验。

在旅游过程中，游客常常对陌生的环境和文化缺乏了解，容易遭受不公平的待遇甚至欺诈行为。导游行为规范明确了导游应遵守的职业道德和服务标准，从而在很大程度上减少了游客被侵害的风险，保障了他们的合法权益。这不仅提升了游客的满意度，也增强了旅游目的地的信誉。

导游作为游客和景区之间的桥梁，既是服务提供者也是公共秩序的维护者。在旅游活动中，导游通过自身的言行举止，能够引导游客遵守公共秩序和法规，减少不文明行为。例如，规范中要求导游不得煽动游客从事破坏景区设施或扰乱社会秩序的行为，这有助于维护旅游环境的和谐稳定。

导游行为规范还可以提升旅游行业的整体形象。旅游业是一个窗口行业，导游的表现直接影响着游客对整个行业的看法。如果导游能严格遵守行为规范，展现出高水平的专业素质和服务态度，那么游客对旅游行业的信任和好感也会随之增加。这种良好的形象不仅有助于吸引更多的游客前来旅游，还能促进旅游业的可持续发展。

通过遵守行为规范，导游不仅能够提升自己的职业素养和服务水平，还能积累更多的专业经验和口碑。这对于导游自身的职业发展和晋升都有着重要意义。规范的行为准则不仅是对导游的约束，更是对他们的保护和支持，使他们能够在一个更加健康和有序的环境中工作和成长。

在旅游过程中，突发事件和紧急情况时有发生，如自然灾害、交通事故等。导游行为规范中通常包含了应对突发事件的指导和应急处理措施，这能够帮助导游在紧急情况下保持冷静，采取正确的行动，保障游客的安全和利益。这种专业的应急处理能力不仅能够提升游客的安全感，也能减少事故造成的负面影响。

第二节　导游职业道德的内涵与要求

一、导游职业道德的内涵

（一）诚信守法

诚信守法是导游职业道德的基石。在旅游行业中，导游不仅是游客的领路人，更是目的地文化与历史的传播者。导游的诚信和法律意识对提升整个行业的形象至关重要。导游在工作中应当时刻遵循法律法规，做到诚实守信，为游客提供真实可靠的信息和优质的服务。

导游在日常工作中，应当遵守相关法律法规，不做违法违规的事情。例如，导游在带团过程中不能收取回扣或进行虚假宣传。这不仅违反了法律规定，还会损害游客的权益，破坏行业的信誉。只有坚持合法经营，导游才能树立良好的职业形象，赢得游客的信任。

导游应当具备高度的诚信意识。在为游客讲解景点时，导游必须确保所提供的信息真实准确，不能夸大其词或虚构事实。诚信是导游职业道德的重要体现，是赢得游客信赖的关键。导游应该以诚实为本，不欺骗、不误导，以实际行动维护游客的利益。

导游还需要自觉维护旅游市场的秩序。在工作中，导游应积极配合旅游管理部门的工作，主动参与行业自律和规范管理。导游要以身作则，拒绝不正当竞争，不从事扰乱市场秩序的行为。只有在一个规范、有序的市场环境中，导游才能更好地为游客提供优质服务，行业才能健康发展。

导游的诚信守法不仅体现在工作中，也需要在日常生活中保持高标准的道德行为。导游作为公众人物，其行为往往受到社会的广泛关注。导游应当树立良好的社会形象，遵守社会公德，做一个有责任感的公民。只有在工作和生活中都做到诚信守法，导游才能真正赢得社会的尊重和信任。

通过不断学习，导游可以更好地理解和运用法律法规，避免在工作中出现违法违规行为。导游应主动参加行业培训和相关考试，提升自己的专业水平和法律意识，以适应不断变化的市场需求和法律环境。

在导游职业生涯中，难免会遇到各种各样的挑战和诱惑。在面对利益诱惑时，导游应当保持清醒的头脑，坚守职业道德和法律底线。不因一时的利益而失去诚信，不因短暂的得失而违反法律。只有坚持诚信守法，导游才能在职业生涯中走得更远，取得更大的成就。

导游的诚信守法不仅关系到个人的职业发展，也关系到整个行业的声誉。每一个导游的行为都会影响到游客对整个行业的看法。导游应当以身作则，做行业的模范，积极传播正能量。通过自己的诚信守法行为，为行业树立良好的形象，推动旅游行业的健康发展。

旅游企业也应当加强对导游的管理和培训。企业应建立健全的管理制度，督促导游严格遵守法律法规，杜绝不诚信行为的发生。通过定期培训和考核，提升导游的职业素养和法律意识。只有企业和导游共同努力，才能营造一个诚信守法的行业环境。

游客也可以起到监督作用，帮助提升导游的诚信守法水平。游客在旅游过程中，应当积极反馈导游的服务情况，举报不诚信行为。通过游客的监督，可以促使导游更加自律，提高服务质量。同时，游客的反馈也是企业改进管理的重要依据，有助于提升整个行业的服务水平。

政府部门在导游诚信守法方面也起着至关重要的作用。政府应加强对旅游市场的监管，严厉打击违法违规行为，保护游客的合法权益。通过完善法律法规，建立健全的监管机制，确保旅游市场的健康发展。政府还应加强对导游的法律知识培训，提升导游的法律素养和诚信意识。

在互联网时代，导游的诚信守法还需面对新的挑战和机遇。导游可以利用互联网平台，提升自身的服务质量和知名度。同时，互联网也为游客提供了更多的监督手段，使导游的诚信行为更加透明。导游应当充分利用互联网工具，提升服务质量，同时加强自我约束，做到诚信守法。

导游行业协会也应发挥积极作用，促进导游诚信守法。行业协会应加强行业自律，制定和推广行业规范，督促导游遵守法律法规和职业道德。通过行业协会的努力，可以提升导游的整体素质，增强行业的凝聚力和竞争力。

（二）专业素养

导游作为旅游行业的重要从业者，必须具备一系列专业素养。导游需要具备扎实的知识背景和广博的见识。旅游景点背后的历史、文化、地理等信息都需要导游进行全面的掌握，并且能够准确无误地传达给游客。导游不仅要熟知本国的旅游景点，还要对国际旅游的基本知识有所了解，以便能够满足不同国家游客的需求。

导游必须具备优秀的沟通能力和表达能力。在向游客介绍景点时，导游需要用生动、幽默且通俗易懂的语言进行讲解，这样才能吸引游客的注意力并使他们对旅游产生更大的兴趣。同时，导游还需要善于倾听游客的意见和反馈，及时解答他们的问题，以保证游客满意。

导游的心理素质和应变能力也是至关重要的。在旅游过程中，常常会遇到各种突发情况，例如天气变化、交通堵塞或是游客的突发疾病。导游需要冷静沉着地处理这些问题，并能迅速做出决策，保证整个行程的顺利进行。在突发事件面前，导游的应变能力不仅体现了其专业素养，也关系到游客的安全和体验。

另一个不可忽视的方面是，导游的服务意识和责任感。导游需要始终将游客的需求和感受放在首位，提供周到细致的服务。例如，了解并尊重不同游客的饮食习惯和宗教信仰，关注老年人和儿童的特殊需求等。导游还要具备高度的责任感，时刻关注游客的安全，避免任何可能的危险情况发生。

导游还需要具备良好的职业道德和敬业精神。旅游行业不仅是服务行业，也是文化传播的桥梁。导游在工作中应该严守职业道德规范，不误导、不欺骗游客，始终保持诚实守信。同时，导游还应该热爱自己的工作，以饱满的热情和积极的态度面对每一次导游任务，尽力为游客提供难忘的旅行体验。

作为旅游团队的领袖和代表，导游的穿着打扮、言谈举止都应符合职业规范，给游客留下专业、可信赖的印象。在公共场合，导游应注重礼仪，保持礼貌待人，体现出良好的个人修养和职业风范。

导游的时间管理能力和组织协调能力也是必不可少的。在整个旅游过程中，导游需要合理安排各个景点的参观时间，确保行程紧凑而有序，避免因时间安排不当而导致游客的疲劳或不满。同时，导游还需要协调好各方面的关系，例如与景点管理人员、交通工具的驾驶员、餐饮和住宿单位的联系和合作，以保证旅游活动的顺利进行。

在信息化时代，导游还应具备一定的科技应用能力。导游需要熟练使用各种现代科技工具，如导航设备、移动通信工具以及旅游相关的软件和应用，以便为游客提供更加便捷和高效的服务。例如，使用电子地图和导航系统可以帮助导游更好地规划路线，使用移动支付工具可以简化支付流程，提高服务效率。

与此相关，导游的文化素养和跨文化交流能力也是非常重要的。面对来自世界各地的游客，导游需要对不同国家和地区的文化习俗有所了解，尊重并适应这些文化差异。在跨文化交流中，导游应表现出开放和包容的态度，避免因文化误解而引发的不愉快。

导游还应具备团队管理和领导能力。在一个旅游团中，导游不仅是信息的提供者，更是团队的组织者和领导者。导游需要善于调动团队成员的积极性，营造良好的团队氛围，带领大家共同完成旅游行程。在团队活动中，导游需要协调各方，解决矛盾，确保团队的和谐与团结。

在实际工作中，导游的职业素养还体现在细节的处理上。导游在为游客服务时，应注重细节，例如提前为游客准备好必要的物品，及时提醒他们注意天气变化和安全事项，提供贴心的服务细节，让游客感受到关怀和照顾。细节决定成败，导游的细心和周到常常能让游客对整个旅游行程留下深刻而美好的印象。

导游的自我提升和终身学习也是专业素养的重要组成部分。旅游行业发展迅速，导游需要不断更新自己的知识和技能，以适应行业的变化和游客的需求。导游可以通过参加各种培训课程、阅读专业书籍和参加行业交流活动等方式，提升自己的专业水平和服务能力。

导游的职业素养还包括对环保和可持续旅游的关注和实践。导游应引导游客尊重自然环境和文化遗产，倡导文明旅游和绿色出行，减少旅游活动对环境的负面影响。导游可以通过讲解环保知识、推广环保行为，帮助游客树立环保意识，共同保护我们赖以生存的地球。

导游的专业素养不仅仅是职业要求，更是对自身价值的体现。通过不断提升自身素养，导游不仅能为游客提供高质量的服务，也能在职业生涯中获得更大的成就感和幸福感。一个优秀的导游，不仅是旅游活动的引导者，更是文化的传播者和美好体验的创造者。

二、导游职业道德的要求

（一）热情服务

作为一名导游，热情服务不仅是职责所在，更是体现职业素养和个人魅力的重要方式。导游需要始终保持热情和积极的态度，以此感染游客，让他们感受到宾至如归的温暖。无论是在出发前的准备阶段，还是在旅途中的每一个细节，导游都应该用心去做，确保游客享受到最好的服务。

导游的热情服务表现在对游客需求的关注和回应上。每一位游客都有其独特的需求和偏好，导游应该敏锐地捕捉这些信息，并及时做出相应的安排。例如，有的游客可能对历史文化非常感兴趣，导游可以在讲解过程中增加相关的内容；有的游客可能对美食情有独钟，导游可以推荐当地的特色餐厅和小吃。这种个性化的服务不仅能提升游客的体验，还能增加他们对导游和旅行社的好感。

导游在服务过程中要注重细节，从而提升整体的服务质量。细节决定成败，导游在旅途中的每一个细节处理都可能直接影响游客的满意度。比如，在讲解时，导游可以通过丰富的表情和生动的语言，让游客更容易理解和记住所介绍的内容；在安排住宿和餐饮时，导游可以提前了解游客的喜好和禁忌，确保他们住得舒适、吃得满意。通过对细节的关注，导游可以为游客提供更加贴心的服务。

热情服务还要求导游具备良好的沟通能力和应变能力。旅行途中难免会遇到各种突发状况，如天气变化、交通堵塞或游客身体不适等，导游需要迅速做出反应，并与游客保持良好的沟通，确保他们的安全和舒适。在这种情况下，导游的热情和冷静不仅能安抚游客的情绪，还能增强他们对导游的信任。

导游的热情服务同样体现在对团队氛围的营造上。一个和谐、愉快的团队氛围能够极大地提升游客的旅行体验。导游在旅途中应尽量多与游客互动，通过组织各种有趣的活动和游戏，拉近彼此之间的距离。同时，导游还要关注团队中的每一个成员，及时发现和解决他们的困扰，确保每个人都能融入团队中，共同度过愉快的旅程。

导游在服务中应保持专业性，这也是热情服务的一个重要方面。专业性不仅体现在导游对目的地历史、文化、景点等方面的熟悉和掌握上，还体现在导游对旅行过程中各种问题的处理能力上。游客往往会向导游咨询各种问题，导游应以专业、耐心的态度回答，帮助游客解决疑虑。导游还应不断提升自己的专业水平，通过学习和培训，了解最新的旅游资讯和服务技巧，以便更好地服务游客。

　　导游的热情服务还体现在对文化差异的尊重和理解上。在接待来自不同国家和地区的游客时，导游应注意了解和尊重他们的文化背景和习惯，避免因文化差异引起误解和冲突。比如，在介绍某个景点时，如果涉及敏感话题，导游应避免使用可能引起争议的语言；在安排餐饮时，导游应考虑到游客的饮食禁忌和偏好，确保他们能够享受到适合自己的美食。

　　旅行结束并不意味着服务的终止，导游可以通过后续的跟进和回访，了解游客对旅行的反馈和建议，并对他们提出的问题给予及时的回复。这不仅有助于改进未来的服务质量，还能提高游客的满意度和忠诚度。同时，通过与游客的长期联系，导游可以建立起良好的人际网络，为未来的发展打下基础。

　　在实际工作中，导游往往需要与司机、领队、景区工作人员等多个角色进行协调和合作，才能为游客提供高质量的服务。导游应注重与团队成员之间的沟通和协作，共同解决旅途中遇到的问题，确保旅行顺利进行。通过良好的团队合作，导游可以更好地为游客提供全方位的服务。

　　导游不仅是游客的向导，更是他们在旅途中最可信赖的伙伴和支持者。导游应时刻将游客的需求和安全放在首位，尽心尽力为他们提供最好的服务。无论遇到多大的困难和挑战，导游都应以积极的态度面对，努力解决问题，为游客创造难忘的旅行体验。

　　旅行行业是一个充满变化和挑战的行业，导游需要不断学习和进步，才能跟上时代的步伐。导游可以通过参加各种培训课程、阅读相关书籍、与同行交流经验等方式，不断提升自己的专业素养和服务能力。只有不断进步，导游才能在竞争激烈的行业中脱颖而出，成为一名优秀的导游。

　　一个热情、专业的导游往往能给游客留下深刻的印象，使他们对旅行社的服务充满信心和期待。这种口碑效应不仅能吸引更多的游客，还能为旅行社带来更多的业务机会。旅行社应重视导游的培训和管理，鼓励他们在工作中展现出热情和专业的一面。

（二）尊重文化差异

　　导游尊重文化差异是现代旅游业发展的重要基石。作为连接不同文化背景游客与旅游目的地的桥梁，导游在其工作中不可避免地会遇到各种文化差异。尊重和理解这些文化差异，不仅能提升游客的旅行体验，还能促进文化交流与理解，增强旅游行业的国际竞争力。

　　不同国家和地区的游客带着各自独特的文化背景和习俗来到旅游目的地，他们希望在旅行中感受到被尊重和理解。导游在服务过程中，如果能尊重并适应游客的文化习惯，就能让游客感受到关怀和尊重，从而提升他们的旅行满意度。例如，导游在介绍当地习俗和文化时，如果能够结合游客的文化背景进行适当的调整和解释，就能让游客更好地理解和欣赏目的地的文化特色。

导游尊重文化差异对于维护社会和谐具有重要意义。旅游活动中，游客和当地居民之间的互动频繁，文化差异带来的误解和冲突也时有发生。导游作为沟通的桥梁，尊重文化差异能够有效减少这些冲突，促进不同文化之间的和谐共处。例如，导游可以向游客介绍当地的礼仪和禁忌，帮助游客避免在旅行中无意间冒犯当地居民，促进社会的和谐与稳定。

导游在服务过程中，如果能尊重并适应不同文化背景的游客，就能展现出更高的职业素养和专业水准。这不仅能提升导游在游客心中的形象，还能为导游自身的职业发展带来更多的机遇。例如，导游在学习和尊重文化差异的过程中，能够不断积累跨文化沟通的经验和技巧，从而提升自己的专业能力和竞争力。

随着全球化的深入发展，国际旅游市场日益扩大，来自世界各地的游客越来越多。导游在服务过程中，如果能尊重和理解不同文化背景的游客，就能更好地满足国际游客的需求，提升目的地在国际旅游市场的竞争力。例如，导游可以通过学习外语和了解不同国家的文化背景，提高自己与国际游客的沟通能力，从而为国际游客提供更优质的服务。

导游尊重文化差异还能促进文化交流和理解。旅游活动本身就是一种重要的文化交流方式，游客通过旅行了解和体验不同的文化，而导游在这个过程中起到了桥梁和纽带的作用。导游在尊重文化差异的基础上，能够更好地向游客介绍和传播当地的文化特色，同时也能通过与游客的互动交流，了解和吸收不同的文化精髓，从而促进文化的交流与融合。例如，导游在向游客介绍当地传统节日时，不仅可以展示节日的文化内涵，还可以与游客分享他们所在国家的类似节日，从而促进不同文化之间的相互理解和尊重。

一个尊重多样文化的旅游目的地，往往能够吸引更多的国际游客前来旅游。导游作为旅游目的地的代表，其行为和态度直接影响着游客对目的地的印象。如果导游能够在服务过程中尊重和理解游客的文化背景，就能让游客感受到目的地的包容和友好，从而提升目的地的旅游形象。例如，导游在接待外国游客时，能够主动了解他们的文化习俗，并在服务中体现出对这些习俗的尊重和关怀，就能让游客感受到被尊重和欢迎，从而对目的地产生更好的印象。

旅游业是一个服务导向的行业，导游的服务质量直接关系到游客的满意度和旅游体验。如果导游在服务过程中能够尊重和理解不同文化背景的游客，就能提升服务的整体水平，从而为旅游业的发展提供强有力的支持。例如，导游在接待来自不同国家的游客时，能够根据他们的文化背景提供个性化的服务，就能更好地满足游客的需求，从而提升整个旅游行业的服务标准和质量。

可持续旅游发展不仅要求保护自然环境和文化遗产，还要求尊重和包容多样的文化背景。导游在服务过程中，如果能尊重和理解不同文化背景的游客，就能为可持续旅游发展贡献自己的力量。例如，导游可以向游客宣传环保和文化保护的理念，鼓励他们在旅行中尊重当地的文化和环境，从而促进可持续旅游的发展。

第三节　导游职业操守与自律

一、导游职业操守的重要性

（一）建立信任

导游职业操守在旅游行业中占据重要地位。一个优秀的导游不仅仅是游客的向导，更是他们在异地的朋友和依靠。建立信任是导游与游客之间形成良好关系的基础，而这种信任感的培养不仅依赖于导游的专业能力，更需要高尚的职业操守。

导游的诚信是建立信任的根本。无论是在景点介绍、行程安排，还是在消费推荐方面，导游都必须秉持诚实的态度。诚信不仅体现在导游对信息的准确传递，还包括对游客的承诺和责任。比如，在介绍某个景点时，导游应当实事求是，不能为了吸引游客而夸大其词或者虚构事实。导游在推荐购物或者餐饮场所时，也应以游客的利益为重，而不是为了自身的利益夸大其词。

（二）提升行业形象

导游是旅游行业中的重要一环，他们的形象直接关系到一个地区或景点的旅游形象。提升导游的形象，不仅仅是为了他们个人的发展，更是为了整个旅游行业的良性发展。导游作为旅游目的地的形象代表，他们的专业素养和服务态度直接决定了游客对目的地的印象和评价。导游的形象也直接关系到旅游行业的市场竞争力。一个有着良好形象的导游，可以吸引更多游客选择前往，从而促进当地旅游业的发展。提升导游的形象还可以促进旅游行业的规范化发展，规范导游的行为举止和专业水平，可以有效减少不文明导游的现象，提升整个行业的服务质量和口碑，使得旅游行业更加健康和有序地发展。

二、导游职业自律的实践方式

（一）遵守法规规定

遵守法规规定是导游职业自律的重要方面。导游在工作中要遵守国家和地方的法律法规，严格遵守旅游行业的相关规定和标准，确保自己的行为合法合规。在导游服务过程中，要注意保护游客的人身和财产安全，不得参与或引导游客参与任何违法活动，做到言行得体，为游客营造安全、舒适的旅行环境。

（二）持续学习和提升自我

持续学习和提升自我是每位导游都应该坚持的职业信念。导游职业需要不断更新知识，了解最新的旅游资讯和目的地信息，以提供更专业、更全面的导游服务。通过参加培训课程、阅读相关书籍和资料、参观景点等方式，不断提升自己的专业水平和服务质量，才能更好地满足游客的需求，提升导游的形象和职业素养。

第四节　导游服务中的职业道德冲突与解决

一、导游服务中的职业道德冲突

（一）商业利益与游客权益之间的冲突

在旅游行业中，导游作为游客的向导和旅游体验的主要提供者，其行为和利益直接关系到游客的整体旅游体验。导游的商业利益与游客的权益之间的冲突，往往成为影响旅游质量和游客满意度的关键因素。导游在追求自身经济利益的过程中，有时会忽视或损害游客的权益，这种现象在旅游市场中屡见不鲜。

从经济角度来看，导游的收入结构决定了其行为的趋向。许多导游的基本工资较低，他们主要依靠带团过程中获得的提成、回扣和小费来增加收入。导游常常会带游客去指定的购物点、餐饮场所或参与特定的自费项目，这些地方通常会给导游提供一定的回扣。这些安排往往并不是游客最感兴趣的活动，而是导游为了获取经济利益而做出的选择，可能导致游客体验的下降。

游客的权益应当包括自主选择旅游项目、合理的价格和高质量的服务。由于信息不对称，游客往往无法完全了解导游安排背后的商业动机，容易被导游带入消费陷阱。例如，在一些购物点，商品价格远高于市场价，而导游会极力推荐这些地方，以获得更多的提成。这种情况下，游客不仅经济上受到损失，旅游体验也会大打折扣。

（二）导游个人利益与行业规范之间的冲突

在旅游行业中，导游的个人利益与行业规范之间可能存在一些冲突。导游作为旅游服务的重要组成部分，其个人利益通常体现在导游费用、小费、推销产品和服务等方面。这些个人利益有时可能会与行业规范相抵触，导致冲突的产生。

导游可能会因为追求更多的小费或推销旅游产品而忽略游客的需求和安全。例如，他们可能会在景点停留时间过短，或者强迫游客购买昂贵的纪念品。这种行为不仅违背了行业规范，也损害了旅游行业的声誉。

一些导游可能会为了吸引更多的游客而故意夸大景点的特色或者低估旅游费用。这种行为不仅损害了其他导游的利益，也损害了整个行业的声誉和信誉。

导游的个人利益还可能与行业规范的要求不符。例如，一些导游可能会违反规定的景点游览路线，或者擅自更改行程安排以谋取个人利益。这种行为不仅违背了行业规范，也可能导致游客的不满和投诉。

二、解决导游服务中的职业道德冲突的方法

（一）建立明确的行业规范和道德准则

在导游服务行业中，职业道德冲突是一个普遍存在的问题。导游作为旅游行业的重要组成部分，肩负着引导和照顾游客的职责，但在实际操作中，由于利益驱动、工作压力和制度不完善等原因，导游可能面临各种道德困境。为了提升导游服务质量，保障游客权益，建立明确的行业规范和道德准则是解决职业道德冲突的关键途径。

建立行业规范和道德准则可以从制度层面进行有效约束。完善的法律法规和行业标准是规范导游行为的重要基础。旅游主管部门应根据实际情况，制定具体的法律法规，明确导游的职责、权利和义务。行业协会可以制定详细的操作指南和行为准则，为导游提供行为规范的依据。通过这些制度的约束，可以减少导游在工作中因缺乏规范而产生的道德冲突。

行业规范和道德准则的建立需要注重培训和教育。导游在从业前和从业过程中，必须接受系统的职业道德培训。培训内容应包括服务标准、法律法规、职业道德、应急处理等方面，帮助导游树立正确的职业观念，提升职业素养。定期的职业道德培训和考核可以确保导游时刻保持高标准的服务意识，不断提升自身的职业道德水平。

在导游服务中，透明和公开是解决职业道德冲突的重要手段。旅游公司和导游应向游客提供透明的服务信息，包括收费标准、服务内容和行程安排等。这样可以避免由于信息不对称而产生的纠纷，增加游客对导游服务的信任度。同时，建立公开的投诉和反馈机制，让游客能够方便地表达意见和建议，并确保每一条投诉都能得到及时处理。通过这种方式，可以有效减少职业道德冲突。

加强行业自律和监督也是解决导游职业道德冲突的有效途径。行业协会应发挥监督作用，对导游的服务行为进行定期检查和评估。对违反道德准则的导游，要进行严肃处理，形成行业内的震慑作用。行业内部可以建立奖惩机制，对表现优秀的导游进行表彰和奖励，树立行业标杆，激励更多导游遵守职业道德规范。

道德教育和宣传是提升导游职业道德水平的重要手段。通过各种宣传渠道，向导游宣传职业道德的重要性，树立正确的职业道德观念。例如，可以通过行业刊物、培训课程、宣传手册等方式，宣传职业道德规范和优秀案例，增强导游的道德意识。同时，旅游公司

也应重视企业文化建设,通过内部培训、团队建设等活动,培养员工的职业道德和团队精神。

游客的监督和反馈在促进导游职业道德提升中也起着重要作用。游客可以通过反馈机制,对导游的服务进行评价和投诉。旅游主管部门和行业协会应重视游客的意见和建议,及时处理投诉并反馈处理结果。同时,游客也应增强自身的维权意识,依法维护自己的合法权益,形成对导游行为的有效监督。

建立良好的导游服务文化,是解决职业道德冲突的重要保障。旅游公司应注重企业文化建设,倡导诚信、服务至上、以人为本的服务理念。通过营造良好的工作环境和氛围,增强导游的职业荣誉感和归属感,让导游在工作中感受到尊重和价值,从而自觉遵守职业道德规范。

政府部门和行业协会应共同努力,建立导游服务的诚信体系。通过对导游的服务记录、信用评分等进行管理,对信用良好的导游给予优待,对信用不良的导游进行限制,形成良好的行业信用环境。同时,导游个人也应注重自身信用记录的维护,自觉遵守职业道德,提高服务水平。

科技手段在提升导游服务质量和职业道德中也发挥着重要作用。利用大数据、人工智能等技术,可以对导游服务进行全方位的监控和管理。例如,通过智能系统对导游的服务过程进行实时监控,对异常行为进行预警和干预。同时,利用互联网平台,建立导游服务的评价系统,方便游客对导游的服务进行评价和反馈,形成良性互动。

在解决导游职业道德冲突的过程中,国际交流与合作也具有重要意义。通过与国际同行的交流与合作,学习借鉴先进国家的管理经验和做法,提升本国导游服务的标准和水平。例如,可以通过参加国际旅游展览、会议等活动,了解国际旅游业的发展趋势和先进经验,并将其应用于本国的实际情况中,不断提升导游的职业素养和服务水平。

(二)加强监督和管理机制

1.设立监督机构

在旅游业的迅速发展中,导游服务的职业道德问题成为亟须解决的课题。设立专门的监督机构,可以有效应对导游服务中的职业道德冲突,保障游客的利益,提高导游的职业素养。监督机构应明确职责范围,包括对导游服务的监管、职业道德培训、投诉处理机制等。

在实际操作中,监督机构需要建立严格的监督机制。监督机制的建立应包括定期审查导游的服务质量,设立服务质量评估体系,并通过抽查和暗访等方式进行监督。这不仅有助于发现问题,还能在潜在问题变得严重前及时采取措施。监督机构可以制定详细的职业道德规范,要求导游在服务过程中严格遵守,从根本上减少职业道德冲突。

监督机构应着力于导游的职业道德教育和培训。培训内容应涵盖旅游法律法规、职业道德规范、服务礼仪等方面。通过定期组织培训,提高导游的法律意识和职业道德水平,使其在服务过程中更加自觉地遵守职业道德要求。同时,还可以组织导游参加行业交流活动，学习优秀导游的服务经验，促进相互学习和共同进步。

为了确保监督机构的权威性和公正性，机构的独立性是至关重要的。监督机构应独立于旅游企业和行业协会，避免利益冲突。机构成员应包括旅游业界专家、法律专家、消费者代表等，确保其决策的全面性和公正性。还应设立专门的投诉处理部门，负责受理游客的投诉，并及时做出处理，保障游客的合法权益。

信息公开是提高监督机构透明度和公信力的重要手段。监督机构应定期发布监督报告，公开监督情况和处理结果，接受社会公众的监督。信息公开不仅可以提高监督机构的透明度，还能促使导游在服务过程中更加自律，减少职业道德冲突。

在处理职业道德冲突时，监督机构应遵循公平、公正、公开的原则。对于违反职业道德的导游，应根据情节轻重给予相应的处罚，如警告、罚款、暂停执业资格等。同时，对于表现优秀的导游，应给予表彰和奖励，树立行业标杆，激励更多导游向优秀看齐。

监督机构还应加强与其他相关部门和组织的合作。与旅游局、消协等部门建立合作机制，共同监管导游服务质量，形成监督合力。同时，可以与旅游企业、行业协会等建立沟通渠道，及时掌握行业动态和问题，共同探讨解决方案，提高监管效率和效果。

在现代科技的支持下，监督机构可以利用信息技术手段提升监管水平。例如，开发导游服务质量评估系统，利用大数据分析游客反馈，精准识别服务中的问题。通过建立在线投诉平台，方便游客及时反馈问题，并能实时跟踪投诉处理进展，提升监督效率。

监督机构应积极引导社会各界共同关注和参与导游服务的职业道德建设。通过媒体宣传和社会教育，提高公众对导游职业道德的关注度和期望值，形成良好的社会监督氛围。推动导游行业树立良好的职业形象，提高全社会对导游职业的认可和尊重。

2. 加强雇主对导游的管理

旅游行业的规范化管理在一定程度上可以缓解导游商业利益与游客权益之间的冲突。政府和旅游管理部门可以通过制定相关法规，严格监管导游行为，确保其在带团过程中不能利用职务之便谋取不正当利益。例如，可以通过强制导游薪资透明化、提高基本工资水平、禁止导游强制购物等措施，来保障游客的权益，减少因导游个人利益驱动而带来的不良影响。

旅游公司也应加强对导游的培训和管理。导游不仅是文化传播者，也是旅游服务的提供者，应具备良好的职业道德和服务意识。通过定期培训，提升导游的专业素质和服务水平，让导游理解维护游客权益的重要性，并认识到长期的诚信经营对其职业发展的重要作用，从而自觉抵制不良商业行为。

加强雇主对导游的管理是提升导游服务质量和解决职业道德冲突的关键举措。在旅游行业中，导游作为旅游体验的核心提供者，其职业道德和服务质量直接影响到游客的满意度和旅游行业的整体形象。为了解决导游服务中的职业道德冲突，雇主需要采取一系列有效的管理措施。

制定和实施严格的职业道德规范和标准是管理导游的重要手段之一。这些规范应当包括导游在服务过程中应遵守的基本行为准则，如诚实守信、尊重游客、保持专业形象等。通过明确导游的职业道德标准，可以帮助导游在实际工作中明确自己的职责和行为界限，从而减少职业道德冲突。

雇主需要加强对导游的培训和教育。导游的职业道德和服务质量与其知识水平和职业素养密切相关。通过系统的培训，导游可以掌握必要的法律法规、文化知识和服务技能，从而在服务过程中能够更好地处理各种复杂情况。特别是对于新入职的导游，雇主应当提供全面的入职培训，确保他们能够迅速适应工作环境，并具备良好的职业道德意识。

在管理过程中，雇主还应注重建立有效的监督机制和考核制度。通过定期的考核和评估，可以及时发现导游在服务过程中的不足之处，并采取相应的改进措施。考核制度不仅应当关注导游的业务能力，还应当重视他们的职业道德表现。例如，可以通过游客反馈、同事评价等多种方式，对导游的服务质量进行综合评价，确保导游能够始终保持高水平的职业道德和服务质量。

除了培训和考核，雇主还应当建立有效的激励机制，以鼓励导游不断提升自己的职业道德和服务水平。合理的薪酬制度、奖励机制和晋升机会是激励导游的重要手段。通过这些措施，导游能够感受到自身努力和职业道德表现得到认可，从而在工作中更加积极主动，努力为游客提供更优质的服务。

在加强导游管理的过程中，雇主还应当注重营造良好的工作环境和企业文化。一个积极向上、充满关怀的工作环境，有助于导游在服务过程中保持良好的心态和职业道德。企业文化的建设需要从多个方面入手，如团队建设、员工关怀、沟通机制等。通过建立一种和谐、互助的工作氛围，导游能够更加投入地工作，从而在服务中更好地展示职业道德。

雇主需要建立和完善投诉处理机制，及时解决游客和导游之间的矛盾和纠纷。在旅游服务过程中，难免会出现各种问题和冲突，如果不能及时妥善处理，不仅会影响导游的职业道德，还会损害游客的利益和公司的声誉。通过建立畅通的投诉渠道和高效的处理机制，可以及时发现和解决问题，维护游客和导游的合法权益，促进导游职业道德的提升。

在现代社会，科技手段在管理导游方面也发挥着越来越重要的作用。雇主可以利用信息技术手段，对导游的服务过程进行实时监控和管理。例如，通过GPS定位系统，可以实时了解导游的行程和工作状态；通过服务质量评价系统，可以收集游客的反馈和意见，为导游的考核和改进提供数据支持。这些科技手段的应用，不仅提高了管理的效率和透明度，也有助于导游更好地遵守职业道德规范。

为了更好地解决导游服务中的职业道德冲突，雇主还应当加强与行业协会和相关政府部门的合作。行业协会和政府部门在规范导游行为、提升行业整体形象方面具有重要作用。通过与这些机构的合作，雇主可以获得更多的资源和支持，共同推动导游职业道德的提升。例如，行业协会可以组织行业培训、制定行业标准，政府部门可以加大执法力度，确保导游在服务过程中遵守法律法规。

在国际旅游市场竞争日益激烈的背景下，提升导游的职业道德和服务质量，不仅关系到游客的满意度，还直接影响到国家和地区的旅游形象。雇主在加强导游管理的过程中，应当注重国际经验的借鉴和应用。借鉴其他国家和地区在导游管理方面的成功经验，可以为本地导游管理提供有益的参考。例如，一些国家在导游培训、考核、激励机制等方面有着成熟的做法，通过学习和引进这些经验，可以有效提升本地导游的职业道德和服务水平。

在导游管理中，雇主还需要关注导游的职业发展和成长。导游作为一个专业职业，需要不断提升自己的知识和技能，以适应不断变化的市场需求和游客期望。雇主应当提供导游职业发展的机会和平台，如组织定期培训、提供继续教育机会、支持导游参加各类专业认证考试等。通过这些措施，导游能够不断提升自己的职业素养，从而在服务过程中更好地展示职业道德。

雇主在管理导游的过程中，应当始终坚持以人为本的管理理念。导游作为企业的重要资产，其职业道德和服务质量不仅仅是管理制度和规范的结果，更是企业文化和管理理念的体现。通过尊重导游的劳动、关注导游的需求、维护导游的合法权益，雇主可以激发导游的职业自豪感和责任感，从而在服务过程中自觉遵守职业道德，为游客提供更优质的服务。

第十章　导游领导与团队合作能力培养

第一节　导游的领导能力培养

在旅游业的快速发展中,领导能力的培养对于旅游从业者尤为重要。作为旅游团的核心,旅行向导不仅需要传递文化和知识,还需要具备出色的领导能力,以确保整个旅行团队的和谐与高效运行。培养这种能力,不仅有助于提高个人的职业素质,也能极大地提升游客的旅游体验。

良好的沟通能力是领导力培养的基础。通过有效的沟通,能够准确传递信息、表达意图,并在与游客互动中建立信任和理解。这不仅要求口头表达清晰、简洁,更需要有倾听能力,了解游客的需求和反馈。定期参加沟通技巧培训课程,学习不同文化背景下的沟通方法,可以显著提升沟通效率。

决策能力在领导力中占据重要位置。旅游过程中常常会遇到突发状况,如天气变化、交通延误或突发健康问题等,能够迅速评估情况并做出正确决策是确保旅行顺利进行的关键。通过模拟训练和案例分析,可以锻炼在高压环境下的决策能力,使其在实际工作中表现得更为从容和果断。

团队管理能力也是领导力的重要组成部分。在带领一个旅游团时,面对不同的性格和需求,如何协调和管理是一个挑战。学习团队动态管理理论,掌握激励方法和冲突解决技巧,可以有效提升团队合作精神和整体效率。定期组织团队建设活动,增强团队成员之间的了解和默契,也有助于提高管理效能。

情商在领导力培养中不可忽视。高情商使得在处理人际关系时更加得心应手,能够更好地理解和回应他人的情感和需求。这不仅有助于缓解冲突、提升团队氛围,还能在危机时刻提供情感支持。通过参加情商提升课程或心理学培训,可以帮助导游更好地理解人性,增强情绪管理和同理心。

文化敏感性在全球化背景下显得尤为重要。面对来自不同文化背景的游客,具备跨文化沟通能力和文化敏感性,能够更好地理解和尊重他们的文化习惯和需求。这需要不断学习和积累不同国家和地区的文化知识,并在实际工作中灵活运用。通过国际交流项目和跨文化培训,可以提升文化敏感性,增加在全球旅游市场的竞争力。

在技术不断进步的今天，数字化技能的培养也成为领导力发展的一个新方向。熟练掌握旅游相关的软件和工具，如在线预订系统、导航应用、社交媒体平台等，不仅可以提升工作效率，还能更好地服务游客。通过在线学习平台获取最新的行业知识和技术动态，保持持续学习和进步，能够保持在行业中的领先地位。

责任心和职业道德是领导力的核心。作为旅游团队的核心，承担起对游客的责任和义务，是基本的职业要求。坚持诚信经营，杜绝不正当利益行为，维护游客的合法权益，是建立长期信任关系的基础。通过行业协会的职业道德培训和自我反思，不断提高职业道德水平，能够为自己的职业发展奠定坚实的基础。

自我反思和反馈机制在领导力培养中同样重要。通过定期的自我评估和接受来自游客和同事的反馈，可以识别自身的不足和改进空间。这种持续的自我提升过程，有助于保持对自身工作的清醒认识和改进动力。借助专业的导师指导或参加领导力发展计划，可以更系统地提升自身能力。

时间管理能力直接影响工作效率和团队体验。面对紧凑的旅游行程和多样的游客需求，如何合理安排时间，确保每个环节的顺利进行，是一项重要技能。学习时间管理方法，如优先级排序、任务分解等，可以显著提升时间利用率。通过实战演练和经验分享，不断优化时间管理策略，能够在高效完成工作任务的同时，给游客带来更加流畅的旅行体验。

创新思维的培养能够在激烈的市场竞争中脱颖而出。旅游业的多样化和个性化需求日益增加，如何创新服务模式和内容，成为吸引游客的关键。通过参加创意思维培训和创新实践活动，可以培养创新意识，激发创造力。将创新融入日常工作中，不断推出新的旅游产品和服务，满足不同游客的需求，是提升领导力和竞争力的有效途径。

第二节　导游团队合作与协调能力培养

一、导游团队合作与协调能力的核心要素

（一）沟通与协作能力

在旅游行业中，沟通与协作能力是团队合作与协调能力的核心要素，直接影响着旅游服务的质量和游客的满意度。高效的团队合作不仅能提高工作效率，还能增强团队成员之间的默契，确保旅游活动的顺利进行。提升团队合作与协调能力是每一个旅游从业者必须重视的方面。

良好的沟通能力是团队合作的基础。旅游服务行业需要频繁与游客和团队成员进行交流，清晰、准确的信息传递是确保工作顺利进行的关键。团队成员之间需要通过有效的沟

通来分享信息、解决问题和制定计划。通过定期的沟通会议和讨论，可以及时了解每个成员的工作进展和遇到的困难，从而共同寻找解决方案。建立一个畅通的沟通渠道，如使用即时通信工具、电子邮件等，可以随时随地进行信息交流，避免因信息滞后而导致的问题。

协作能力是团队合作成功的另一个重要因素。旅游服务是一个复杂的系统工程，需要团队成员之间的密切配合和协作。每个成员都有各自的分工和职责，只有相互支持、共同努力，才能完成整个服务流程。例如，在接待大型旅游团时，需要协调交通、住宿、餐饮、景点游览等各个环节，每个环节都需要团队成员的协同配合。如果某一个环节出现问题，其他成员需要及时进行支援和调整，以确保整个服务过程的顺利进行。

信任是团队合作的基础。团队成员之间的信任关系直接影响着合作的效率和效果。建立信任需要时间和耐心，成员之间需要通过长期的合作和交流来增进了解和信任。团队领导者在这方面起着至关重要的作用，通过公正、公平地对待每个成员，树立榜样，营造一种互相信任的团队氛围。信任的建立不仅能够提高工作效率，还能增强团队的凝聚力，使每个成员都能更好地发挥自己的潜力。

问题解决能力是团队合作中不可或缺的一部分。在旅游服务过程中，难免会遇到各种突发问题和挑战。团队成员需要具备快速反应和解决问题的能力，能够在压力下做出正确的决策。例如，在遇到突发天气情况、交通堵塞或游客突发疾病等问题时，团队需要迅速制定应急预案，合理分配任务，确保游客的安全和旅行计划的顺利进行。通过不断的实践和总结经验，团队成员可以不断提升自己的问题解决能力，更加从容应对各种挑战。

领导力在团队合作中起着重要的引导和协调作用。团队领导者需要具备良好的领导能力，能够有效地组织和协调团队成员的工作。领导者需要明确团队的目标和任务，合理分配工作，并提供必要的支持和资源。同时，领导者还需要具备良好的沟通能力，能够倾听团队成员的意见和建议，调动大家的积极性和创造力。通过有效的领导，团队能够形成合力，共同实现既定的目标。

团队建设活动是增强团队合作与协调能力的重要手段。通过组织各种团队建设活动，如拓展训练、团队游戏、聚会等，可以增强团队成员之间的交流和互动，增进彼此的了解和信任。团队建设活动不仅能够提升团队的凝聚力，还能发现和培养团队中的潜在领导者和优秀成员，为团队的发展储备人才。通过团队建设活动，还可以帮助团队成员缓解工作压力，增强团队的整体士气和战斗力。

有效的时间管理是提升团队合作效率的重要方面。旅游服务过程中，每个环节都有严格的时间要求，团队成员需要具备良好的时间管理能力，能够合理安排工作时间，提高工作效率。例如，在安排旅游行程时，需要精确计算各个景点的游览时间、交通时间和休息时间，确保每个环节都能按计划进行。通过合理的时间管理，团队能够更高效地完成各项任务，减少因时间不足而引发的问题和冲突。

文化多样性是团队合作中的一个重要因素。旅游行业是一个高度国际化的行业，团队成员往往来自不同的文化背景，具有不同的语言和习惯。尊重和理解文化差异，能够促进团队成员之间的合作和交流，避免因文化冲突而产生的误解和摩擦。例如，在与外国游客的交流中，需要了解和尊重他们的文化习俗，提供个性化的服务，提升游客的满意度。通过不断学习和适应不同的文化背景，团队能够更好地应对国际化的旅游市场需求。

团队绩效评估是提升团队合作能力的重要手段。通过定期的绩效评估，可以客观地评价团队和成员的工作表现，发现存在的问题和不足，及时进行改进和调整。绩效评估不仅仅是对过去工作的总结，更是对未来工作的指导和激励。通过设定明确的绩效目标和标准，团队成员能够明确自己的工作方向和努力目标，不断提升自己的工作能力和水平。同时，绩效评估结果还可以作为团队奖励和晋升的依据，激励成员更加积极地参与团队工作，提升整体的工作效率和质量。

心理健康和工作生活平衡是提升团队合作能力的重要因素。旅游服务行业的工作强度大、压力大，团队成员需要具备良好的心理素质，能够在高压环境下保持积极的工作态度。通过提供心理咨询和辅导、组织团队活动等方式，可以帮助成员缓解工作压力，保持良好的心理状态。合理安排工作和休息时间，确保成员有足够的休息和娱乐时间，有助于提升工作效率和团队合作能力。

（二）规划与执行能力

在现代旅游业中，规划与执行能力是确保高效优质服务的关键因素之一。一个出色的旅游团队必须具备卓越的规划与执行能力，这不仅体现在行程的设计与落实上，更反映在对突发情况的应对和整体资源的调配上。规划的精准和执行的高效能够显著提升游客的体验，增强团队的竞争力。

规划能力的提升需要深厚的专业知识和丰富的实践经验。团队成员需要全面了解目的地的各类信息，包括景点特点、交通状况、住宿条件、餐饮选择等。精确的行程规划要求细致入微，考虑到每一个细节，以确保行程顺畅。例如，熟悉景点的开放时间和高峰期，合理安排参观顺序，以避免游客长时间等待，从而提高游览效率。

在规划过程中，还应注重个性化需求的满足。每位游客的兴趣和偏好各不相同，优秀的团队需要具备定制行程的能力。这要求团队能够灵活应对不同的需求，提供多样化的选择，并在规划中预留一定的弹性空间，以便随时调整行程。团队还应具备前瞻性的规划能力，能够预测潜在的问题，并制定相应的应急预案，以确保行程顺利进行。

执行能力是将精心规划转化为现实的关键。高效的执行需要团队成员之间的密切配合和协作。每个成员都应明确自己的职责，按照计划有序进行工作。同时，团队领导需要具备良好的指挥和协调能力，能够在关键时刻果断决策，迅速应对突发情况。例如，遇到交通堵塞或天气变化等不可控因素时，团队应能够迅速调整行程，确保游客的安全和行程的连贯性。

在实际执行中，沟通与协调能力至关重要。团队成员之间的良好沟通可以确保信息的及时传达和任务的有效执行。无论是行程的安排、游客的需求，还是突发情况的处理，都需要通过高效的沟通来实现。为了提升沟通效果，团队可以使用现代化的通信工具，如即时通信软件和电子邮件等，确保信息传递的及时性和准确性。

团队合作是成功执行的重要保障。一个高效的团队需要成员之间相互信任和支持，能够在工作中密切配合，发挥各自的优势。例如，团队中的某些成员可能擅长讲解历史文化，另一些成员则在处理紧急情况方面更有经验。通过合理分工，团队可以最大限度地发挥每个成员的专长，从而提高整体的工作效率和服务质量。

在团队合作中，领导力和激励机制起着至关重要的作用。团队领导需要具备优秀的管理和领导能力，能够激发成员的积极性和创造力。通过树立明确的目标和愿景，领导可以引导团队共同努力，实现预定的目标。合理的激励机制可以增强团队的凝聚力和战斗力。例如，通过定期表彰优秀成员、提供培训和晋升机会等，团队可以保持高昂的士气和积极的工作态度。

有效的资源管理是提升执行能力的另一个重要方面。团队需要合理配置和利用各类资源，包括人力、物力和财力等。通过精细化管理，可以确保资源的充分利用，避免浪费和冗余。例如，在安排交通和住宿时，可以选择性价比高的方案，既满足游客的需求，又控制成本，从而提高服务的整体效益。

在现代科技的支持下，团队可以利用信息技术提升规划与执行的效率。通过旅游管理系统和大数据分析，团队可以更加精准地把握游客需求，优化行程安排，提高服务质量。同时，利用移动设备和 App，团队可以实现实时沟通和信息共享，提高工作的协调性和反应速度。例如，利用 GPS 导航和实时交通信息，可以及时调整行程路线，避开拥堵路段，确保行程的顺畅进行。

二、团队合作与协调能力培养的方法

（一）强调团队合作的重要性和意义

明确的团队目标和职责分工是团队合作的基础。在旅游服务过程中，每个团队成员都有各自的职责和任务。通过明确团队的共同目标和每个成员的具体职责，可以确保大家在工作中方向一致，分工明确，避免因职责不清而导致的冲突和矛盾。团队目标应当清晰具体，可量化并具有可操作性，而职责分工则应当考虑每个成员的特长和能力，使其能够在各自的岗位上发挥最大效能。

在实际操作中，良好的沟通机制是确保团队合作顺利进行的关键。一个高效的团队需要建立畅通的沟通渠道，确保信息在团队内部能够及时、准确地传递。无论是面对面的交流，还是通过电子邮件、即时通信工具等方式进行沟通，都应当注重沟通的效率和效果。

在团队内部，应当鼓励开放的沟通氛围，让每个成员都能自由表达自己的意见和建议，从而促进问题的及时发现和解决。

团队合作的培养还需要注重成员的情感关怀和心理支持。在高强度的工作环境中，团队成员可能会面临各种压力和挑战，情感上的关怀和支持能够帮助他们更好地应对这些困难。通过建立团队内部的支持系统，如心理咨询、团队互助等，可以有效缓解成员的压力，增强他们的心理韧性和抗压能力，从而在工作中更加积极主动。

为了提高团队的协调能力，系统的培训和教育是不可或缺的。通过定期的专业培训，团队成员可以不断提升自己的知识和技能，增强处理各种复杂情况的能力。特别是在面对突发事件时，团队的协调能力显得尤为重要。通过模拟演练、案例分析等培训方式，可以帮助团队成员积累经验，提升他们的应急处理能力和协调水平。

在团队合作中，领导者的作用不可忽视。一个优秀的团队领导者不仅需要具备出色的管理能力，还应当具有良好的沟通和协调能力，能够及时发现和解决团队内部的问题。领导者应当以身作则，树立榜样，积极引导团队成员之间的合作与协调。通过科学的管理和有效的领导，团队能够更好地实现目标，提升整体的服务质量。

激励机制也是促进团队合作的重要因素。合理的激励措施可以激发团队成员的工作热情和积极性，增强他们的责任感和归属感。在制定激励机制时，应当考虑到团队合作的重要性，鼓励成员之间的互助和协作。例如，可以设立团队奖项，对表现优秀的团队和成员进行表彰和奖励，从而营造积极向上的团队氛围。

为了更好地培养团队合作与协调能力，团队文化的建设同样至关重要。一个良好的团队文化能够增强成员的归属感和认同感，促进他们在工作中积极主动地合作和配合。团队文化的建设需要从多个方面入手，如价值观的认同、行为规范的制定、团队精神的弘扬等。通过不断加强团队文化建设，团队成员能够在共同的价值观和目标指引下，形成强大的凝聚力和战斗力。

（二）建立团队共同目标和价值观

建立团队共同目标和价值观是提升导游团队合作与协调能力的关键一环。一个团队只有在共同的目标和价值观的指引下，才能保持团结一致，有效地协作完成任务。培养导游团队的合作与协调能力，需要从建立共同目标和价值观入手，并采取一系列有效的方法来加强团队的凝聚力和协作性。

团队成员需要明确知道他们共同努力的方向和目标是什么，以便在工作中能够统一行动、共同奋斗。这一目标应当具有挑战性和吸引力，能够激发团队成员的积极性和奋斗精神。例如，可以将团队目标定为提升客户满意度、提高服务质量、增加旅游产品的多样性等，以此来引领团队的行动方向。

应当在共同的价值观基础上形成一致的行为准则和行事原则，以此来保持团队的凝聚力和团结性。这些价值观可以包括诚信、责任、合作、创新、服务等，团队成员应当在工作中秉持这些价值观，共同遵循和践行。例如，团队成员应当相互信任、互相支持，不断学习和进步，以提升团队整体素质和业绩水平。

定期组织团队建设活动是增强团队凝聚力的重要手段。通过团队建设活动，团队成员可以增进彼此之间的了解和信任，促进团队成员之间的交流和合作。例如，可以组织团队拓展训练、户外拓展活动、团队游戏等，以此增强团队的团结性和凝聚力。

团队成员之间应当建立起畅通的沟通渠道，及时交流信息、分享经验、解决问题，以此来保持团队的整体协调性和执行力。可以通过建立团队群组、定期召开团队会议、设立意见箱等方式，来促进团队成员之间的沟通和交流。

团队成员应当认识到，团队的成功和失败都与每个人的努力和贡献密切相关，只有每个人都充分发挥自己的作用，才能保证团队的整体效能。可以通过团队目标分解、角色明确、任务分工等方式，来增强团队成员的责任感和团队意识。

通过设立奖励机制，激励团队成员积极主动地为团队目标和价值观努力，同时通过设立惩罚机制，约束团队成员的行为，确保团队整体的秩序和效率。奖惩机制可以根据团队的实际情况和特点进行设计和调整，以此来促进团队的团结和协作。

第三节　导游团队决策与执行能力培养

一、导游团队的决策能力的培养

（一）决策能力培养的理论基础

心理学提供了对个体决策行为的理论基础。导游团队的决策能力首先建立在每个成员个体的决策能力之上。心理学研究表明，个体的决策行为受到多种因素的影响，包括认知偏差、情绪因素、社会压力等。例如，人们在面对风险时往往存在避险倾向，容易受到潜在损失的影响；情绪波动也会影响个体的决策过程，情绪高涨时更容易冒险，情绪低落时更倾向于保守。了解这些心理学原理，有助于导游团队在决策过程中更好地理解成员的行为和动机，从而采取有效的干预措施，提高决策质量。

管理学提供了组织决策理论的重要支撑。导游团队决策是多个成员共同参与、协商达成的决策过程，管理学提供了一系列关于组织决策的理论模型和方法。例如，决策参与理论认为，参与决策的成员更容易接受决策结果，提高了决策的质量和执行力；决策风格理论将决策过程分为民主式、威权式和自由式等不同风格，指导团队选择合适的决策方式；决策树模型和SWOT分析法分析等方法则帮助团队成员系统地评估决策的各种因素和风险，从而做出更明智的选择。团队领导者需要掌握这些管理学理论，灵活运用在团队的决策过程中，促进团队的共识和协作。

社会学为团队决策提供了组织和文化方面的理论支持。导游团队决策不仅受到内部成员个体的影响，还受到外部环境和文化背景的影响。社会学研究团队内部的组织结构、权力关系和文化氛围，揭示了这些因素对团队决策的影响机制。例如，社会规范理论认为，团队成员的决策行为受到社会规范和团队文化的约束，影响了成员的态度和行为选择；社会网络理论则研究了团队成员之间的关系网络，认为关系的密切程度会影响决策的效果和执行力。了解这些社会学理论，有助于导游团队在决策过程中更好地理解和应对团队内外部环境的影响，提高团队的适应性和灵活性。

（二）决策能力培养的培训方法

理论教学是培养决策能力的基础。通过系统讲解决策理论、方法和模型，导游团队成员可以建立起对决策过程的深入理解。教学内容可以涵盖决策理论的基本概念、决策模型的分类和应用、决策中的风险管理和冲突解决等方面。理论教学不仅可以提供理论指导，还可以激发团队成员的学习兴趣，为后续培训内容的学习和实践奠定坚实基础。

在理论教学的基础上，案例分析是培养决策能力的有效方法之一。通过分析真实或模拟的案例，团队成员可以深入了解决策过程中所面临的各种挑战和困难，从而提高他们的决策意识和应对能力。案例分析可以涵盖各种不同情境下的决策问题，如突发事件处理、客户投诉解决、资源调配等，帮助团队成员更好地理解理论知识的实际应用。

角色扮演是将理论知识转化为实践能力的重要手段。通过扮演不同角色，在模拟情境中进行决策，团队成员可以锻炼自己的决策能力和应对能力。例如，可以模拟客户投诉的场景，让团队成员扮演客户和导游的角色，通过沟通和协商解决问题，提高应对突发事件的能力。角色扮演还可以帮助团队成员增强自信心和团队合作意识，提高解决问题的效率和质量。

实践演练是培养决策能力的重要环节。通过实际操作和实地体验，团队成员可以将理论知识转化为实际能力，提高解决问题的实效性和灵活性。实践演练可以包括模拟导游服务、应急演练、实地考察等内容，让团队成员亲身体验决策过程中的各种情况和挑战，从而增强他们的应对能力和适应能力。

除了以上培训方法外，持续的反馈和评估也是培养决策能力的关键环节。通过及时的反馈和评估，团队成员可以了解自己的优势和不足，及时调整和改进自己的决策行为。反馈可以来自领导、同事、客户以及自我评价等多个方面，形式可以是口头反馈、书面评估、360度评价等。通过不断地反馈和评估，团队成员可以不断提升自己的决策能力，实现个人和团队的共同进步。

团队成员的自主学习和能力提升也是培养决策能力的重要途径。团队可以建立学习型组织，提供丰富多样的学习资源和学习机会，鼓励成员自主学习和交流分享，从而不断拓展知识面、提升技能水平。同时，团队领导可以给予成员足够的自主权和支持，鼓励他们在工作中勇于尝试和创新，从而培养团队成员的自主决策能力和创新精神。

二、导游团队执行能力的培养

（一）团队合作

导游团队合作在现代旅游行业中扮演着至关重要的角色，而团队执行能力则是团队合作效果的直接体现。执行能力不仅反映了团队完成任务的效率和质量，也影响到游客的满意度和旅游公司的声誉。为了培养团队的执行能力，需要采取一系列综合性的方法和措施，确保团队能够高效、协调地完成各项任务。

明确的目标设定是团队执行能力提升的基础。在团队工作中，目标不仅是指引方向的灯塔，也是衡量工作成果的标准。每个团队成员都应该清楚了解团队的总体目标以及自己在其中的角色和任务。目标设定应当具体、可衡量、具有挑战性但又可实现，并且与团队的整体战略一致。通过明确的目标设定，团队成员能够更加专注于任务，避免因方向不明而导致的效率低下和资源浪费。

科学合理的任务分解与分工是确保团队高效执行的关键。复杂的任务往往需要分解为若干子任务，由不同的成员分别负责完成。任务分解应当考虑到每个成员的能力和特长，确保每个人都能在自己最擅长的领域内发挥最大效能。任务分工不仅要明确每个成员的职责，还应当设定相应的时间节点和质量标准，以确保各项工作能够按时保质完成。

在实际操作中，高效的沟通机制是团队执行力的保障。团队内部的沟通不仅涉及信息的传递，还包括意见的交流和问题的讨论。建立畅通的沟通渠道，确保信息在团队内能够及时、准确地传递，是提高团队执行力的重要手段。无论是通过面对面的会议，还是利用现代通信工具，都应当注重沟通的效率和效果。开放的沟通氛围有助于及时发现和解决问题，促进团队成员之间的协作和配合。

系统的培训和教育是提升团队执行能力的重要途径。通过定期的专业培训，团队成员可以不断提升自己的知识和技能，增强处理各种复杂情况的能力。特别是在应对突发事件时，培训和演练能够帮助团队成员积累经验，提高他们的应急处理能力。培训内容应当包括业务知识、服务技能、团队合作技巧等多个方面，确保团队成员能够全面发展，从而在实际工作中更加高效地执行任务。

在团队执行过程中，领导者的作用不可或缺。一个优秀的领导者不仅需要具备出色的管理能力，还应当善于激励和引导团队成员，充分发挥每个人的潜力。领导者应当以身作则，树立榜样，通过科学的管理方法和有效的激励措施，提升团队的执行力。领导者还应当关注团队成员的情感需求和心理状态，提供必要的支持和帮助，确保团队在高效执行任务的同时，保持良好的工作氛围。

合理的激励机制是提升团队执行力的重要因素。通过设立合理的奖励措施，可以激发团队成员的工作积极性和创造力，增强他们的责任感和归属感。激励机制应当注重公平性和激励性，既要对表现优秀的成员给予奖励，也要对团队整体的努力和成果进行认可。除了物质奖励，还可以采取精神激励，如表彰优秀员工、提供职业发展机会等，提升团队成员的内在动力。

为了更好地提升团队的执行能力，团队文化的建设同样至关重要。一个良好的团队文化能够增强成员的归属感和认同感，促进他们在工作中积极主动地合作和配合。团队文化的建设需要从多个方面入手，如价值观的认同、行为规范的制定、团队精神的弘扬等。通过不断加强团队文化建设，团队成员能够在共同的价值观和目标指引下，形成强大的凝聚力和战斗力。

（二）问题解决能力

问题解决能力是提升导游团队执行能力的关键一环。在旅游过程中，团队可能会遇到各种各样的问题和挑战，如客户投诉、行程变更、突发事件等，而团队成员的问题解决能力直接决定了团队是否能够迅速、有效地应对这些挑战，确保旅游顺利进行。培养导游团队的问题解决能力，需要从多个方面入手，采取一系列有效的方法和措施。

提高团队成员的问题识别能力是问题解决能力培养的第一步。团队成员需要能够及时、准确地识别出旅游过程中可能出现的各种问题和风险，以便及时采取相应的措施加以解决。这需要团队成员具备敏锐的观察力和细致的工作态度，能够从客户的言行举止中捕捉到潜在的问题迹象。通过定期的培训和实战演练，可以提高团队成员的问题识别能力，使其在工作中能够更加敏锐地发现和解决问题。

加强团队成员的问题分析能力是问题解决能力培养的关键环节。一旦出现问题，团队成员需要能够迅速、准确地分析问题的原因和性质，以便有针对性地采取解决措施。这需要团队成员具备较强的逻辑思维能力和问题分析能力，能够对问题进行全面、系统的分析，找出问题的根源和关键因素。通过培训和案例分析，可以提高团队成员的问题分析能力，使其在工作中能够更加果断地解决问题。

提升团队成员的解决问题的能力是问题解决能力培养的重要环节。一旦分析出问题的原因和性质，团队成员需要能够迅速、有效地采取相应的措施来解决问题，以便保证旅游的顺利进行。这需要团队成员具备较强的执行力和应变能力，能够在紧急情况下迅速做出正确的决策和行动，确保问题得到及时解决。通过模拟训练和实战演练，可以提高团队成员解决问题的能力，使其在工作中能够更加果断、灵活地应对各种突发情况。

加强团队成员之间的协作和配合能力也是问题解决能力培养的重要内容。在解决问题的过程中，团队成员需要能够相互协作、密切配合、共同努力，才能更加有效地解决问题，保证旅游的顺利进行。这需要团队成员具备较强的团队意识和团队精神，能够主动与他人合作，分享信息和资源，共同克服困难，取得共同的成功。通过团队建设活动和团队合作项目，可以提高团队成员之间的协作和配合能力，使其在工作中能够更加默契、高效地配合。

建立团队内部的学习和反思机制是问题解决能力培养的持续保障。团队成员应当认识到，解决问题是一个不断学习和提升的过程，需要不断总结经验、吸取教训，不断改进和完善解决问题的方法和策略。通过定期组织团队学习和经验交流会议，鼓励团队成员分享解决问题的经验和教训，可以促进团队成员之间的相互学习和共同进步，提高团队整体的问题解决能力。

第四节　导游团队沟通与冲突解决能力培养

一、导游团队沟通能力培养

（一）沟通意识的培养

团队沟通意识的培养对于导游团队的协作和服务质量至关重要。沟通意识的提升不仅能够加强团队成员之间的信息交流和理解，还能够促进团队内部的协作和凝聚力，提高团队整体的执行力和服务水平。

加强沟通技巧培训。团队成员需要掌握一定的沟通技巧，才能更有效地表达自己的想法和意见，更好地理解他人的观点和需求。沟通技巧包括口头沟通、书面沟通、非语言沟通等多个方面。例如，团队成员需要学会倾听他人的意见，表达自己的观点，避免语言不当和姿态不适等问题，以确保信息的准确传达和理解。通过定期的沟通技巧培训和实践训练，团队成员可以不断提升自己的沟通能力，增强团队的沟通效率和准确性。

建立开放式沟通氛围。团队成员需要感受到团队领导者和同事之间的开放和信任，才能更自由地表达自己的想法和观点。建立开放式沟通氛围需要领导者发挥积极作用，营造一个尊重和包容的工作环境，鼓励团队成员敞开心扉，勇于表达意见。团队成员之间也应该相互尊重和理解，接受不同意见和观点，共同探讨问题，寻找解决方案。通过建立开放式沟通氛围，可以增强团队成员之间的信任感和团队凝聚力，提高团队的执行效率和服务质量。

加强跨文化沟通能力培养。在导游团队中，团队成员往往来自不同的文化背景，具有不同的语言、习惯和价值观念。团队成员需要具备跨文化沟通能力，能够有效地与来自不同文化背景的游客和同事进行交流和合作。跨文化沟通能力培养包括对不同文化背景的了解和尊重、语言能力的提升、跨文化交流技巧的掌握等方面。例如，团队成员需要学习一些基本的外语知识，以便与外国游客进行基本的交流；同时，还需要了解不同文化之间的礼仪和习惯，避免因文化差异而产生的误解和冲突。通过加强跨文化沟通能力培养，可以提高团队成员与游客之间的沟通效果和服务质量，增强团队的国际竞争力。

利用现代科技手段促进团队沟通。随着信息技术的发展，现代科技手段已经成为团队沟通的重要工具。团队成员可以利用手机、电脑、网络等工具进行信息传递和交流，随时随地进行沟通。例如，团队成员可以通过即时通信工具进行实时沟通，共享信息和资源；利用电子邮件进行文件传递和合作；利用网络平台建立团队协作空间，共同编辑和管理文件。通过利用现代科技手段，团队成员可以更便捷地进行沟通，提高沟通效率和准确性，促进团队的协作和合作。

建立有效的沟通机制和流程。团队沟通需要有明确的机制和流程来支持和保障。团队可以建立一套完善的沟通机制和流程，包括信息传递的渠道、沟通的频率和方式、沟通的对象和内容等方面。例如，团队可以定期召开沟通会议，及时交流工作进展和问题解决方案；建立团队沟通群，方便成员随时随地进行信息交流和讨论；设立团队沟通协调员，负责统筹和协调团队成员之间的沟通工作。通过建立有效的沟通机制和流程，可以确保团队成员之间信息的畅通和及时性，促进团队的协作和团结。

（二）团队合作意识的培养

培养导游团队的合作意识是提高团队整体素质和服务水平的重要途径。一个团队若要达到协作默契、互相信任、共同进步的境界，需要通过多种培训方法和实践活动来促进成员之间的合作意识和团队凝聚力。这包括建立团队文化、开展团队建设活动、加强沟通与协调、鼓励共享和协作等方面。

建立团队文化是培养合作意识的基础。团队文化体现了团队的核心价值观和行为准则，能够统一团队成员的价值观念，增强团队凝聚力和认同感。团队文化可以包括共同的愿景和使命、团队的核心价值观、行为规范和奖惩机制等内容。通过定期开展团队文化建设活动，如团队会议、团队座谈、团队游学等，团队成员可以加深对团队文化的认识和理解，增强对团队的归属感和认同感，从而提升团队合作意识。

团队建设活动是培养合作意识的重要途径之一。通过开展团队建设活动，可以增强团队成员之间的交流和互动，促进团队成员之间的情感沟通和信任建立，提升团队的凝聚力和合作意识。团队建设活动可以包括户外拓展、团队游戏、团队培训等内容，旨在通过团队合作和协作来达到共同目标，提升团队成员的团队精神和合作意识。

沟通与协调是团队合作的重要保障。团队成员之间的有效沟通和协调可以减少误解和冲突，增强团队成员之间的信任和团队凝聚力。有效的沟通包括及时的信息传递、清晰的表达和倾听、积极的反馈和回应等。团队可以通过定期的团队会议、沟通培训、团队合作项目等方式加强沟通与协调，促进团队成员之间的沟通和协作，提升团队的合作意识和团队效能。

共享和协作是团队合作的核心。团队成员之间应该相互支持、互相帮助，共同协作完成工作任务，实现共同目标。团队可以通过建立共享机制、共享资源、共享知识等方式加强团队成员之间的共享和协作，提升团队的整体效能和服务水平。例如，团队可以建立共享知识库、共享工作平台等，让团队成员可以随时共享和获取信息，提升工作效率和服务质量。

团队合作意识的培养还需要团队领导的积极引领和推动。团队领导应该树立榜样、身先士卒，发挥模范作用，激励团队成员发挥个人优势，共同推动团队发展。团队领导还应该积极营造良好的工作氛围和团队文化，鼓励团队成员积极参与团队合作和协作，形成团队共识，推动团队整体素质的提升。

二、导游团队冲突解决能力培养

（一）冲突认知与管理

冲突在团队工作中是不可避免的，尤其是在导游团队这样需要密切协作的环境中。有效地认知和管理冲突，对于团队的和谐发展至关重要。冲突不仅可以提高团队的创新能力，还可以促进团队成员之间的沟通和理解。培养团队的冲突解决能力是导游团队管理中的一项重要任务。

了解冲突的本质和类型是培养冲突解决能力的基础。冲突是指在团队中由于意见、利益、价值观等方面的差异而产生的争执和矛盾。冲突可以分为认知性冲突、情感性冲突和利益性冲突等不同类型。认知性冲突主要是由于信息理解或认知差异导致的矛盾；情感性冲突则是由于情绪或个人态度引起的矛盾；利益性冲突则是由于利益分配或资源竞争引起的矛盾。了解冲突的本质和类型有助于团队成员更加准确地分析和解决问题。

建立开放的沟通氛围是有效解决冲突的前提。在导游团队中，成员之间需要频繁地进行沟通和交流，以确保工作的顺利进行。建立开放的沟通氛围可以让团队成员自由表达自己的观点和想法，减少信息的不对称，避免因信息不畅而导致的误解和猜疑。团队领导者应该鼓励成员之间建立良好的沟通机制，倡导坦诚、直接的沟通风格，帮助团队成员更好地理解彼此，减少冲突。

在实际操作中，有效的冲突管理需要运用适当的技巧和策略。例如，面对认知性冲突，可以通过共享信息、开展讨论、寻求第三方意见等方式来增进团队成员之间的理解和认知；面对情感性冲突，可以采用倾听、理解、同理心等方法来化解情感上的矛盾，缓解紧张气氛；面对利益性冲突，可以通过协商、妥协、权衡利弊等方式来达成共识，找到双赢的解决方案。选择合适的冲突管理策略，有助于团队成员更加有效地解决问题，促进团队的和谐发展。

除了及时有效地处理已经发生的冲突，预防冲突的发生同样重要。团队领导者可以通过建立明确的规章制度、规范团队成员的行为和言论，预防冲突的发生；还可以通过定期的团队建设活动、培训和沟通会议等方式，增强团队成员之间的凝聚力和归属感，提高团队的整体素质，从而减少冲突。加强团队成员的冲突解决能力培训，提高他们的沟通、协调和妥协能力，也是预防冲突的有效途径。

在团队冲突解决能力培养过程中，领导者的作用至关重要。一个优秀的团队领导者应当具备良好的沟通技巧和冲突管理能力，能够及时发现和解决团队中的问题。领导者应当以身作则，树立榜样，引导团队成员树立正确的冲突解决观念，倡导积极向上的工作态度。领导者还应当关注团队成员的情感需求和心理状态，提供必要的支持和帮助，促进团队的和谐发展。

在团队冲突解决能力培养中，团队文化的建设同样至关重要。一个积极健康的团队文化能够增强团队成员之间的凝聚力和归属感，促进他们更加紧密地合作和协调。团队文化的建设需要从多个方面入手，如价值观的认同、行为规范的制定、团队精神的弘扬等。通过不断加强团队文化建设，团队成员能够在共同的价值观和目标指引下，形成强大的凝聚力和战斗力，有效地化解冲突。

（二）团队协作与冲突解决

团队协作与冲突解决能力是提升导游团队整体素质和工作效率的重要方面。在旅游行业这个团队合作至关重要的领域中，团队成员之间可能会出现各种冲突，如意见不合、利益冲突、沟通障碍等，而团队的协作和冲突解决能力直接影响着旅游活动的顺利进行和客户的满意度。培养导游团队的冲突解决能力，需要从团队协作、沟通、理解和解决冲突等方面入手，采取一系列有效的方法和措施。

加强团队成员之间的团队意识和团队精神是团队协作与冲突解决能力培养的基础。团队成员应当认识到，只有团结一致、互相支持，才能共同应对各种挑战，取得共同的成功。这需要团队成员具备较强的团队意识和归属感，能够将个人的利益和团队的利益放在前面，主动与他人合作，共同实现团队的目标。通过团队建设活动、团队游戏、团队分享等方式，可以增强团队成员之间的团队意识和团队精神，促进团队的协作和配合。

加强团队成员之间的沟通能力是团队协作与冲突解决能力培养的关键环节。良好的沟通是解决冲突的基础，只有通过有效的沟通，才能准确理解他人的想法和感受，有效协调和解决问题。团队成员应当学会倾听和表达，尊重他人的观点和意见，以建立良好的沟通氛围。可以通过沟通技巧培训、角色扮演、团队讨论等方式，提高团队成员的沟通能力，使其在工作中能够更加顺畅地与他人交流和合作。

加强团队成员之间的理解和尊重是团队协作与冲突解决能力培养的重要内容。团队成员应当能够理解和尊重他人的差异，包括不同的观点、价值观、文化背景等，以便在工作中能够有效地协调和解决问题。这需要团队成员具备较强的包容性和尊重他人的能力，能够站在对方的角度思考问题，尊重他人的意见和决定。通过跨文化培训、多元文化交流、团队分享等方式，可以增强团队成员之间的理解和尊重，促进团队的和谐和稳定。

加强团队成员之间的冲突解决能力是团队协作与冲突解决能力培养的重要环节。团队成员之间可能会出现各种各样的冲突，如意见不合、利益冲突、人际关系问题等，而良好的冲突解决能力是保证团队正常运作的关键。团队成员应当学会如何有效地处理和解决冲突，采取适当的方式和方法，使冲突得以妥善解决，不影响团队的团结和合作。可以通过冲突管理培训、团队建设活动、角色扮演等方式，提高团队成员的冲突解决能力，使其在工作中能够更加成熟地处理各种冲突。

建立团队内部的反馈和改进机制是团队协作与冲突解决能力培养的持续保障。团队成员应当认识到，团队的协作与冲突解决能力是一个不断提升和改进的过程，需要不断总结经验、吸取教训，不断改进和完善工作方法和策略。通过建立团队内部的反馈和改进机制，鼓励团队成员提出建议和意见，及时调整和改进工作方法，可以促进团队成员之间的共同学习和进步，提高团队的整体协作与冲突解决能力。

第十一章　导游创新与发展能力培养

第一节　导游创新意识与能力培养

一、导游创新意识的培养

（一）创新意识的激发

创新意识是导游工作中至关重要的一环。它不仅可以提升导游的专业水平和服务质量，还可以为游客带来更加丰富和独特的体验。激发导游的创新意识需要从多个方面入手，包括培训、激励机制、行业发展趋势等等。

导游的创新意识可以通过专业培训来激发。培训课程可以包括导游服务技巧、历史文化知识、沟通能力等方面的内容，通过不断学习和提升，导游可以更好地应对各种情况，同时也会激发他们对于创新的渴望和追求。

建立良好的激励机制也是激发导游创新意识的重要手段。这可以包括表彰优秀导游、奖励创新点子、提供晋升机会等。通过这些激励措施，导游会感受到自己的努力和创新能够得到认可和回报，从而更加积极地投入到工作中。

密切关注行业发展趋势也是激发导游创新意识的关键。随着科技的发展和社会的进步，旅游行业也在不断变化，导游需要及时了解行业动态，不断更新自己的知识和技能，才能够跟上时代的步伐，为游客提供更加优质的服务体验。

鼓励导游参与团队合作和交流也是激发创新意识的有效方式。通过与同行的交流和合作，导游可以分享经验、借鉴他人的创新做法，从而拓展自己的思路和视野，促进个人和团队的共同成长。

给予导游足够的自主权和发挥空间也是激发创新意识的重要条件。在工作中，给予导游一定的自由度，让他们有机会自主选择和尝试不同的服务方式和内容，这样才能够真正激发出他们的创造力和创新精神。

（二）创新思维的培养

导游创新思维的培养是旅游行业不可或缺的一环。通过培养创新思维，导游可以为游客提供更加丰富、独特的旅游体验，提升服务质量和竞争力。要培养导游的创新思维，需要从多个方面入手，包括教育培训、激励机制、行业环境等。以下将探讨导游创新思维的培养方法和策略。

教育培训是培养导游创新思维的关键环节之一。在导游培训课程中，可以引入创新思维培训模块，教导导游如何从不同的角度去看待问题，如何灵活运用知识和技能解决实际工作中遇到的挑战。同时，可以邀请行业内的专家学者或成功导游分享创新经验和案例，激发导游的创新潜能。

除了课堂教学，实践训练也是培养导游创新思维的有效手段。通过组织实地考察、模拟导游实践、角色扮演等活动，让导游在实际操作中感受和体验创新的乐趣和挑战，锻炼他们的创新能力和应变能力。还可以建立导游创新实践基地，为导游提供一个创新思维的沃土，让他们能够尝试和实践新的导游方式和服务模式。

激励机制是培养导游创新思维的重要保障。行业可以建立奖励制度，对那些提出并成功实施创新举措的导游给予表彰和奖励，以激发导游的创新热情和动力。同时，还可以将创新成果纳入导游绩效考核体系，将创新能力作为评定导游水平的重要指标之一，进一步激励导游积极探索和尝试。

行业环境对导游创新思维的培养也有重要影响。行业组织和企业可以营造开放、包容的工作氛围，鼓励导游敢于提出新想法、尝试新方法，为导游提供展示创新成果的平台和机会。行业还可以加强与其他相关行业的交流合作，借鉴其他行业的创新理念和做法，促进旅游行业的创新发展。

二、导游创新能力的培养

（一）技术更新

当今世界旅游业正经历着迅速的技术更新和变革，导游技术作为旅游服务的核心组成部分也在不断发展和扩展。从传统的人工导游到现代的智能导游系统，技术的进步给游客带来了更便捷、更丰富的旅游体验。以下将就导游技术的更新和扩展进行探讨，并从不同角度分析其对旅游业的影响。

在过去，导游通常是以人工方式提供服务，依靠自身的知识和经验来向游客解说景点的历史、文化、风土人情等信息。随着科技的发展，智能导游系统逐渐崭露头角。这些系统利用人工智能、大数据等技术，能够根据游客的需求提供个性化的导游服务。例如，通过语音识别技术，游客可以直接与智能导游进行对话，提出问题并获取解答，而无须依赖人类导游。这种智能化的导游系统不仅提高了导游服务的效率，还能够减少人力成本，为旅游企业带来更大的收益。

除了智能导游系统，虚拟现实（VR）和增强现实（AR）技术也为导游服务带来了全新的可能性。借助 VR 技术，游客可以通过佩戴 VR 眼镜或头戴式显示设备，仿佛置身于景点当中，身临其境地感受历史的厚重和文化的独特。而 AR 技术则可以在现实场景中叠加虚拟信息，为游客提供更加丰富的解说和体验。例如，游客在参观博物馆时，可以通过 AR 眼镜观看展品的虚拟模型，并获取相关的详细信息，这样既增强了游客的参观体验，又提升了导游服务的质量和效率。

移动互联网技术的普及也为导游服务带来了巨大的变革。通过手机 App，游客可以随时随地获取导游信息，包括景点介绍、地图导航、特色美食推荐等。一些 App 还提供了语音导游、视频导览等功能，为游客提供更加便捷和个性化的导游体验。而对于导游本身而言，移动互联网技术也为其提供了更多的工作机会和发展空间，他们可以通过线上平台发布自己的导游服务，与游客实现更加直接的联系和沟通，同时也可以借助平台的资源和技术提升自己的服务水平和竞争力。

随着导游技术的不断更新和扩展，也带来了一些新的挑战和问题。智能导游系统虽然可以提供个性化的服务，但其对于人文情感的表达和沟通能力还存在一定的局限性，无法完全替代人类导游的存在。虚拟现实和增强现实技术的应用也需要消费者具备相应的设备和技术素养，否则可能会降低导游服务的普及性和适用性。移动互联网技术的发展也给旅游目的地带来了一定的压力，特别是一些文化古迹和自然景点可能面临过度开发和游客过多的问题，需要采取有效的管理和保护措施。

（二）开展创意培训课程

导游开展创意培训课程是旅游行业的一大创新举措。这样的课程不仅可以提升导游的专业素养，还能够激发其创造力，为游客提供更加丰富、个性化的旅游体验。

在课程的第一部分中，导游们将学习如何通过讲故事的方式吸引游客的注意力。导游将学习如何选取有趣、富有情感色彩的故事，以及如何通过生动的语言和表情来讲述这些故事，从而让游客更加投入到旅游体验中去。

在第二部分中，导游们将学习如何利用当地资源和文化特色为游客打造独特的旅游体验。这可能包括参观当地手工艺品作坊、体验传统的民俗活动，或者品尝当地特色美食等。通过将游客带入当地生活的方方面面，导游可以帮助他们更好地了解目的地的文化和历史。

第三部分的课程将侧重于导游的沟通和领导能力的提升。导游们将学习如何与不同背景、文化的游客进行有效的沟通，以及如何在应对突发状况时保持冷静和应对自如。他们还将学习团队合作和领导技巧，以便在团队中发挥更大的作用。

在接下来的课程中，导游们将学习如何利用现代科技手段为旅游体验增添新的元素。这可能包括利用虚拟现实技术来模拟历史场景，或者利用智能导游设备为游客提供更加个性化的服务。通过结合科技和旅游，导游可以为游客带来更加丰富、深入的体验。

导游们将参加一系列实践培训，通过实地考察和模拟导游活动来巩固所学知识和技能。这将包括实地考察当地景点和文化遗产，以及模拟导游讲解活动等。通过实践，导游们可以将理论知识转化为实际操作能力，并不断提升自己的导游水平。

第二节　导游行业发展趋势与机遇

一、导游行业的发展趋势

导游行业的发展趋势在近年来发生了显著的变化，受到全球旅游市场不断变化的需求、技术进步和社会经济发展的推动。随着人们生活水平的提高和休闲时间的增加，旅游已成为一种普遍的生活方式。为了更好地适应这一变化，导游行业正经历一系列的变革和创新，以满足现代游客的需求。

个性化和定制化服务成了导游行业发展的重要趋势。传统的导游服务通常是按照固定的路线和行程安排，缺乏灵活性和个性化。现代游客对旅行体验的要求越来越高，他们希望能够根据自己的兴趣和需求量身定制旅行行程。导游需要具备更高的专业素养和服务意识，能够提供更加个性化和多样化的服务。这不仅要求导游具备丰富的知识和经验，还需要他们能够敏锐地把握游客的需求，为游客提供贴心的服务和独特的旅行体验。

科技的发展为导游行业带来了新的机遇和挑战。随着互联网和移动技术的普及，越来越多的游客通过在线平台预订旅游产品和服务，这使得导游的工作方式和服务内容发生了变化。导游需要掌握各种新兴技术，如虚拟现实、增强现实等，以提供更加生动和互动的导览体验。智能导游系统的应用也在逐渐普及，通过语音识别、人工智能等技术，导游可以更高效地提供服务，解答游客的疑问，提升整体服务质量。

旅游市场的细分化和专业化趋势也对导游提出了更高的要求。随着旅游需求的多样化，传统的观光旅游已不能满足所有游客的需求。生态旅游、文化旅游、探险旅游等新兴旅游形式逐渐兴起，对导游的专业知识和技能提出了新的挑战。导游不仅需要具备广泛的知识储备，还需要深入了解特定领域的专业知识，以便为游客提供更有深度和专业性的导览服务。

导游行业的国际化趋势也日益明显。全球化的推进使得国际旅游市场日益活跃，越来越多的游客选择出境旅游。这要求导游具备更高的外语能力和跨文化交流能力，能够有效地沟通和服务来自不同国家和文化背景的游客。导游不仅要熟悉当地的文化和习俗，还需要具备全球视野，了解不同国家和地区的旅游资源和市场需求，以便更好地服务国际游客。

同时，导游行业的职业化和标准化也在不断推进。为了提升导游的职业素养和服务水平，各国纷纷制定和实施导游职业资格认证和培训标准。通过系统的培训和认证，导游不仅可以提升自己的专业能力，还可以增强职业自豪感和社会认可度。导游行业的规范化管理也在逐步加强，相关部门通过制定和实施导游服务标准、投诉处理机制等措施，保障游客的合法权益，提升导游行业的整体形象和服务质量。

在此背景下，导游行业的市场需求也在不断变化。越来越多的游客希望在旅行中获得深度的文化体验和互动，这使得导游需要具备更高的文化素养和讲解能力。随着游客对安全和保障的重视，导游需要具备应急处理能力，能够在突发事件中冷静应对，保障游客的安全和权益。这对导游的综合素质提出了更高的要求，要求他们不仅具备扎实的专业知识，还需要具备良好的心理素质和应变能力。

二、导游行业的发展机遇

近年来，随着全球旅游业的蓬勃发展，导游行业也迎来了前所未有的发展机遇。这个职业不仅成为许多人追求的目标，也因为其丰富的职业发展路径和广泛的就业机会，吸引了大量新生力量。导游的角色不仅仅是简单的景点介绍，而是逐渐演变为多功能的旅游服务提供者。当前，导游行业的发展主要受到以下几个方面的推动。

旅游市场的多元化需求为导游行业的发展提供了广阔的空间。现代旅游者不再满足于传统的观光旅游，而是更倾向于深度体验当地文化、历史和生活方式。导游在这样的需求背景下，需具备更多的文化知识和专业技能，以便更好地满足游客的多样化需求。定制化的旅游服务成为新的趋势，导游需要根据游客的不同需求设计个性化的旅游线路，从而提供更高质量的旅游体验。

科技进步为导游行业带来了新的发展机遇。随着信息技术的不断进步，智能导游系统、虚拟现实（VR）技术和增强现实（AR）技术在旅游业中的应用越来越广泛。导游可以利用这些新技术为游客提供更加生动、直观的讲解服务。同时，社交媒体和移动互联网的发展也为导游提供了更多的宣传和营销渠道，使他们能够更好地展示自己的专业技能和服务特点，吸引更多的潜在客户。

导游行业的专业化和职业化发展趋势也为其提供了新的动力。现代旅游市场对导游的专业素质和服务水平提出了更高的要求，导游需要不断提升自身的专业知识和服务技能，才能在激烈的市场竞争中脱颖而出。各类导游培训机构和职业资格认证体系的建立，为导游的专业化发展提供了保障。通过系统的培训和认证，导游能够更好地掌握专业知识，提高服务质量，从而赢得游客的信赖和认可。

导游行业的国际化发展趋势也为其带来了更多的机遇。随着国际旅游市场的不断扩大，越来越多的中国游客走出国门，前往世界各地旅行。同时，越来越多的外国游客也来到中国，体验中华文化的独特魅力。这为导游行业的发展提供了广阔的市场空间。导游需要具备跨文化沟通能力和多语言能力，才能更好地服务于国际游客，从而在全球旅游市场中占据一席之地。

导游行业在快速发展的同时也面临着一些挑战。首先是人才培养问题。虽然导游职业的吸引力不断增加，但如何培养出高素质的导游人才仍然是一个亟待解决的问题。导游不仅需要具备丰富的专业知识和良好的服务态度，还需要具备应对突发事件的能力和解决问题的能力。如何通过有效的培训和实践，使导游具备这些综合素质，是当前导游行业面临的重要课题。

其次是行业规范和管理问题。随着旅游市场的不断扩大，导游行业的规范化管理显得尤为重要。如何建立健全的行业标准和管理制度，规范导游的服务行为，提高服务质量，保障游客的合法权益，是导游行业发展的关键。同时，如何通过有效的监管和执法，打击非法导游行为，维护正常的市场秩序，也是需要解决的重要问题。

总的来说，导游行业在当前和未来的发展中，既面临着前所未有的机遇，也面临着不少挑战。只有通过不断的创新和提升，才能在激烈的市场竞争中保持竞争优势，实现可持续发展。未来，导游不仅需要在专业知识和服务技能上不断提升，还需要在科技应用、市场开拓和国际化发展等方面不断创新。通过这些努力，导游行业必将在全球旅游市场中占据更加重要的地位，为广大游客提供更加优质的旅游服务。

导游行业还需要积极适应旅游市场的变化，不断拓展服务范围。除了传统的景点导览服务，导游还可以开展一些特色项目，如文化体验、生态旅游、户外探险等。这些新兴的旅游项目不仅丰富了游客的旅游体验，也为导游提供了更多的发展机会。通过不断创新和拓展，导游可以在更广阔的领域中展示自己的才能，赢得更多的市场份额。

导游行业还可以积极引入科技元素，提高服务的智能化和现代化水平。例如，导游可以利用移动互联网和社交媒体平台，提供在线咨询和预约服务，使游客能够更加便捷地获取旅游信息和服务。通过这些新技术的应用，导游可以大大提高服务效率，提升游客的满意度。

在职业发展方面，导游还可以通过不断学习和进修，提升自己的职业素养和竞争力。例如，导游可以参加各种专业培训和资格认证，掌握最新的旅游知识和服务技能。同时，导游还可以通过参加国际交流和合作，了解全球旅游市场的最新动态，提升自己的国际视野和跨文化沟通能力。通过这些努力，导游可以在职业发展中不断进步，实现更高的职业目标。

第三节　导游服务产品创新与营销

一、导游服务产品创新

（一）特色打造

打造导游产品特色是旅游行业提升竞争力的关键所在。通过提供独特、难忘的旅游体验，导游可以吸引更多游客，并确保他们在游览过程中感受到特别的价值。要结合当地特色文化，深入挖掘本地历史、文化和传统，将这些元素融入导游讲解中，使游客不仅仅是观光，而是深入了解和体验目的地的精髓。通过生动的故事和互动活动，让游客更直观地感受到文化的魅力。

科技的运用也是打造导游产品特色的重要手段之一。通过引入增强现实（AR）和虚拟现实（VR）技术，导游可以为游客提供全新的体验方式。例如，在参观历史遗迹时，利用VR技术再现当时的情景，让游客仿佛穿越时空，亲身感受历史事件的发生。这不仅增加了游览的趣味性，还大大提升了游客的参与感和体验感。

个性化服务是现代旅游发展的趋势。导游可以根据游客的不同需求和偏好，设计定制化的旅游行程。例如，有的游客喜欢探险和户外活动，导游可以安排徒步、攀岩或潜水等项目；而有的游客则更倾向于文化和艺术，导游可以带领他们参观博物馆、画廊，甚至安排与当地艺术家的交流活动。通过细致的服务和关怀，导游可以让每位游客都感受到特别的待遇。

特色主题活动是吸引游客的一大亮点。导游可以根据节庆、季节或特定主题，策划一系列活动。例如，在樱花季节，导游可以组织赏花之旅，并安排花艺讲座和插花体验；在美食节期间，导游可以带领游客品尝地道美食，并邀请当地厨师进行现场烹饪展示。通过这些特别的活动，游客不仅能享受到丰富的视觉和味觉体验，还能深度参与，留下难忘的回忆。

生态旅游是近年来备受关注的旅游形式。导游可以倡导环保理念，带领游客进行生态观光。例如，组织徒步穿越自然保护区，观赏野生动植物，了解生态保护知识；或是安排农庄体验活动，让游客亲身参与农作物的种植和采摘，感受自然的馈赠。这不仅有助于提升游客的环保意识，还能促进当地生态保护和可持续发展。

导游的专业技能和知识储备是提升服务质量的基础。除了熟悉目的地的景点和历史文化，导游还需要掌握急救、心理疏导等应急技能，以应对突发状况。通过不断学习和培训，导游可以提升自身素质，为游客提供更加安全、贴心的服务。导游还可以学习外语，提升与外国游客的交流能力，扩大服务范围和市场。

合作与资源整合也是打造导游产品特色的重要手段。导游可以与当地的酒店、餐厅、景区等建立合作关系，为游客提供一站式服务。例如，导游可以与当地的手工艺人合作，组织手工艺品制作体验活动；或是与农场合作，安排农家乐活动，让游客感受纯朴的乡村生活。通过整合各方资源，导游可以为游客提供更丰富多彩的旅游体验。

导游还可以积极参与当地社区的发展，推动旅游与社区的融合。例如，导游可以组织游客参与社区服务活动，如清洁海滩、植树造林等，增强游客的责任感和归属感。通过这些活动，游客不仅能感受到旅游的乐趣，还能为当地社区的发展贡献力量，形成良性的互动关系。

导游产品的创新也离不开市场调研和反馈。导游可以通过问卷调查、游客评价等方式，了解游客的需求和期望，不断改进和优化服务内容。通过与游客的互动和沟通，导游可以及时捕捉市场动态，推出符合市场需求的特色产品。同时，导游还可以利用社交媒体等平台，推广和宣传自己的特色产品，吸引更多潜在游客。

（二）创新产品设计

创新产品设计的初衷是满足不断变化的市场需求，并为游客提供更加丰富和多样化的旅游体验。导游在这过程中起到至关重要的作用，他们不仅是知识的传递者，更是旅游体验的塑造者。创新的导游产品设计需要从多个方面进行考虑和实现。

在创新产品设计中，首先需要明确市场需求。随着旅游业的快速发展，游客的需求也在不断变化。传统的观光旅游已经不能满足现代游客的需求，他们希望能够体验到更为独特和个性化的旅游项目。导游需要通过市场调研和分析，了解游客的偏好和需求，设计出符合市场需求的旅游产品。

在设计创新旅游产品时，个性化服务是一个重要的方向。游客越来越重视个性化和定制化的旅游体验，导游可以通过深入了解游客的兴趣和需求，提供量身定制的旅游路线和活动。例如，对于历史爱好者，可以设计深度历史文化游；对于美食爱好者，可以安排美食探索之旅。个性化的服务不仅能够提升游客的满意度，还能增加游客的忠诚度。

主题旅游也是一种创新产品设计的方式。主题旅游可以根据不同的主题设计相应的旅游产品，例如摄影旅游、探险旅游、生态旅游等。这些主题旅游不仅能够吸引特定兴趣的游客，还能够通过独特的主题活动提升旅游的吸引力。导游在主题旅游中需要具备相关的专业知识和技能，能够为游客提供专业的导览和讲解。

在现代科技的推动下，导游产品的设计也可以融入科技元素。例如，虚拟现实（VR）和增强现实（AR）技术可以为游客提供更加身临其境的体验。通过 VR 技术，游客可以在旅游之前提前体验景点，通过 AR 技术，游客可以在游览过程中获得更加丰富的信息和互动体验。导游可以利用这些科技手段，为游客提供更加生动和有趣的导览服务。

在创新产品设计中，导游还可以组织和开展各种互动活动和体验项目。例如，文化体验活动可以让游客亲身参与到当地的文化活动中，增强旅游的互动性和参与感。导游可以组织游客学习传统手工艺、参与当地节庆活动等，让游客在旅游过程中获得更加丰富和深刻的体验。这些互动活动不仅能够增加旅游的趣味性，还能够让游客更好地了解和体验当地的文化。

为了提升导游产品的竞争力，导游还可以设计一些特别项目。例如，夜游项目可以为游客提供与白天不同的体验，通过夜间灯光秀、夜市游览等活动，让游客在夜晚也能享受旅游的乐趣。导游还可以设计一些特殊的体验项目，如飞行体验、游轮旅行等，这些项目能够为游客带来与众不同的旅游体验，提升旅游产品的吸引力。

在创新产品设计中，导游还需要注重旅游的可持续性。随着环保意识的增强，越来越多的游客希望能够参与到环保旅游中。导游可以通过设计环保旅游产品，倡导绿色出行和环保理念。例如，可以组织游客参与环保活动，如植树造林、海滩清理等，通过实际行动促进环保意识的提升。导游在讲解过程中，也可以融入环保知识和理念，引导游客保护自然环境，减少旅游对环境的影响。

除了环保旅游，导游还可以设计一些社会责任类的旅游产品。例如，志愿者旅游可以让游客在旅游的同时参与到志愿服务中，为当地社区做出贡献。导游可以组织游客参与到社区建设、教育帮扶等活动中，让游客在旅游中体验到帮助他人的快乐，同时也为当地社区带来积极的影响。志愿者旅游不仅能够丰富旅游的内容，还能够增强游客的社会责任感。

为了提升导游产品的体验，导游还可以与当地的企业和机构合作，开发联合旅游产品。例如，可以与博物馆合作，设计专题讲解游；与农场合作，设计农家乐体验游等。通过与不同的机构合作，导游可以为游客提供更加多样化和专业化的旅游体验。这种合作不仅能够丰富旅游的内容，还能够提升旅游的品质和专业性。

在创新产品设计中，导游还可以通过开发新的旅游线路，探索未开发的旅游资源。导游可以通过实地考察和调研，发掘一些未被开发的旅游景点和线路，设计出新颖的旅游产品。这些新的旅游线路不仅能够吸引更多的游客，还能够为当地的旅游发展带来新的机遇。导游在开发新线路时，需要注重旅游资源的保护和合理开发，确保旅游的可持续发展。

导游在创新产品设计中，还需要不断提升自己的专业素质和服务水平。导游是旅游产品的重要组成部分，他们的专业素质和服务水平直接影响到游客的旅游体验。导游需要不断学习和提高自己的专业知识和技能，掌握最新的旅游信息和导览技巧。通过参加培训和学习，导游可以提升自己的服务水平，为游客提供更加优质和专业的服务。

在创新产品设计中，导游还可以利用互联网和社交媒体，提升旅游产品的宣传和推广。导游可以通过社交媒体平台发布旅游信息和活动，吸引更多的游客关注和参与。通过互联网，导游还可以与游客保持互动，了解他们的反馈和需求，及时调整和优化旅游产品。互联网和社交媒体的应用，能够提升旅游产品的知名度和影响力，为导游产品的推广提供新的途径。

二、导游服务产品营销

（一）市场营销策略制定

制定有效的市场营销策略对于导游服务产品的推广和销售至关重要。在竞争激烈的旅游市场中，导游服务需要通过精准的市场定位和创新的营销手段，吸引更多的目标客户。市场营销策略的制定不仅需要考虑产品本身的特点，还需要结合市场需求、消费者行为和竞争环境等多方面因素。以下是导游服务产品市场营销策略的详细分析。

市场细分和目标市场的确定是营销策略的基础。通过对市场进行细分，导游服务可以根据不同消费者的需求和偏好，确定最具潜力的目标市场。例如，根据旅游目的地和旅游形式，可以将市场细分为生态旅游、文化旅游、探险旅游等不同类型的细分市场。然后，通过市场调研和数据分析，确定每个细分市场的目标客户群体，从而制定针对性的营销策略。

品牌定位和品牌形象的塑造是提升导游服务产品竞争力的重要手段。品牌定位需要明确导游服务产品的独特卖点和核心价值，例如专业的导游知识、贴心的服务体验、丰富的本地文化介绍等。在品牌形象的塑造方面，可以通过品牌故事、品牌标识和品牌传播等手段，建立鲜明的品牌形象，提升品牌知名度和美誉度。例如，可以通过社交媒体、旅游博主和媒体合作等方式，向目标客户传递品牌价值和服务理念。

产品策略是市场营销的核心，导游服务产品需要不断创新和优化，以满足不同消费者的需求。可以丰富导游服务的产品线，提供多样化的导游服务。例如，针对家庭游客，可以提供家庭亲子游的导游服务；针对商务游客，可以提供商务考察和会议接待的导游服务。可以通过增加附加值服务，提升导游服务的竞争力。例如，可以提供特色餐饮、文化演出、互动体验等增值服务，为游客提供更加丰富和多样化的旅行体验。

价格策略的制定需要结合市场需求、成本结构和竞争环境等因素。对于导游服务产品，可以采用差异化定价策略，根据不同的服务内容和服务水平，设定不同的价格档次。例如，高端定制导游服务可以设置较高的价格，以凸显其高品质和高附加值；而大众化的导游服务则可以设置较为亲民的价格，以吸引更多的普通游客。可以通过推出优惠套餐、季节性折扣等促销手段，刺激游客的购买欲望，提升产品销量。

渠道策略的选择和优化对于导游服务产品的推广和销售至关重要。在传统的销售渠道基础上，可以充分利用互联网和移动技术，拓展线上销售渠道。例如，可以通过旅游平台、社交媒体、官方网站等线上渠道，进行产品推广和预订服务。可以与旅游代理商、酒店、景区等合作伙伴建立合作关系，通过线下渠道进行产品推广和销售。通过多渠道的整合和优化，提升导游服务产品的市场覆盖率和销售效率。

促销策略的制定需要注重创新和互动性，通过多种方式吸引目标客户的关注和参与。可以通过举办线下活动和线上活动，提升品牌知名度和用户参与度。例如，可以组织旅游分享会、旅游体验活动、线上互动游戏等，吸引潜在客户的关注和参与。可以通过社交媒体和自媒体进行内容营销，通过发布优质的旅游攻略、游记分享、视频短片等内容，提升品牌的影响力和用户黏性。可以通过口碑营销和推荐机制，鼓励老客户推荐新客户，扩大客户群体。

客户关系管理是提升导游服务产品竞争力和客户满意度的重要手段。可以通过建立客户档案和客户数据库，记录客户的基本信息、服务需求和消费行为，进行精准的客户管理和营销。可以通过提供个性化和差异化的服务，提升客户满意度和忠诚度。例如，可以根据客户的偏好和需求，定制个性化的导游服务方案，提供贴心的增值服务。可以通过会员制度和积分制度，提升客户的黏性和复购率。

市场调研和数据分析是制定市场营销策略的基础。通过市场调研，可以了解市场需求、竞争环境和消费者行为，为制定营销策略提供科学依据。例如，可以通过问卷调查、深度访谈、焦点小组等方式，了解目标客户的需求和偏好，以及对导游服务产品的评价和建议。通过数据分析，可以对市场数据、销售数据和客户数据进行分析，发现市场趋势和潜在机会，优化营销策略和资源配置。

（二）营销推广渠道选择

1. 多元化推广渠道

在当今信息化时代，旅游业竞争越发激烈，导游服务产品的营销变得尤为重要。多元化推广渠道的运用不仅可以提升导游的知名度，还能更好地吸引潜在客户，从而提高市场份额和经济效益。导游服务产品的营销策略需要结合传统和现代化手段，通过多元化的推广渠道实现全方位的覆盖。

社交媒体已成为导游服务产品营销的重要平台。社交媒体的普及使得信息传播更加迅速和广泛。通过建立个人品牌，导游可以在社交平台上发布旅游体验、推荐景点、分享旅游攻略等内容，吸引粉丝的关注和互动。社交媒体上的用户评论和分享也能形成口碑效应，进一步扩大导游的影响力。导游还可以通过社交媒体平台与潜在客户进行实时互动，了解他们的需求和偏好，从而提供更有针对性的服务。

博客和个人网站是导游展示专业知识和服务特色的重要途径。通过撰写专业的旅游文章和攻略，导游可以展示自己的专业素养和服务能力，吸引对旅游有兴趣的读者。博客和网站不仅可以提供详细的旅游信息，还可以通过搜索引擎优化（SEO）提高在搜索引擎中的排名，增加曝光率。导游可以在博客和网站上展示自己的成功案例和客户评价，增强潜在客户的信任感。

视频平台的兴起为导游服务产品的营销提供了新的机会。导游可以通过制作和发布旅游视频，展示目的地的美景和特色，提供生动直观的旅游指南。视频内容可以包括景点介绍、旅游线路推荐、当地美食体验等，吸引观众的兴趣和注意力。通过视频平台，导游可以建立自己的频道，与观众建立长期的互动关系，增加品牌忠诚度。直播功能的应用使导游可以实时展示旅游体验，与观众进行即时互动，增强参与感和信任感。

线上旅游平台是导游服务产品的重要销售渠道。通过与知名的线上旅游平台合作，导游可以借助平台的流量和用户基础，扩大服务的覆盖范围。线上旅游平台通常提供丰富的旅游产品和服务，导游可以在平台上展示自己的服务内容和特色，吸引潜在客户的关注。同时，平台上的用户评价和评分系统也能帮助导游提升服务质量和客户满意度。

电子邮件营销是一种传统但仍然有效的推广手段。导游可以通过电子邮件向潜在客户发送定制化的旅游资讯和优惠信息，保持与客户的联系。电子邮件营销的关键在于内容的个性化和针对性，导游需要根据客户的兴趣和需求设计邮件内容，提高邮件的打开率和转化率。电子邮件营销还可以结合其他推广渠道，如社交媒体和网站，形成综合性的营销网络。

线下推广活动同样不可忽视。导游可以通过参加旅游展览会、举办旅游讲座和推介会等线下活动，直接面对潜在客户，展示自己的服务和产品。线下活动不仅可以增加品牌的曝光率，还能通过面对面的互动增强客户的信任感和忠诚度。同时，线下推广活动也可以与线上推广渠道相结合，通过线上宣传吸引更多的观众参与线下活动，形成线上线下的联动效应。

导游可以通过与其他行业的合作，拓展营销渠道。例如，导游可以与酒店、餐饮、交通等相关行业的企业合作，开展联合推广活动，形成资源共享和互利共赢的局面。通过与其他行业的合作，导游可以借助合作伙伴的资源和渠道，扩大服务的覆盖范围，提高营销效果。

数据分析和客户关系管理（CRM）系统的应用，可以帮助导游更好地了解客户需求，优化营销策略。通过对客户数据的分析，导游可以发现潜在市场机会，设计更有针对性的服务和产品。同时，客户关系管理系统可以帮助导游管理客户关系，提高客户满意度和忠诚度，从而提升营销效果。

2. 合作推广

旅游业的竞争日益激烈，导游服务产品的营销和推广变得尤为重要。通过有效的合作与推广策略，导游可以将自身的特色产品推向更广泛的市场，吸引更多的游客。与旅游企业和相关行业的合作是营销的基础。导游可以与旅行社、酒店、餐厅等建立紧密的合作关系，共同设计和推广旅游套餐。例如，导游可以与高档酒店合作，推出"豪华游"套餐，包含高端住宿、精致餐饮和私人导游服务，为游客提供一站式的高品质旅游体验。

现代科技的迅猛发展为导游服务产品的推广提供了新的途径。导游可以利用互联网和社交媒体平台，扩大宣传覆盖面。例如，通过建立微信公众号、微博账号或抖音号，定期发布旅游攻略、景点介绍和游客评价等内容，吸引潜在游客的关注和参与。通过直播带领观众"云旅游"，不仅可以展示导游的专业水平，还能让观众实时感受到旅游的乐趣，从而激发他们的出行欲望。

与地方政府和旅游管理部门的合作也是导游服务产品营销的重要环节。地方政府通常会有促进旅游业发展的政策和资金支持，导游可以积极参与政府组织的旅游推介会、展览和博览会，扩大自己的知名度和影响力。通过与政府合作，导游可以获取更多的资源和信息，提升自身的竞争力和服务水平，从而为游客提供更优质的旅游体验。

创新的营销策略可以为导游带来更多的市场机会。例如，导游可以根据市场需求和游客偏好，推出特色主题游。例如，"文化之旅"可以深入挖掘当地的历史文化，安排游客参观博物馆、古迹，并邀请专家进行讲解；"美食之旅"则可以带领游客品尝当地特色美食，并安排烹饪课程，让游客亲自动手体验。通过这些创新的主题游，导游可以满足不同游客的需求，增加产品的吸引力和多样性。

导游还可以利用品牌合作的方式进行推广。与知名品牌的合作可以提升导游服务产品的知名度和美誉度。例如，与高端品牌合作推出定制化旅游服务，或者与文化、艺术品牌合作举办联合活动，吸引特定群体的关注。通过这种品牌联动，导游可以借助品牌的影响力，快速打开市场，并在激烈的竞争中脱颖而出。

口碑营销在导游服务产品推广中也发挥着重要作用。良好的口碑不仅能增加游客的信任感，还能带来更多的潜在客户。导游可以通过提供优质服务和个性化体验，让游客满意并主动传播口碑。导游还可以利用游客评价和反馈，不断改进和提升服务质量，形成良性循环。建立完善的反馈机制，通过游客的建议和意见，优化产品和服务，提升游客的满意度和忠诚度。

导游在营销过程中，可以充分利用大数据和人工智能技术，提升营销效果。通过大数据分析，导游可以精准定位目标客户群体，了解他们的兴趣爱好和消费习惯，从而制定有针对性的营销策略。人工智能技术则可以帮助导游进行智能推荐和个性化服务，提升游客的体验感和满意度。例如，导游可以利用人工智能助手，为游客提供实时的旅游咨询和建议，增加互动性和便捷性。

导游还可以通过组织和参与各类线下活动，增加品牌曝光度和用户黏性。例如，举办旅游分享会、摄影展览或文化交流活动，吸引广大旅游爱好者和潜在游客的参与。通过这些活动，导游可以直接与游客互动，展示自己的专业素养和服务特色，建立信任关系。导游还可以通过这些活动获取第一手的市场信息和反馈，及时调整和优化营销策略。

导游在进行服务产品推广时，还应注重内容营销。通过撰写高质量的旅游攻略、游记和经验分享等内容，导游可以为游客提供有价值的信息和参考，增加他们的关注度和信任感。例如，通过博客、电子书或在线课程等形式，导游可以分享自己的旅游心得和专业知识，吸引广大旅游爱好者的关注。通过持续输出优质内容，导游可以建立自己的专业形象和品牌，增加市场竞争力。

合作与推广的最终目的是提升导游服务产品的市场占有率和知名度。在这个过程中，导游需要不断学习和创新，跟随市场的变化调整策略。通过多渠道、多形式的推广手段，导游可以将自己的特色产品推向更广泛的市场，吸引更多的游客。最终，通过不断优化和提升服务质量，导游可以为游客提供难忘的旅游体验，树立良好的品牌形象，实现可持续发展。

第四节　导游职业生涯规划与发展策略

一、导游职业生涯规划

（一）职业目标设定与规划

导游作为旅游服务行业中的重要从业人员，对于自身的职业目标设定和规划至关重要。一个明确的职业目标和规划，不仅可以指导导游在职业发展中的方向和努力方向，还可以激励导游不断提升自己，实现个人职业发展的目标。

导游需要明确自己的职业定位和发展方向。导游职业发展的方向多种多样，可以选择成为一名专业的文化解说员，深入研究历史文化知识，为游客提供专业的导览服务；也可以选择成为一名生态导游，关注自然环境保护，倡导绿色旅游理念；还可以选择成为一名主题导游，专攻特定主题的旅游产品，如美食、摄影、探险等。导游需要根据自己的兴趣和特长，确定适合自己的职业定位和发展方向。

短期目标可以是提升导游技能，增加专业知识，提高导游水平；中期目标可以是获得更高级别的导游资格证书，提升导游职业地位；长期目标可以是成为行业内的专家，参与行业规划和政策制定。设定明确的职业目标，有助于导游在职业发展中有条不紊地前进，不断取得进步和成就。

职业规划包括个人发展规划、学习计划、工作计划等，需要根据自身情况和职业目标来制定。例如，可以计划参加相关培训和学习，提升专业技能和知识水平；可以规划参加导游比赛和评选，提高职业地位和知名度；还可以规划参与社会活动和志愿服务，拓展人际关系和社会影响力。行动计划则是将职业规划的具体化，分解成可操作的步骤和计划，以便于实施和跟踪。

在职业目标设定和规划的过程中，导游还需要不断调整和完善职业生涯规划。随着个人兴趣和市场需求的变化，职业目标和规划也需要相应地调整和更新。导游可以通过反思和总结自己的工作经验，不断优化和完善职业规划，确保自己的职业发展与时俱进，始终保持竞争力和活力。

（二）培养多元化技能

导游作为旅游业的重要组成部分，其技能的多元化培养对于提升服务质量和满足多样化的游客需求至关重要。随着旅游市场的不断发展和游客需求的多样化，导游不仅需要具备传统的专业知识和导览能力，还需要掌握更多的多元化技能，以提供更加优质和个性化的服务。

语言能力是导游技能多元化培养的一个重要方面。随着国际旅游市场的不断扩大，越来越多的导游需要面对来自不同国家和文化背景的游客。掌握多种语言不仅可以提高导游的服务能力，还可以增强与游客的沟通和互动，提升游客的满意度。导游应不断学习和提高外语能力，尤其是世界主要旅游市场的语言，如英语、西班牙语、法语、德语等。还可以学习一些小语种，以应对特定市场的需求。

导游需要具备丰富的文化知识和跨文化交流能力。现代游客对旅行体验的要求越来越高，不再满足于简单的观光游览，他们希望能够深入了解当地的文化、历史和风土人情。导游应不断学习和积累本地和目的地的文化知识，了解不同文化的背景和习俗，并能够在导览过程中生动地传达给游客。跨文化交流能力也是导游需要重点培养的技能，能够有效地与来自不同文化背景的游客进行沟通和互动，避免文化冲突和误解。

导游的应急处理能力和安全意识也是技能多元化培养的重要内容。在旅游过程中，突发事件和紧急情况时有发生，如自然灾害、交通事故、健康问题等。导游应具备良好的应急处理能力，能够在突发事件中冷静应对，迅速采取有效措施，保障游客的安全和权益。导游应接受相关的应急处理培训，掌握基本的急救知识和技能，并了解相关的安全法规和应急预案，以便在紧急情况下及时采取行动。

导游还需要具备一定的营销和推广能力。随着旅游市场的竞争加剧，导游不仅需要提供优质的导览服务，还需要积极参与市场营销和推广活动，以吸引更多的游客和客户。导游应了解基本的市场营销知识，掌握一些常用的营销手段和技巧，如社交媒体营销、内容营销、口碑营销等。通过积极参与和策划营销活动，导游可以提升自身的知名度和影响力，吸引更多的潜在客户。

导游的服务意识和客户关系管理能力也是技能多元化培养的重要方面。现代游客对服务质量的要求越来越高，他们希望能够在旅行过程中获得贴心和个性化的服务。导游应具备良好的服务意识，能够敏锐地把握游客的需求，提供及时和贴心的服务。客户关系管理能力也是导游需要重点培养的技能，导游能够有效地管理和维护客户关系，提升客户的满意度和忠诚度。导游应掌握一些基本的客户关系管理知识和技巧，如客户档案管理、客户回访、客户反馈处理等。

在科技日新月异的今天，导游还需要具备一定的科技应用能力。随着互联网和移动技术的普及，越来越多的导游服务通过在线平台和移动设备进行。导游应熟练掌握各种新兴技术，如虚拟现实、增强现实、智能导游系统等，以提供更加生动和互动的导览体验。导游还应掌握基本的计算机和网络知识，能够熟练使用各种导览软件和工具，提高工作效率和服务质量。

导游的创新能力和创业精神也是技能多元化培养的重要内容。随着旅游市场的不断发展和变化，导游需要不断创新和提升自身的服务能力，以适应市场需求的变化。导游应具备一定的创新思维，能够积极探索和尝试新的导览形式和服务模式，提供更加丰富和多样的旅游体验。导游还应具备一定的创业精神，能够主动发现和抓住市场机会，拓展业务范围和市场空间，实现自身的职业发展和提升。

二、导游职业发展策略

（一）拓展职业发展渠道

随着旅游业的快速发展，导游这个职业也在不断进化，逐步超越传统的景点讲解角色，向多元化、专业化方向发展。为了更好地适应市场需求和个人职业发展的需要，导游可以拓展职业发展渠道，提升自身竞争力，寻求更广阔的发展空间。以下将详细探讨导游在职业发展中的各种可能性和策略。

导游可以通过持续的学习和培训，不断提升自身的专业知识和技能。旅游市场的不断变化和游客需求的多样化要求导游具备更高的专业素养。通过参加各类专业培训课程、研讨会和行业交流活动，导游可以及时了解最新的旅游动态和市场趋势，提升自己的专业水平。导游还可以通过进修相关学位或资格认证，增强自己的竞争力。例如，获得旅游管理、文化研究等相关学位，可以为导游提供更深厚的知识储备和研究能力，从而在职业发展中占据优势。

随着国际旅游市场的不断扩大，具备多语言能力的导游越来越受到青睐。通过学习和掌握多种语言，导游可以更好地服务于来自不同国家和地区的游客，提升服务质量和客户满意度。多语言能力还可以为导游开辟更多的国际市场机会，参与国际旅游项目和跨国合作，扩大职业发展空间。语言培训机构和在线语言学习平台提供了丰富的学习资源和机会，导游可以根据自己的需求选择合适的学习方式，不断提升语言能力。

除了传统的景点讲解服务，导游还可以涉足其他类型的旅游服务，如生态旅游、文化体验、户外探险等。这些新兴的旅游项目不仅丰富了游客的旅游体验，也为导游提供了更多的发展机会。导游可以通过与相关行业的合作，整合资源，设计和提供更具特色和吸引力的旅游产品。例如，与生态保护组织合作，开展生态旅游项目，向游客传递环保理念；与文化机构合作，提供深度的文化体验和学习之旅。通过拓展服务范围，导游可以在更广阔的领域中展示自己的才能，赢得更多的市场份额。

信息技术的快速发展为导游提供了丰富的工具和资源，智能导游系统、虚拟现实（VR）和增强现实（AR）等新技术在旅游业中的应用，极大地提升了游客的体验感和参与感。导游可以利用这些新技术，为游客提供更加生动、直观的讲解服务，增强旅游的趣味性和互动性。移动互联网和社交媒体的发展也为导游提供了更多的宣传和营销渠道，导游可以通过这些平台展示自己的专业技能和服务特色，吸引更多的潜在客户。通过科技手段的应用，导游可以提高服务效率，优化客户体验，从而提升职业发展水平。

一个强大的品牌形象不仅能够吸引更多的客户，还能为导游提供更多的发展机会和合作资源。导游可以通过打造专业化、特色化的品牌形象，在市场中形成独特的竞争优势。品牌建设需要长期的努力和投入，包括持续的服务提升、积极的市场推广、良好的客户关系管理等。通过这些努力，导游可以不断提升品牌知名度和美誉度，增强市场竞争力。例如，导游可以通过社交媒体平台展示自己的成功案例和客户评价，增强潜在客户的信任感和忠诚度；通过举办旅游讲座和推介会，增加品牌的曝光率和影响力。

随着全球化进程的加快，国际旅游市场的需求不断增加，导游需要具备跨文化沟通能力和国际化视野，才能更好地服务于国际游客。通过参加国际旅游展览会、行业交流会议等活动，导游可以了解全球旅游市场的最新动态，学习国际先进的服务理念和管理经验，提升自己的专业素养和服务水平。导游还可以通过参与国际旅游项目和跨国合作，积累国际化工作经验，提升职业竞争力。

旅游业的广阔市场和丰富的商机为导游提供了创业的良好条件。导游可以根据自己的兴趣和专业特长，创办旅游公司或提供定制化旅游服务，满足市场的多样化需求。例如，可以创办一家专注于文化旅游的公司，提供深度的文化体验和学习之旅；或者创办一家专注于生态旅游的公司，推广环保理念和可持续旅游。通过创业，导游可以实现职业发展的自主性和多样性，掌握更多的市场资源和发展机会。

随着互联网的普及和电子商务的快速发展，网络营销已成为导游职业发展的重要手段。导游可以通过建立个人网站和博客，展示自己的专业知识和服务特色，吸引潜在客户的关注。通过搜索引擎优化（SEO）和社交媒体营销，导游可以提高在搜索引擎和社交平台中的排名，增加曝光率。导游还可以通过电子邮件营销和在线广告，向潜在客户传递定制化的旅游资讯和优惠信息，保持与客户的联系，提高客户的转化率和忠诚度。

行业协会和专业组织是导游交流经验、学习新知的重要平台。通过加入这些组织，导游可以了解行业的最新动态和发展趋势，获得更多的职业培训和发展机会。例如，可以参加各类行业会议和研讨会，与同行交流经验和心得，学习先进的服务理念和管理经验；可以参加各类专业培训和资格认证，提升自己的专业知识和服务技能。通过这些努力，导游可以不断提升自己的专业素养和社会影响力，增强职业竞争力。

导游作为旅游业的重要组成部分，肩负着传播文化、促进交流的责任。通过参与各类公益活动和社会服务，导游可以展示自己的社会责任感和奉献精神，提升公众形象和社会认可度。例如，可以参与文化保护和传承活动，向游客传递当地的历史和文化知识；可以参与环保和可持续旅游项目，推广绿色旅游理念和行为。通过这些努力，导游不仅可以提升职业发展的社会责任感和公众形象，还可以增强游客的信任感和忠诚度。

随着旅游市场的不断变化和游客需求的多样化，导游需要不断创新服务模式，提供更加个性化和定制化的旅游服务。例如，可以结合科技手段，提供智能化、互动化的导游服务；可以结合游客的兴趣和需求，设计和提供特色化、个性化的旅游线路和产品。通过不断创新服务模式，导游可以提升职业发展的竞争力和市场适应力，实现可持续发展。

（二）社交媒体推广

社交媒体的广泛应用为导游服务产品的推广提供了全新的途径和无限的可能性。通过社交媒体平台，导游可以快速、广泛地传播信息，吸引潜在游客的关注和参与。导游可以利用社交媒体平台展示目的地的魅力。例如，通过发布精美的照片和视频，导游可以直观地呈现旅游景点的美丽风光和独特风情。通过生动形象的视觉内容，导游可以激发观众的兴趣和好奇心，吸引他们进一步了解和探索。

内容营销是社交媒体推广的重要手段之一。导游可以通过撰写高质量的旅游攻略、游记和经验分享等内容，吸引广大旅游爱好者的关注。例如，导游可以在微信公众号或博客上发布详细的旅游指南，包括景点介绍、交通信息、美食推荐等，为游客提供有价值的信息和参考。通过持续输出优质内容，导游可以建立自己的专业形象和品牌，增加市场竞争力。

互动性是社交媒体的核心优势之一。导游可以通过社交媒体平台与游客进行实时互动，解答他们的疑问，提供个性化的建议和服务。例如，在微博或抖音上，导游可以通过直播形式带领观众"云旅游"，实时展示旅游景点的风貌，并回答观众提出的问题。通过这种互动形式，导游不仅可以展示自己的专业素养，还能增加游客的参与感和信任感。

社交媒体的广泛传播性为导游提供了更多的推广机会。导游可以通过社交媒体平台发布活动信息和优惠促销，吸引更多的游客。例如，导游可以在微信朋友圈或微博上发布限时折扣、特价套餐等促销信息，吸引潜在游客的关注和购买。通过这种方式，导游可以快速扩大宣传覆盖面，提高产品的知名度和销售量。

用户生成内容（UGC）是社交媒体推广的另一大亮点。导游可以鼓励游客在社交媒体平台上分享他们的旅游体验和感受，形成口碑传播。例如，导游可以组织摄影比赛或游记征集活动，邀请游客上传他们的旅游照片和游记，并通过抽奖或赠送礼品等方式激励他们的参与。通过这种方式，导游可以借助游客的分享和推荐，扩大产品的影响力和知名度。

社交媒体数据分析为导游提供了精准的营销工具。通过分析社交媒体平台上的用户数据和行为，导游可以了解目标客户群体的兴趣爱好和需求，从而制定有针对性的营销策略。例如，通过分析粉丝的评论和反馈，导游可以了解他们对不同景点和活动的偏好，进而优化和调整产品内容。通过这种数据驱动的营销方式，导游可以提高推广的精准度和效果。

合作推广也是社交媒体营销的重要方式。导游可以与旅游博主合作，通过他们的影响力和粉丝基础，扩大产品的曝光度和影响力。例如，导游可以邀请 KOL 进行合作直播或视频拍摄，展示旅游产品的特色和优势。通过这种合作方式，导游可以快速提升品牌的知名度和美誉度，吸引更多的潜在游客。

品牌故事是社交媒体推广中不可或缺的一部分。导游可以通过讲述自己的品牌故事，增加与游客的情感连接。例如，导游可以在社交媒体上分享自己的成长经历和从业故事，讲述自己对旅游事业的热爱和坚持。通过这种方式，导游可以让游客感受到品牌背后的温度和故事，增加他们的信任感和认同感。

社交媒体的多平台整合推广可以最大化传播效果。导游可以同时利用多个社交媒体平台，如微信、微博、抖音、Instagram 等，进行全方位、多角度的宣传。例如，导游可以在微信上发布详细的旅游攻略和活动信息，在微博上进行实时互动和话题讨论，在抖音上发布短视频和直播内容，通过照片墙展示精美的旅游照片。通过这种多平台整合推广，导游可以覆盖更广泛的用户群体，提升品牌的影响力和知名度。

社交媒体推广的最终目的是实现用户转化和销售增长。导游可以通过社交媒体平台引导游客预订和购买。例如，在发布活动信息和促销优惠时，导游可以附上预订链接或二维码，方便游客直接预订和购买。通过这种便捷的操作方式，导游可以提高用户的转化率和销售量，实现推广效果的最大化。

参考文献

[1] 武俊丽. 基于STEAM教育理念的高职院校旅游管理专业实践教学质量标准体系的构建——以"导游业务"课程为例[J]. 重庆开放大学学报, 2024,36(2):38-42.

[2] 朱斌, 佟瑶, 郑芳芳. 坚持知识传授与价值引领相统一——高校导游业务课程思政教学改革研究[J]. 辽宁经济职业技术学院. 辽宁经济管理干部学院学报, 2024(2):52-54.

[3] 汝金珠. 非遗文化融入导游业务课程思政的教学实践创新研究——以导游讲解张家港市河阳山歌馆为例[J]. 沙洲职业工学院学报, 2023,26(4):9-13.

[4] 李辉. 现代学徒制背景下"导游业务"课程现场教学的实践与思考[J]. 岳阳职业技术学院学报, 2023,38(6):27-30.

[5] 毛松松, 王育峰. 基于期望与感知的城市微旅行导游提升研究——以上海市为例[J]. 经济研究导刊, 2023(22):20-23.

[6] 冯颖, 谢颖. 基于三位一体《导游业务》课程思政教学实践研究[J]. 哈尔滨职业技术学院学报, 2023(6):28-30.

[7] 于天, 禹玉环. 课程思政背景下高校"导游业务"创新教学探索[J]. 遵义师范学院学报, 2023,25(5):124-127.

[8] 吉芙蓉. 旅游管理专业《导游业务》课程思政的教学改革与实践[J]. 产业与科技论坛, 2023,22(14):187-188.

[9] 李平. "导游业务"课程思政教学改革与实践[J]. 济南职业学院学报, 2023(3):60-63+69.

[10] 郭紫旭, 王珊珊, 李佳妍, 等. "互联网+"背景下导游执业方式创新研究[J]. 活力, 2023,41(9):178-180.

[11] 郎曙光, 杨博清. "岗课赛证"综合育人模式下"导游业务"课程教学改革研究[J]. 西部旅游, 2023(9):79-81.

[12] 常晓蕾, 尹倩倩. 思政元素融入中职"导游业务"课程教学的路径探索[J]. 广东职业技术教育与研究, 2023(3):21-23+28.

[13] 张红娟. 思政元素融入导游业务课程教学中的实践与对策[J]. 品位 经典, 2023(5):141-143.

[14] 谭晓平. 突破认知局限:"导游业务"课程的CDIO课程认知重构模式设计与应用[J]. 现代职业教育,2023(7):157-160.

[15] 刘丹. 案例教学法在中职"导游业务"中的应用研究[J]. 西部旅游,2023(2):91-93.

[16] 郑芬丽,王洪瑞,黄景文,等. 新疆高职类旅游管理专业导游业务课程思政建设初探[J]. 现代职业教育,2022(43):42-44.

[17] 赵爱华. 基于立德树人的导游业务课程思政建设路径研究[J]. 牡丹江教育学院学报,2022(10):87-89.

[18] 韩燕妮.《导游业务》课程与思政元素的多元融合探索[J]. 产业与科技论坛,2022,21(19):161-163.

[19] 郑坚强. 运用"雨课堂+腾讯会议"进行导游业务在线教学的思考[J]. 产业与科技论坛,2021,20(11):135-136.